인간관계의 이해와 적응

Understanding and Adaptation of Human Relations

인간관계의 이해와 적응

김은영 저

동문사

서문 P·R·E·F·A·C·E

인간은 태어나면서부터 죽을 때 까지 나를 중심으로 자신, 부모, 형제, 친척, 직장동료, 친구, 사회, 국가, 세계 속으로, 그리고 현대사회에서는 인터넷 속으로 그 영역을 넓혀가면서 다양한 인간관계를 형성해 나간다. 이러한 과정에서 인간은 다른 사람과의 관계이든, 집단과의 관계이든, 휴대전화나 인터넷과 같은 사물과의 관계이든 간에 항상 어딘가에 또는 누군가와의 관계 속에서 살아가게 된다. 각자의 휴대전화의 주소록에 저장되어 있는 연락처들의 숫자만 보더라도 우리가 인간관계에 대한 본질적인 의미를 미처 파악할 겨를도 없이 얼마나 많은 사람들과 관계를 맺고 있는지를 알 수 있다. 그러나 인간관계의 수가 많아지고 복잡해짐에 따라 상대방에 대한 집중력이 떨어질 수 있고 피상적으로 인간관계를 맺을 가능성이 많다.

그래서 사람들은 인간관계가 가장 어렵고 해결해야 할 문제라고 생각하며, 가장 잘하고 싶은 일로 폭넓은 대인관계를 꼽고 있다. 인간관계를 잘 하면 개인적으로는 행복해지고 타인과의 관계에서도 자유로워질 뿐만 아니라 조직의 생산성 증가에도 기여하면서 건강한 사회를 만들어 갈 수 있다. 그렇기 때문에 최근에는 많은 대학교에서 인간관계 과목을 교양으로 개설하면서 그 과목의 필요성이 커지고 있다. 특히나 학창시절에는 입시공부와 인지적 교육이 우선시되어 '무엇이 되느냐'가 '어떻게 사느냐'보다 중요하기 때문에 성숙한 인간관계에 대해 제대로 배우지 못했다.

따라서 이 책을 통하여 인간관계와 관련된 지식을 습득하기를 바랄뿐만 아니라 배운 내용을 실천하고 꾸준한 연습을 통하여 인간관계기술을 계발해나갈 수 있기를 바란다. 그러나 독자들에게 당부할 것은 이 책은 인간관계를 이해할 수 있는 하나의 보조도구일 뿐이지 인간관계를 잘할 수 있는 방법이나 기술은 그 무엇보다도 자신과 상대방에 대한 사랑과 배려라는 점이다. 인간이 자신과 상대방을 사랑하고 배려할 수 있기 때문에 서로를 견뎌주면서 인간관계를 유지할 수 있는 것이다.

이러한 필요성에 의해 이 책에서는 인간관계론을 구성하고 있는 내용들을 보다 심리학적 관점에서 서술하는데 주안을 두고 있다. 이 책을 읽을 독자들이 인간관계에 활용하기에 가장 중요한 접근이 무엇인지를 고민하면서 무엇보다도 자신의 인간관계를 이해하기 위한 심리학적 지식에 초점을 두기로 하였기 때문이다. 이 책에서는 내용을 (1) 인간관계와 관련된 심리학 분야 (2) 인간관계의 다양한 영역 (3) 인간관계 증진을 위한 대처방법 등 총 12장으로 나누어 배열하였다.

특히 이 책은 최근 많은 대학교에서 인간관계와 관련된 교과목을 개설하여 강의가 이루어지고 있는 상황에서 인간관계론을 구성하고 있는 심리학과 관련된 개념들을 골고루 포함하여 독자들이 이해하기 쉽게 서술하고자 노력하였다. 따라서 최근의 연구성과나 다양한 입장을 다루기 보다는 자신의 인간관계를 이해하고 타인과의 인간관계에 어떻게 적용할지에 대해서 고민하였다. 또한 저자가 인간관계론 과목을 오랜 기간 동안 강의를 하다 보니 이 과목에서는 이론적인 내용보다는 활동중심의 수업이 필요하다고 판단하였다. 그래서 각 장의 마지막 부분에 다양한 활동문제를 넣어서 교수들이 학생들과 주제에 관련된 다양한 활동을 할 수 있도록 하였을 뿐만 아니라, 함께 생각해 볼 만한 주제로 탐색문제를 넣어서 교수와 학생 간에, 학생과 학생 간의 토론을 통하여 교수와 학생들이 자신의 인간관계를 성찰해 볼 수 있도록 하였다.

책을 마무리하면서 저자 또한 인간관계를 그리 잘하는 사람이 아니라는 것을 알기에, 그리고 인간관계는 시대와 문화에 따라서 달라지는 것이기 때문에 독자들이 동의하지 않는 내용이 있을 수도 있다고 느끼기에 마음이 편치는 않다. 특히나 저자가 대학교수이기 이전에 두 자녀를 둔 엄마로서, 특히 부모 자녀관계 장을 집필하는 부분에서는 스스로 부끄러워지는 면이 많았다. 그러나 인간관계에서는 늘 정답만 있을 수 없으며 오류와 실수와 상처와 아픔이 있을 수도 있고, 인간관계에 있어서 정답만을 원한다면 자기의 길을 갈 수 없다는 것을 알기 때문에 용기를 가지고 출판하게 되었다. 이 책을 출판하면서 독자들에게 바라는 점은 인간관계론 책을 통해서 진실하게 자기 자신과 만날 수 있기를 부탁한다. 책의 내용에 기초하여 자신을 객관적으로 바라보면서 자신을 비우고 있는 그대로 받아들일 때 비로소 자유롭고 열린 마음으로 자신과 상대방을 이해함으로써 건강한 인간관계를 맺을 수 있기 때문이다.

책을 쓰는 과정에서 나름대로 노력은 하였으나 미흡한 점이 많을 것이라 생각한다. 그러나 이러한 부분은 앞으로 지속적으로 수정하고 보완해 나갈 생각이다. 마지막으로 좋은 책을 만들기 위해 힘써 주신 동문사 관계자 여러분들께 진심으로 감사를 드린다.

2015년 1월

김은영

목차 C·O·N·T·E·N·T·S

01 인간관계의 의미

인간관계는 우리의 일상생활 속에 밀접하게 관련되면서 우리의 삶에 지대한 영향을 미치고 있다. 인간관계 문제로 인해 건강, 수면, 학업, 직업, 가정 등과 같은 삶의 다양한 영역에 영향을 받고 있지는 않은가? 반대로, 삶의 다양한 영역의 문제로 인해 인간관계에 영향을 받고 있지는 않은가?

이 장에서는 우리의 삶과 밀접한 관련이 있는 인간관계는 어떤 특성을 가지고 있는지, 인간관계를 어렵게 하는 것은 무엇인지, 그리고 인간관계를 개선하기 위해서는 어떠한 노력이 필요한지에 대해 살펴보자.

1. 관계 속에서 살아가고 있는 인간

인간은 태어나면서부터 가정이라는 사회적 관계를 맺게 되며, 관계를 넓혀가면서 성장하고, 죽을 때까지 다양한 인간관계를 형성하면서 살아간다. 나를 중심으로 자신, 부모, 형제, 친척, 직장동료, 친구, 사회, 국가, 세계 속으로, 그리고 현대사회에서는 인터넷 속으로 그 영역을 넓혀가면서 인간관계를 형성해나간다. 이러한 과정 속에서 인간은 다른 사람과의 관계이든, 집단과의 관계이든, 휴대전화나 인터넷과 같은 사물과의 관계이든 간에 항상 어딘가에서 또는 누군가와의 관계 속에서 살아가게 된다.

물론 우리가 보기에 관계를 맺지 않는 것처럼 보이는 사람도 있다. 예를 들면, 다른 사람들과 관계를 맺지 않고 독서만 하는 사람들이나, 컴퓨터 게임만 하는 사람들이나, 산이나 바다로 홀로 떠나는 사람들이다. 그러나 그들도 자세히 들여다보면 누군가와 관계를 맺고 있는 것이다. 독서만 하는 사람들도 실상은 인간의 희로애락, 죽음, 탄생, 갈등, 화합 등의 인간관계를 책 속에서 간접적으로 경험하고 있는 것이며, 컴퓨터 게임을 하는 사람들도 죽고 살리고 구해주고 웃기는 등 관계적 요소로 구성되어 있는 컴퓨터 게임 속에서 모르는 누군가와 관계를 맺고 있는 것이며, 산이나 바다로 홀로 떠나는 사람들도 그 순간만큼은 자기 자신과 관계를 맺고 있는 것이다.

인간은 가정이나 학교, 사회라는 테두리 속에서 다양한 관계를 형성하면서 자신의 욕구와 꿈과 이상을 이루기 위해 다른 사람들과 경쟁하고 협동하게 되는데, 어떻게 인간관계를 맺느냐에 따라 삶의 질이 좌우된다. 사람들과의 인간관계를 통해 만족하게 되면 다른 사람들로부터 인정을 받으면서 행복을 느끼고, 정신건강과 적응에 관련되어 심리적 고민이 감소하고, 스트레스에 대해 효과적으로 대처하고, 자기신뢰와 자율성, 자기존중감을 가지면서 보다 큰 심리적 안정감을 가져오게 된다. 하지만 사람들과의 인간관계를 통해 불만족하게 되면 인간관계가 위축되고, 갈등과 소외감을 느끼고, 삶의 의욕을 떨어뜨리고, 실망과 불행 등 부정적인 감정을 느끼기기도 하며, 급기야 인간관계가 단절되면 매우 힘들어 한다. 마치 은행에 현금을 저축하여 잔고가 늘어나듯이 타인에게 지속적으로 좋은 감정을 준다면 기분이 좋아 지면서 좋은 인간관계를 맺게 되는 것이다. 반대로 타인에게 지속적으로 나쁜 감정을 준다면 나쁜 인간관계를 맺게 되는 것이다. 이러한 점에서 인간과 인간 사이에 맺어지는 관계는 인간과 컴퓨터와의 관계와는 분명히 다르다. 컴퓨터는 파일이 잘못되면 덮어씌워 저장함으로써 이전 파일이 완전히 복구할 수 없지만, 인간은 다른 사람과 만나면서 잘못된 관계를 맺었을 경우 그 관계와 기억을 완전히 덮어씌워 지울 수는 없다. 어떤 사람과의 인간관계와 그와 관련된 감정은 뇌에 지속적으로 쌓이면서 기억되는 것이다.

한 사람의 인간관계 경험은 단순히 자신의 행복과 불행에만 관련되는 것이 아니라 다른 사람의 삶의 질뿐 아니라 회사의 생산성에도 영향을 미친다. 내가 행복하고 자신을 존중하고 자신에 대해 편안히 느끼고 인간관계에서 자유로워야 타인에게 행복감을 줄 수 있고, 타인을 존중할 수 있고, 원만한 대인관계를 유지할 수 있다. 자신에 대해 자유를 느끼는 사람은 자신의 잠재력을 발휘하는 자아실현을 할 수 있게 되기 때문에 인간관계는 한 개인의 행복을 넘어서 사회의 건전한 문화와 사회적 안정에 기여하게 된다. 그렇지 않은 경우에는 가정이 깨어지고, 직장에서는 갈등이 생기고, 사회에서는 갈등과 소통의 문제로 건전하지 못하게 되며, 국가는 개인의 표현의 자유와 언론을 통제하게 된다. 그래서 신문에 등장하는 많은 사건과 사고뿐만 아니라 우리가 살아가면서 경험하는 많은 갈등과 문제들을 보면 그 원인이 대부분은 인간관계에 있다는 것을 알 수 있다.

앞에서 살펴본 것처럼, 인간은 관계속에서 성장하며 관계속에서 상대방에게 상처를 주기도 하고 상대방으로부터 상처를 받기도 한다. 이는 인간관계를 잘 형성함으로써 관계속에서 치유될 수 있다는 것을 의미하기도 한다.

그렇다면 인간관계를 잘할 수 있는 방법이나 기술 같은 것이 있을까? 시중에 인간관계에 관련된 다양한 책들이 출판되고 있는 것을 보면 그러한 방법이나 기술이 존재하고 있고 인간관계 기술을 배움으로써 도움을 받을 수 있다는 것은 확실하다. 그러나 그것들은 단지 보조도구일 뿐이며, 인간관계를 잘할 수 있는 방법이나 기술은 그 무엇보다도 자신과 상대방에 대한 사랑과 배려에서부터 시작된다고 본다. 인간이 자신과 상대방을 사랑하고 배려할 수 있기 때문에 서로를 견뎌주면서 인간관계를 유지할 수 있는 것이다. 인간관계 속에서 행복과 불행, 사랑과 미움, 갈등, 소외감 등 다양한 양가적인 감정(ambivalence)을 느낄 수 있는데, 이러한 양면성에도 불구하고 자신과 상대방을 소중하고 가치 있는 존재로 여길 때 서로를 수용할 수 있을 것이다. 그리고 인간관계를 잘하려고 지속적으로 노력하는 성장 과정에서 사랑과 배려, 관심, 협동, 돌봄, 공감 등과 같은 특성들이 길러질 것이며, 이를 통해 인간을 더욱 인간답게 할 것이다. 따라서 저자는 인간관계에 있어서 자신과 타인에게 진실한 것만큼 서로를 감동시키는 것은 없다고 본다.

2. 인간관계의 특성

인간관계가 중요하다는 인식을 하게 된 것은 유명한 호손(Hawthorne)실험으로부터였다. 1920년대 후반 과학적 관리법을 연구하던 학자들은 근로자들의 작업환경이 생산성에 미치는 효과를 연구하기 위해 일리노이의 호손(Hawthorne)에 위치한 공장에 갔다. 연구하던 중에 흥미로운 사실을 발견했는데, 새로운 시도를 할 때뿐만 아니라 환경을 더 열악하게 해도 오히려 생산성이 향상했다는 점이었다. 예를 들면, 웨스턴전기 생산조립공장에서 조명을 밝게 해주었을 때뿐만 아니라 조명을 희미하게 낮추었을 때에도 생산성이 더욱 증가한 것이었다.

이에 메이요(Mayo) 박사는 1927년부터 1932년까지 5년 동안 호손공장에 머물면서 두 가지 중요한 발견을 했다. 첫째, 근로자들은 누군가가 자신에게 관심이 있었기 때문에 보다 높은 동기가 부여되어 더 열심히 일했다는 것이다. 둘째, 인위적으로 결정된 공식적 조직이 아닌 자연발생적으로 생겨나는 비공식적 조직의 기대를 충족시키기 위해 작업을 열심히 했다는 것이다. 메이요(Mayo)와 동료들은 회사의 물리적인 환경이나 보상(예 : 작업장 내의 조명, 환기, 피로요소)보다는 인간은 타인과 어울리고 타인들로부터 인정을 받고 싶은 인간관계 요소가 그들의 생산성에 더 큰 영향을 미친다는 사실을 입증하였다.

최근 들어 메이요(Mayo) 연구에 대한 비판이 제기되고 있음에도 불구하고 이 연구는 그 이후 작업현장뿐 아니라 학문 및 경영에도 많은 영향을 미치고 있다. 인간관계는 광의의 개념으로는 “두 사람 이상의 사람들 사이에서 일어나는 모든 상호작용”을 의미하는 것으로 경제학, 노동경제학, 정치학 또는 법학의 범위까지를 포괄하는 사회과학적 측면을 포함하게 되었다. 한편, 인간관계는 협의의 개념으로는 “다른 사람과 좋은 상태를 유지하기 위한 내용”을 의미하면서 심리학, 사회학, 사회인류학 등을 포함하게 되었다.

협의의 개념의 관점에서 살펴본 인간관계의 특성은 다음과 같다.

첫째, 인간관계는 사람과 사람 사이에 의사소통을 통해 이루어지는 것으로, 일상생활에서 고민하고 체험하는 모든 관찰 가능한 현실적 상황이다.

둘째, 인간관계는 자의든 타의든 서로가 서로에게 영향을 미치는 타인과의 상호작용 과정이 일어나는데 이러한 상호작용이 인간관계의 기초가 된다.

셋째, 서비스 산업이 확대되고 발전되었기 때문에 오늘날 인간관계가 중요시되고 있다.

넷째, 기본적 인권을 보장받기 위한 사람들의 요구가 증가하고 이에 부응하려는 사회변화로 인해 인간관계가 중요시 되었다.

다섯째, 미묘한 인간관계에서 생기는 미움, 증오, 우울, 불안, 고독, 소외, 배신, 거부, 시기, 질투 등 복잡한 심리적 상황으로 인해서 인간관계의 갈등과 고민이 증가하고 있다.

여섯째, 인간은 복잡한 인간관계 속에서 갈등과 고민 때문에 힘들어하기도 하지만, 인간관계는 만족과 행복을 가져다주는 원천이기도 하다.

일곱째, 인간관계는 개인이나 조직의 성과를 좌우하며 목표달성을 용이하게 하기도 한다.

3. 인간관계가 어려운 이유

지금까지 인간은 인간관계를 벗어나서는 살 수 없으며 원만한 인간관계는 건전한 성격발달과 적응, 삶의 만족, 자아실현 등과 같은 개인의 발달에 도움이 될 뿐만 아니라 조직의 생산성을 높이는 등 사회의 발달에도 중요한 역할을 한다는 점에 대해 살펴보았다.

이와 같이 인간관계가 중요함에도 불구하고 대부분의 사람들은 인간관계에서 많은 어려움을 겪고 있다. 그와 관련된 요인은 다음과 같다.

① 개인차 때문이다.

사람마다 개성, 가치관, 생각, 행동양식, 생활방식, 욕구 등이 다르기 때문에 인간관계에서 어려움을 겪게 된다. 어떤 사람은 폭넓은 인간관계를 맺는 것을 원할 수도 있는 반면 어떤 사람은 소수의 사람과 깊은 인간관계를 맺는 것을 원할 수도 있다. 또한 대부분 사람들은 인간관계가 중요하다고 생각하지만, 모든 사람에게 해당되지는 않을 것이다. 삶에서 인간관계가 중요하다고 생각하는 사람들은 인간관계를 위해 많은 시간과 노력을 투자할 것이지만, 인간관계가 중요하지 않다고 생각하는 사람들은 소극적으로 행동할 것이다. 또한 중요시하는 인간관계의 영역도 개인마다 다를 것이다. 가족관계를 중요시하는 사람들은 다른 영역의 인간관계는 소홀히 하더라도 가족과 함께 대부분 시간을 보내겠지만, 친구관계를 중요시하는 사람들은 이와는 다르게 행동할 것이다.

② 자기중심적 사고 때문이다.

인간은 아무리 능력이 뛰어나도 혼자서는 모든 일을 처리할 수 없는데, 자기 자신이 주인공이라고 생각하면서 인생을 사는 경우가 많다. 인지발달심리학자인 피아제(Piaget)에 의하면, 전조작기에 있는 유아(3~6세)들은 자신의 감정, 생각, 관점 등을 다른 사람들이 자신과 똑같이 갖는다고 생각한다. 예를 들어 자신이 사탕을 좋아한다면 다른 사람들도 모두 사탕을 좋아할 것이라고 생각하거나, 자신의 오른쪽과 앞에서 마주보는 사람의 오른쪽이 다르다는 것을 이해하지 못하는 것이다. 형식적 조작기에 있는 청소년(12~20세)들은 '개인적 우화(personal fable)'와 '상상의 청중(imaginary audience)'을 지니고 있어서 자기중심성이 강하다. '상상의 청중(imaginary audience)'의 예로는 '다른 사람들이 왠지 자신을 주목하고 있을 것 같은 생각에 늘 행동을 신경 쓰고 다른 사람들을 과도하게 의식하는 것'을 들 수 있고, '개인적 우화'의 예로는 오토바이 폭주족들이 '나는 다른 사람과는 특별히 다르니까 절대 죽지 않을 거야'라고 생각하며 위험한 폭주를 계속하는 것 등을 들 수 있다. 이러한 자기중심성들은 다양한 사람들과의 만남을 통해 인지부조화와 갈등을 겪으면서 극복해나가게 된다.

③ 자신에 대한 이해가 부족하기 때문이다.

자신에 대해 정확하지 않은 인식과 장점과 단점을 객관적으로 바라보지 않고 타인들과 관계를 맺음으로써 인간관계에서 문제에 부딪히게 된다. 자신을 객관적으로 보기 위해서는 남이 나를 보는 것보다 내가 나를 보는 것에 대해 더 많이 생각하고, 자신과 거리를 두고 자신을 보는 자기성찰(introspection)이 필요하며, 융통성과 한계가 있어야 한다. 자신을 객관적으로 바라보면서 자신을 비우게 될 때, 비로소 자유롭고 열린 마음으로 자신과 상대방을 사랑할 수 있고 이해할 수 있게 된다.

④ 상대방을 신뢰하지 못하는 불신감 때문이다.

상대를 신뢰하지 못한다는 것은 자신을 믿지 않는 것과 일맥상통한다고 볼 수 있다. 따라서 자신을 믿는 사람이 상대도 믿을 수 있다.

⑤ 성장해가면서 인간관계가 많아지고 복잡해지기 때문이다.

일상생활에서 맺고 있는 수많은 타인들과의 관계는 인간의 삶을 보다 풍부하게 할 수도 있지만, 현대에 올수록 컴퓨터와 휴대전화의 발달된 기능으로 인해 인간관계의 수가 많아지고 복잡해짐에 따라 상대방에 대한 집중력이 떨어질 수 있고 피상적으로 인간관계를 맺을 가능성이 많다. 예를 들면, 휴대전화에 저장된 엄청난 수의 연락처를 본다면 보다 나은 인간관계를 위해서는 인간관계의 양적인 측면보다는 인간관계의 질적인 측면을 위해 노력해야 한다는 것을 알 수 있을 것이다.

⑥ 성숙도가 낮기 때문이다.

성숙도가 낮은 행동의 예로는 인간관계에 있어서 정답만 원한다거나, 상대방이 자신을 칭찬하는 것을 좋아한다거나, 내 안의 못난 부분을 그대로 표현하기 싫어서 겉으로 잘난 척하는 것 등이 있다. 그러나 우리는 정답을 위해 오류는 항상 필요하다는 것을 알고 있으며, 특히나 인간관계에 있어서 정답만을 원한다면 자신의 길을 갈 수 없다는 점도 알고 있다. 따라서 인간관계에서 오류와 실수가 있었다면 자기를 점검하는 기회로 알고 그냥 넘기는 여유도 갖는 것이 성숙도가 높은 사람일 것이다. 실수한 것에 대해 괴로운 것을 버틸 수 있다면

(holding) 성숙하고 자아능력이 높은 사람일 것이다. 상대방이 칭찬하는 것을 좋아하는 것은 자신이 아니라 상대방을 받드는 것이고, '진실한 자아(true self)'가 아닌 남이 나에게 만들어주는 '거짓된 자아(faulty self)'를 중요시하는 것이다. 우리는 초라할 때 초라해 보일 수 있는 자유가 있으며, 자신을 있는 그대로 받아들이고, 내가 부족해도 가치 있는 존재라는 것을 아는 것이 성숙도가 높은 것이다.

⑦ 타인에 대한 기대가 지나치게 크기 때문이다.

가족관계에서, 특히 부모는 자녀에게, 시어머니는 아들에게, 아내는 남편에 대한 기대가 매우 커서 인간관계에서 어려움이 많다. 따라서 관계속에서 서로가 서로를 객관적으로 바라볼 수 있다면 관계에서 자유로울 수 있을 것이다.

⑧ 좁은 우리 의식에 머물고 있기 때문이다.

⑨ 적당한 거리를 유지하고 있지 못하기 때문이다.

지나치게 먼 거리에서는 인간관계가 유지되지 않고 너무 가까우면 간섭을 하게 되므로 인간관계가 약화되기도 한다. 따라서 쇼펜하우어의 '고슴도치의 딜레마'로 알려진 우화처럼 서로 너무 가깝지도 너무 멀지도 않은 적당한 거리를 유지하는 것이 인간관계에서도 필요하다.

⑩ 각자가 같은 사실이나 현상을 달리 지각하기 때문이다.

우리 주변에서 같은 사실에 의해 각자가 달리 지각하는 예는 쉽게 떠올릴 수 있다.

차를 몰고 한적한 도로를 달리던 젊은 청년이 혼자 걸어가는 부인에게 차를 태워주려 할 때 어떤 사람은 그런 행위를 친절한 행위로 해석할 지 모르나 다른 사람은 유부녀를 유혹하는 행위로 해석할지도 모른다. 또한 자신이 잘한 점을 이야기하면 상대방은 그대로 받아들이기보다는 잘난 척한다고 생각하고, 나쁜 점을 이야기하면 상대방은 다음에 이것을 가지고 악용하기도 한다.

⑪ 부정적인 행동과 태도 때문이다.

자신의 능력이나 외모, 성격에 대해 부정적인 태도를 가진 사람들은 타인을 바라볼 때에도 부정적이고 왜곡된 시각을 갖는 경우가 많다.

⑫ 바람직한 인간관계 관리를 위한 기법의 이해 부족 때문이다.

인간관계가 의도적 노력 없이 자연스럽게 이루어진다고 믿는 사람이 있다면 인간관계를 발전시키기 위해 지속적인 노력을 하지 않을 것이다.

이와 같이 대부분 사람들은 인간관계가 자신의 삶에서 중요하고 또한 어렵다는 것을 인정하지만, 인간관계를 어떻게 하면 잘할 수 있을까에 대해서는 그렇게 노력하지 않는 것 같다. 그 이유 중 한 가지는 우리 사회가 물질만능주의이고 학교에서도 인지적 교육이 우선시되고 있기 때문이라고 생각한다. '무엇이 되느냐'가 '어떻게 사느냐'보다 중요해지고 있다. 특히나 요즘처럼 핵가족 생활을 하는 우리 사회에서는 인간관계에 대해 가르쳐주지 않는다. 그러나 인간관계에 대한 이해가 깊어지고 인간관계 개선을 위한 노력을 일상생활 속에서 체험을 통해 터득한다면 우리의 인간관계는 바람직한 방향으로 변화할 것이다.

'인간관계를 어떻게 하면 잘할 수 있을까'에 관한 한 예로 생떽쥐베리의 『어린 왕자』에서 '길들이기' 부분을 소개해본다.

"길들인다는 게 무슨 뜻이야?"

"사람들은 총을 가지고 사냥을 하지. 아주 무서운 일이야. 또 사람들은 닭을 기르기도 해. 그들의 유일한 낙이란다. 넌 닭을 찾니?"

"아니야, 난 친구들을 찾고 있어. 그런데 길들인다는 게 무슨 뜻이니?"

"그건 너무나도 잊혀 있는 일이야. 그건 '관계를 맺는다'는 뜻이지."

여우가 대답했다.

"관계를 맺는다?"

"바로 맞혔다. 내게 있어서 너는 아직 수많은 다른 아이들과 다를 바가 없어. 그래서 나에겐 네가 필요 없고 너도 내가 필요 없는 거지. 너에게는 내가 다른 수많은 여우들과 다르지 않을 테니까. 그렇지만 네가 나를 길들이면 우리는 서로 필요하게 돼. 나에겐 네가 세상에서 하나뿐일 테고, 네게도 내가 세상에서 하나뿐인 것이 될 거야."

"이제 좀 알겠어."

그러면서 어린 왕자는 이렇게 말했다.

"나에겐 꽃이 하나 있었는데…… 그 꽃이 나를 길들였었나 봐."

(중략)

"제발…… 날 길들여줘!"

여우가 말했다.

"그러자꾸나. 그렇지만 시간이 별로 없어. 난 친구들을 찾아내야 하고 알아야 할 일들이 많거든."

"자기가 길들이는 것밖에 알지 못하는 거야. 사람들은 무얼 알 시간조차 없어져버렸어. 그들은 상점에서 다 만들어놓은 물건을 사지. 그렇지만 친구를 파는 상점은 없으니까. 사람들은 이제 친구가 없어. 친구를 갖고 싶거든 나를 길들여."

"그러면 어떻게 해야 되니?"

어린 왕자가 물었다.

"아주 참을성이 많아야 돼, 처음에는 내게서 좀 떨어져서 그렇게 풀밭에 앉아 있어. 곁눈질로 너를 볼 테니까 아무 말도 하지 마. 말이란 오해의 원천이거든. 그렇지만 매일 조금씩 더 가까이 앉도록 해."

4. 인간관계 개선을 위한 노력

대학생활에서의 인간관계는 이전에 비해 훨씬 다양해지고 복잡해져서 대학생들도 인간관계에서 이전보다는 좀 더 어려움을 겪으며 살아가고 있을 것으로 예상된다. 학생들은 인간관계야말로 당장 해결해야 할 문제라고 생각하며 대학에서 가장 하고 싶은 일로도 폭넓은 대인관계를 꼽고 있다. 성숙한 인간관계를 갖기 위해서는 다양한 측면에서 인간관계를 살펴봄으로써 자신과 타인을 이해하고 나아가 현재, 미래의 삶에서 보다 성숙한 인간관계를 맺을 수 있도록 하는 노력이 필요하다.

인간관계는 꾸준한 관심과 노력을 통해 점진적으로 발전하는 것이다. 인간관계를 좀 더 효과적으로 개선하기 위해서는 어떤 과정이 필요할지 살펴보자. 그 이전에 나는 어떤 인간관계 문제로 괴로워하고 고민하는지를 생각해본 후, 인간관계를 개선하고자 하는 마음의 정도를 다음의 척도 위에 표시해보자.

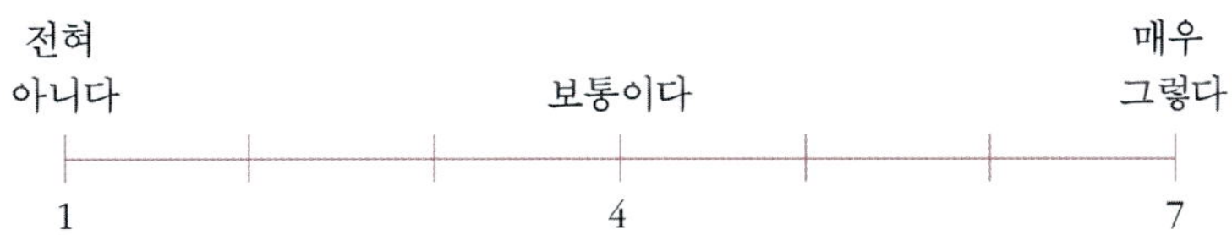

숫자 2 이상에 해당되는 칸에 표시했다면 인간관계를 개선하고자 하는 동기와 의지가 있으므로 이 책을 읽는 것이 독자에게 도움이 될 것이라 생각한다.

① 인간관계를 개선하고자 하는 마음을 확고하게 세우는 일이다.

인간의 성격은 키, 몸무게 등과는 달리 유전보다는 환경의 영향을 더 많이 받아서 환경에 의해 변화시킬 수 있지만, 성격을 변화시키기 위해서는 부단한 노력이 필요하다. 예를 들어 목소리가 큰 사람이 소리를 줄이는 것이나 부끄러움을 잘 타는 사람이 자기주장을 해보는 것은 가능하기는 하지만 매우 힘들고 어려운 과정을 통해 이루어진다. 이와 같이 인간관계를 변화시키는 일은 어렵고도 꾸준한 노력이 필요하므로 확고한 개선의지 없이는 기대하는 성과를 거두기 어렵다. 인간관계를 개선하겠다는 의지가 있는가에 대해 망설이고 있는 사람도 있을 텐데, 이는 아직 덜 급한 상태라고 할 수 있을 것이다. 인간관계에서 매우 급한 상태의 어려움에 처해있다면 인간관계를 개선해보겠다고 지금 당장 마음먹을 것이다.

② 자신의 인간관계를 평가하는 노력이 필요하다.

인간관계에 대한 만족도, 인간관계 방식, 인간관계의 문제나 갈등, 어려움을 겪는 인간관계의 영역 등에 관해 자신의 인간관계를 다각적으로 살펴보는 일이 중요하다. 이러한 평가를 통해 어려움을 야기하는 인간관계의 영역을 자각(awareness)하게 되고, 또한 더욱 더 개선을 위한 노력이 기울여져야 할 인간관계의 영역이나 문제가 좀 더 분명해진다. 자신의 문제가 무엇인지 잘 모르는 모호한 상태보다는 자신의 어려움과 문제가 무엇인지를 분명하게 아는 사람이 자신이 지니고 있는 문제를 더 잘 해결할 수 있다. 그 이유는 그 문제를 해결하기 위해서 더 많은 노력과 에너지를 쏟기 때문이다. 따라서 어려움과 문제가 무엇인지를 안다는 것은 그 자체만으로도 발전할 수 있는 가능성을 열어주기에 희망적이라고 볼 수 있다.

③ 인간관계의 개선을 위해 변화시켜야 할 점들을 분석하는 일이 필요하다.

인간관계를 개선시키기 위해 어떤 변화가 필요한지를 살펴보고, 현재 경험하고 있는 인간관계의 문제나 갈등을 초래하는 심리적 요인을 살펴보고 분석하는 노력이 필요하다. '인간관계의 개선을 위해 필요한 변화요인은 무엇일까?', '현재 인간관계의 갈등을 초래하는 심리적 요인으로는 무엇이 있을까?' 등의 관점에서 자신을 되돌아보고 발전시키고자 하는 노력이 필요하다.

④ 인간관계를 개선시킬 수 있는 구체적인 행동을 새롭게 시도하는 일이다.

타인과의 관계를 개선시키기 위해 인간은 변해야 한다. 사람은 고집스러운 자존심 때문에 쉽게 변하지 못하다가도 매우 하찮은 계기 때문에 쉽게 변하기도 한다. 사람마다 변하는 과정과 계기가 다르기 때문에 자신이나 타인을 변화시키는 것은 어려운 일이다. 그럼에도 불구하고 타인을 변화시키는 것이 쉬울까, 아니면 자신을 변화시키는 것이 쉬울까? 물론 자신을 변화시키는 것이 쉽고 더 가능성이 높다. 그렇다면 자신을 변화시키기 위해서 자신의 행동, 사고, 감정, 생리적인 작용 중에서 무엇을 변화시키는 것이 쉽다고 생각하는가? 자신의 행동을 변화시키는 것이 타인과의 관계 개선을 위해 쉽고 가능한 방법이다. 따라서 대인관계 상황에서 자신이 스스로 새로운 행동을 시도해보는 일이 인간관계의 개선에 매우 중요하다. 왜냐하면 행동으로 실천되지 않는 지식은 인간관계의 개선에 아무런 도움이 되지 않는다. 부모님께도, 사랑하는 연인에게도 '사랑한다'는 말을 하지 않으면 상대방은 그 마음을 알기 어려울 때가 종종 있다는 것을 우리는 경험을 통해 잘 알고 있다.

⑤ 새롭게 시도한 행동이 인간관계에 어떤 변화를 가져오는지 평가해보아야 한다.

결심하고 새롭게 시도한 행동이 긍정적 변화를 가져올 수도 있지만 때로는 상대방으로부터 아무 반응이 없을 수도 있고, 예상치 못한 부정적인 반응이 나올 수도 있다. 이와 같이 새로운 대안행동이 항상 긍정적인 결과를 유발하는 것은 아니다. 또한 새롭게 시도하는 행동이 처음부터 긍정적 결과를 나타내는 경우는 드물다. 그러나 한 번도 해보지 않았던 새로운 대안행동을 해보았다는 것이 하나의 시작이라는 생각을 가지고, 작은 변화라도 소중하게 여기며 꾸준하게 개선의 노력을 기울이는 것이 중요하다. 이러한 지속적인 노력을 통해 새로운 대안행동이 자신에게 익숙한 행동방식으로 정착되고, 그 결과 인간관계가 점진적으로 개선될 것이다.

⑥ 인간관계의 개선을 위해서는 이처럼 체계적이고 지속적인 노력이 필요하다. 위의 과정을 그림으로 나타낸 것이 [그림 1-1]이다.

인간관계 개선의지의 확립

⇩

현재의 인간관계 평가

⇩

인간관계 개선요인의 분석

⇩

새로운 행동의 시도

⇩

새로운 행동의 결과평가

⇩

지속적인 개선노력

⇩

인간관계의 긍정적 변화와 개선

[그림 1-1] **인간관계를 개선하기 위한 과정**

우리 인간은 장점도 있고 단점도 있을 수 있으며, 잘할 때도 있고 못할 때도 있고, 마음에 드는 부분도 있고 마음에 들지 않는 부분이 있을 수도 있지만, 장점이 단점을, 잘할 때가 못할 때를, 마음에 드는 부분이 마음에 들지 않는 부분을, 행복이라는 긍정적인 감정이 불행이라는 부정적인 감정을 포용(tolerance)할 수 있을 때 정신건강을 유지할 수 있고, 건강한 인간관계를 맺으면서 살아갈 수 있는 것이다. 인간은 누구나 부적응적 인간관계의 요소를 조금씩 지니며 살아가고 있지만 긍정적 관점을 가지고 자신과 타인에 대한 이해와 부적응적 요소를 찾아내어 교정하려는 노력을 한다면 인간관계는 개선될 수 있다. 즉, 인간관계는 저절로 이루어지는 것이 아니며 인간관계에 대한 깊은 관심과 실제적인 노력과 훈련을 통해 이루어질 수 있는 것이다.

활동문제

활동 | 1 행복의 요인 체크리스트

나이, 성별, 교육수준, 건강, 사회계층, 직업 만족도, 감사 경험, 인종, 지능, 신체매력도, 통제감, 종교, 자녀 유무, 여가, 친구의 수, 결혼, 성실성, 긍정 감정의 경험 빈도, 외향성, 정서 안정성, 낙관성, 자기존중감, 소득

• 위의 요인 중에서 행복과 상관이 높은 것을 여덟 개 골라보시오.

• 행복과 가장 상관이 높은 요인이 무엇인지를 적고 그 이유를 쓰시오.

활동 | 2 단축형 행복척도

다음은 삶의 만족에 대한 질문입니다. 우리의 삶은 개인적 측면(개인적 성취, 성격, 건강 등), 관계적 측면(주위 사람들과의 관계 등), 집단적 측면(내가 속한 집단–직장, 지역사회 등)으로 구분될 수 있습니다. 삶의 각 측면에서 여러분이 중요하게 생각하는 부분을 떠올려보세요. 여러분은 그러한 삶의 각 측면에 대해 얼마나 만족하는지 '전혀 그렇지 않다(1점)'부터 '매우 그렇다(7점)'까지의 보기 중에서 당신의 생각과 가장 가까운 번호를 고르시오.

1	나는 내 삶의 개인적 측면에 대해 만족한다.	1	2	3	4	5	6	7
2	나는 내 삶의 관계적 측면에 대해 만족한다.	1	2	3	4	5	6	7
3	나는 내가 속한 집단에 대해 만족한다.	1	2	3	4	5	6	7

다음은 지난 한 달 동안 여러분이 경험한 감정을 묻는 질문입니다. 지난 한 달 동안 무엇을 하며 지냈는지, 어떤 경험을 했는지를 생각해봅시다. 그러고 나서 다음에 제시되는 감정들을 얼마나 자주 느꼈는지 '전혀 느끼지 않았다(1점)'부터 '항상 느꼈다(7점)'까지의 보기 중에서 번호를 고르시오.

4	즐거운	1	2	3	4	5	6	7
5	행복한	1	2	3	4	5	6	7
6	평안한	1	2	3	4	5	6	7
7	짜증나는	1	2	3	4	5	6	7
8	부정적인	1	2	3	4	5	6	7
9	무기력한	1	2	3	4	5	6	7

※ 채점방식

- 만족감 총점 : 문항 1, 2, 3 합산
- 긍정정서 총점 : 문항 4, 5, 6 합산
- 부정정서 총점 : 문항 7, 8, 9 합산
- 최종 행복점수 : 만족감+긍정정서−부정정서

(출처 : 서은국 · 구재선, 2011)

활동 | 3 나의 장단점 찾기

자신의 장점과 단점을 살펴봄으로써 인간관계에 어떤 영향을 미치는지에 대해 생각해 본다.

나의 장점	나의 단점

• 자신의 장점들에 대해 어떤 생각이 드나요?

• 단점을 장점으로 변화시킨 것이 있나요?

• 인간관계 개선을 위해 자신의 단점들에 대해 앞으로 보완해야 할 점은 무엇인가요?

• 이러한 장점과 단점들이 자신의 생활이나 인간관계에 어떠한 영향을 미치나요?

활동 | 4 초기단계의 인간관계 형성과정에서 타인을 관찰해서 기록하기

인간관계가 시작되는 초기단계에서 다른 사람들은 주로 어떤 주제의 대화를 나누는지 관찰하고 기록해본다.

활동 | 5 인간관계 잘하는 사람을 관찰해서 기록하기

주변 사람들 중에서 인간관계를 원만하고 활발하게 하는 사람들의 행동을 관찰하고 기록해 본다.

활동 | 6 서로 소개하기

다음 활동 중 적당한 활동을 선택하여 서로 알도록 함으로써 상호간의 이해와 신뢰감을 높인다.

1. 짝지어 집단에 소개하기

① 잘 모르는 사람들끼리 둘씩 짝을 짓도록 한다.
② 10분 동안 두 사람의 별명, 수업을 듣게 된 동기, 취미 등을 이야기하도록 한다.
③ 10분 후 다 같이 모여 자신의 짝과 서로 바꾸어서 소개하도록 한다.

2. 별명 짓기

① 집단원들에게 종이를 나누어준다.
② 종이에 각자 자신을 잘 나타낼 수 있는 그림과 별명을 쓰도록 한다.
③ 돌아가면서 발표한다.

3. 다른 세 명의 친구에게 나에 관해 듣기

수업을 함께 듣는 학생 중에서 평상시에는 별로 말을 하지 않았지만 친해지고 싶은 세 명에게 다가가서 자신에 대해 느낀 대로 자유롭게 적어달라고 한다.

활동 | 7 그림을 인간관계에 적용해서 생각해보기

그림을 보고 인간관계에 적용해서 생각나는대로 자유롭게 써본다.

활동 | 8 대인관계 성향검사

1. 주제 : 나의 성격 특성은 무엇이며, 나의 대인관계 성향은?

2. 방법 : 본 검사는 대학생들의 개인적인 대인관계 문제를 파악하기 위한 비진단적 검사이다. 각 문항들은 대인관계의 상황 속에서 누구나 느낄 수 있는 문제들로 구성되었다. 가능한 한 피검사자들이 실생활에서 자신들이 경험했던 내용들을 중심으로 자신의 문제로서 지각할 수 있도록 전문가들에 의해 구성되었다. 제시된 검사문항을 너무 깊게 생각하지 말고 자신에게 해당된다고 생각하면 ○로 아니면 ×로 체크해 내려간다.

3. 프로그램 내용

1. 주도성(10문항)	O, X
1. 남보다 앞서서 일하기를 좋아한다.	
2. 남에게 충고를 잘한다.	
3. 나의 주장을 관철시키려 한다.	
4. 다른 사람들이 나의 의견을 잘 따른다.	
5. 사람들을 지휘하려고 한다.	
6. 사람들과 함께 있을 때는 리더의 역할을 한다.	
7. 여러 사람 앞에서 의견 말하기를 좋아한다.	
8. 친구들과 어울리는 경우 내가 얘기를 많이 한다.	
9. 내가 계획하는 일에 여러 사람을 참여시킨다.	
10. 사람들이 내 주위에 모이도록 노력한다.	
2. 공격성(12문항)	O, X
11. 남들로부터 잘난 척한다는 말을 듣는다.	
12. 친한 친구라도 견해가 다르면 다툰다.	
13. 대화 중에 극단적인 표현을 많이 쓴다.	
14. 화를 잘 낸다.	
15. 화가 나는 일이 생기면 분풀이를 해야 한다.	
16. 토론을 할 때마다 언쟁을 한다.	
17. 남으로부터 화를 잘 낸다는 말을 듣는다.	
18. 상대방의 잘못을 짚고 넘어간다.	
19. 나에게 고통을 준 사람에게는 그만큼의 고통을 준다.	
20. 자존심이 상하면 참지 못한다.	
21. 작은 일에도 흥분한다.	
22. 마음에 안 드는 사람의 말은 반대한다.	

3. 사려성(12문항)	O, X
23. 남의 입장을 잘 이해한다.	
24. 남의 잘못을 너그럽게 이해한다.	
25. 대화를 나눌 때 상대방의 느낌에 유의한다.	
26. 타인의 칭찬을 받아들인다.	
27. 타인의 충고를 받아들인다.	
28. 상대방의 입장에 서서 이해한다.	
29. 실수로 당황하는 친구를 안심시켜 준다.	
30. 사람들과 함께 있고 싶다.	
31. 사람들과 친밀한 관계를 갖는다.	
32. 새로 알게 된 사람에게 호의를 베푼다.	
33. 여러 명이 함께 하는 일에 협조적이다.	
34. 사람들을 친절하게 대하려고 한다.	
4. 불신감(12문항)	O, X
35. 부모님은 사사건건 간섭하신다.	
36. 부모님은 내가 하는 일을 못마땅하게 여기신다.	
37. 부모님은 나보다 나은 점이 많다.	
38. 다른 사람이 하는 일을 믿지 못한다.	
39. 나에게 호의적으로 대하는 사람들도 믿지 못한다.	
40. 친구가 하는 말이라고 해서 솔직한 것은 아니다.	
41. 내게 접근하는 사람에게 경계부터 한다.	
42. 남으로부터 의심이 많다는 말을 듣는다.	
43. 타인의 말을 믿지 않는다.	
44. 광고의 내용을 믿지 않는다.	
45. 의지할 만한 친구가 없다.	
46. 부모님은 내가 의견을 말할 때 다른 얘기를 하신다.	
5. 경쟁성(12문항)	O, X
47. 나와 가치관이 다른 타인을 싫어한다.	
48. 친구가 한 일을 평가하기 좋아한다.	
49. 내 뜻대로 되지 않으면 속이 상한다.	

50. 남으로부터 지적을 받으면 오랫동안 마음이 언짢다.	
51. 누가 묻는 것에 모른다고 답하기가 싫다.	
52. 남이 충고해 주는 것을 좋아하지 않는다.	
53. 친구들보다 뒤지지 않으려 애쓴다.	
54. 남이 좋은 물건을 가지면 나도 갖고 싶다.	
55. 나보다 뛰어난 친구를 보면 앞지르고 싶다.	
56. 칭찬받은 일을 오랫동안 기억한다.	
57. 모임에 나갈 때 옷차림에 신경을 쓴다.	
58. 거울을 들여다보는 일이 자주 있다.	
6. 독립성(11문항)	O, X
59. 내 뜻대로 일을 처리한다.	
60. 쉬운 일보다 어려운 일에 매력을 느낀다.	
61. 지시를 받기보다 자발적으로 일하기를 좋아한다.	
62. 자신과 관련된 문제에 결정을 내리는 일이 부담스럽다(R).	
63. 무슨 일이든 스스로 결정한다.	
64. 내 스스로 계획을 세워 일을 수행한다.	
65. 마음 내키지 않는 일이면 싫다고 이야기한다.	
66. 나는 무엇을 할 것인가를 다른 사람이 결정하게 한다(R).	
67. 나는 동료들과 대등한 입장에서 활동한다.	
68. 나는 내 자신을 잘 안다.	
69. 언젠가는 내가 하고 싶은 일을 할 수 있을 것이다.	
7. 책임성(11문항)	O, X
70. 어떤 역할이고 맡아서 할 수 있다.	
71. 남으로부터 책임감이 강하다는 말을 듣는다.	
72. 내 인생은 내가 책임져야 한다.	
73. 남들이 신용 있는 사람이라고 한다.	
74. 책임질 수 없는 말은 하지 않는다.	
75. 맡은 일은 밤을 새워서라도 한다.	
76. 약속을 하는 경우 상대방보다 먼저 나간다.	
77. 남에게 빌린 것을 제때에 돌려주어야 직성이 풀린다.	

78. 나는 무슨 일에나 책임의 한계를 명백히 한다.	
79. 불쌍한 친구를 보면 도와준다.	
80. 노약자를 보면 자리를 양보한다.	
8. 우월성(11문항)	O, X
81. 나는 선택된 인간이라고 생각한다.	
82. 나보다 잘난 사람은 없다.	
83. 나는 다른 사람의 의견을 대수롭지 않게 여긴다.	
84. 친구들보다는 내가 유능하다.	
85. 나는 장점이 많다.	
86. 누구의 도움 없이 독자적으로 행동할 수 있다.	
87. 나의 성격이 변화될 필요성이 없다.	
88. 나의 용모에 자신이 있다.	
89. 친구들은 나를 부러워한다.	
90. 사람들은 나를 관심 있게 본다.	
91. 어떤 일을 끝내고 잘한 것 같은 생각이 오랫동안 남는다.	

※ 채점 및 해석방식

8개의 차원별로 ○표한 개수를 세어본다. ○표가 상대적으로 많은 특성이 자신의 주된 대인관계 성향에 해당된다.

•대인관계 성향검사 차원의 구성요인

(1) 주도성-10문항(1번~10번) : 이 특성은 대인관계에서 자율적이며 주도적이고, 자신에 대해 자신감이 있으며 자신의 권리를 찾으려 하면서도 자신이 한 행동에 대해 책임감을 진다. 인간관계에서 적극적이므로 자신의 의견 등을 여러 사람 앞에서도 잘 표현하며, 자신의 의사를 관철시키기 위해서 다른 사람을 설득하기도 한다.

(2) 공격성-12문항(11번~22번) : 이 특성은 대인관계를 경쟁적 입장에서 다른 사람을 공격적으로 대하고 권력에 대해 반항적이며 도전적이고 부정적인 면을 보인다. 언어의 표현은 주로 극단적이고 단정적인 것을 쓰며 자신의 감정을 통제하지 못하는 편이다. 다른 사람의 의견이나 입장보다는 자기 자신의 것을 더 중요하게 생각한다.

(3) 사려성-12문항(23번~34번) : 이 특성은 대인관계에서 온화하고 공감적이며 다른 사람의 입장을 먼저 살펴주는 특성이 있다. 그러므로 다른 사람들과 함께 있기를 좋아하며 호의를 베풀며 관계를 잘 유지하려 한다.

(4) 불신감-12문항(35번~46번) : 이 특성은 인간에 대해 불신감을 갖고 있으며, 대인관계에서 누구든지 일단 의심하는 특성을 나타낸다. 이 특성은 다른 사람보다도 자신에 대해서 더욱 믿음을 가지므로 다른 사람의 호의도 받아들이기 힘들다.

(5) 경쟁성-12문항(47~58번) : 이 특성은 대체로 대인관계를 경쟁적 입장에서 보며 따라서 남의 간섭을 싫어하고 남에게 지기도 싫어한다. 또한 자기 입장을 중심으로 다른 사람을 대하므로 자신의 느낌이나 생각 등이 중요하다. 따라서 대인관계에서 이기적이며 자기 자신에게 유리한 상황만을 선택하려고 한다.

(6) 독립성-11문항(59~69번) : 이 특성은 다른 사람에게 의존하기보다는 자기 방식대로 일을 처리하며 누구의 간섭을 받기보다는 주체적으로 계획을 세우고 스스로 결정한다. 대인관계에서 자발적, 모험적, 그리고 감정에 치우치지 않는 성향이 있다.

(7) 책임성-11문항(70~80번) : 이 특성은 다른 사람에게 책임질 수 있는 말이나 행동을 하려고 한다. 다른 사람들에게 주로 신용 있고 책임 있는 사람이라는 말을 듣는다.

(8) 우월성-11문항(81~91번) : 이 특성은 자기 자신의 능력에 대해 확신이 있으며, 자신에 대해 수용적이고 긍정적이다. 현재나 미래에 대해 긍정적인 시각을 갖고 있다.

(출처 : 김혜숙, 2008)

탐색문제

1. 인간관계 수업시간에 배우고 싶은 내용을 자유롭게 이야기해 보자.

2. 인간관계가 왜 중요한지에 대해서 토의해 보자.

3. 인간관계에서의 어려움에 대해 토의해 보자.

4. 현대사회에서 인간관계의 문제점에 대해 토의해 보자.

5. 인간관계를 개선할 수 있는 방법에 대해 토의해 보자.

02 성격검사

다른 사람과 원만한 인간관계를 형성하기 위해서는 무엇보다 나 자신에 대해 잘 알고 있어야 한다. 자신을 이해하기 위한 한 가지 방법은 개인면접이나 행동관찰, 성격검사 등을 통해 객관적으로 바라보는 것이다. 즉, 나는 어떤 성격을 가진 사람이며, 나에게 중요한 사람들은 어떤 성격을 가진 사람들이며, 나와 관계를 맺는 과정에서 쉽게 친해지거나 어려움을 겪는 사람들은 어떤 성격을 가진 사람들인지를 이해하는 것은 내가 어떤 면들을 더 발달시키고 보완해나가야 하는지에 대해 알려줄 뿐만 아니라 타인은 나와 다르다는 것에 대해 알려준다.

따라서 이 장에서는 인간관계를 좀 더 조화롭게 형성하고 유지해나가는 데 있어서 도움이 될 수 있는 다양한 성격검사를 살펴볼 것이다. 다만 이 장을 읽기 전에 독자에게 부탁할 점은 성격검사는 사람을 이해하는 보조도구일 뿐이지 사람을 진단하고 평가하는 것이 아니라는 것이다.

1. 조해리의 마음의 창

미국의 심리학자 조셉(Joseph)과 해리(Harry)는 두 사람의 이름을 본떠서 '조해리의 마음의 창(Johari Window)'이라는 자아개방 모형을 개발하였다. 이 모형은 '자기개방(self-disclosure)'과 '피드백(feedback)'이라는 두 가지 개념에 기초하여 개발하였다. 인간관계에서 자신을 다른 사람에게 나타내 보이는 점에 있어서 사람마다 차이가 있지만, 나 자신을 다른 사람에게 내보이는 일과 다른 사람들이 나에 대해 어떻게 느끼고 있는지를 잘 아는 일은 매우 중요하다. 이 모형은 인간관계에서 왜 자아개방이 필요하며 얼마나 중요한 것인지를 나타내줌으로써 자기이해가 깊어지고 자신의 행동에 대한 조절능력이 커질 것이다.

1) 자기공개의 정도

나는 다른 사람에게 나에 관한 이야기를 잘하는가? 나는 다른 사람에게 나의 모습을 잘 나타내 보이는가? 나는 다른 사람에게 나의 속마음을 잘 내보이는가? 개인마다 차이가 있을 것이지만, 내가 다른 사람에게 보이는 정도를 스스로 판단하여 다음의 척도 위에 표시해보자.

전혀 아니다		약간 그렇다		어느 정도 그렇다		상당히 그렇다		매우 그렇다
1	2	3	4	5	6	7	8	9

자신도 모르는 것을 남이 안다면 유쾌한 감정이 아니기 때문에 우리는 자신을 보호하기 위해 방어적이게 된다. 그러나 인간관계를 잘하려면 나 자신을 타인에게 내보이는 것에서도 자유로워야 할 것이다.

2) 피드백을 얻는 정도

다른 사람이 나에 대해 어떤 생각을 가지고 있는지 알려고 노력하는가? 나는 다른 사람이 나에 관해 하는 말에 귀를 기울이는가? 다른 사람이 나를 어떻게 평가하고 있는지 잘 알고 있는가? 개인마다 차이가 있겠지만, 내가 다른 사람으로부터 피드백을 얻는 정도를 스스로 판단하여 다음의 척도 위에 표시해보자.

전혀 아니다		약간 그렇다		어느 정도 그렇다		상당히 그렇다		매우 그렇다
1	2	3	4	5	6	7	8	9

다른 사람이 나에 대해 말하는 것을 듣는 것은 왠지 꺼려지는 것도 사실이다.

그러나 "타인은 나를 비춰주는 사회적 거울(social mirror)"이라는 말이 있듯이, 다른 사람의 반응 속에서 나의 모습을 비춰보는 일이 중요하다.

위의 두 가지 질문에 대한 숫자를 적용하여 정사각형을 사분면으로 분할하여 다음과 같이 나타낼 수 있다.

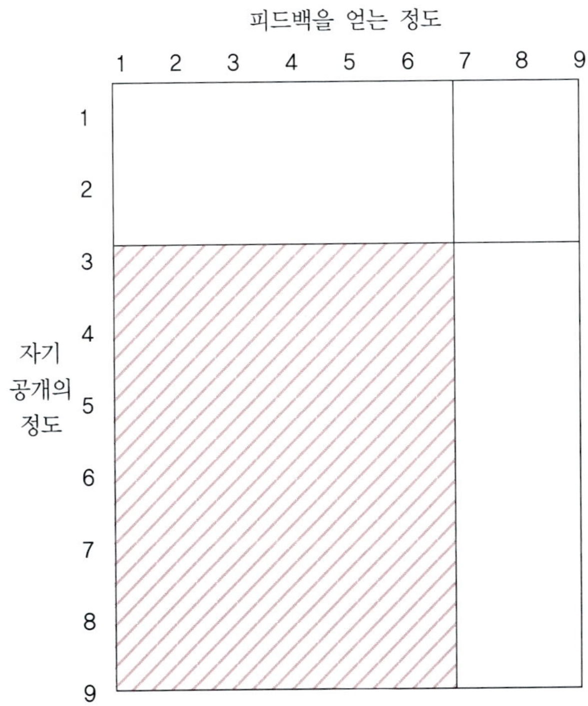

[그림 2-1] **자기공개의 정도 및 피드백을 얻는 정도**

자기공개의 정도와 피드백의 정도에 따라 나타난 것이 조해리의 '마음의 창'이다. 일반적으로 다음과 같이 네가지 영역으로 구분되며, 네 영역별로 서로 다른 특징을 보인다.

피드백의 정도 →

자기공개의 정도 ↓

	내가 알고 있는 정보	내가 모르는 정보
타인이 아는 정보	공개적 영역 (open)	맹목의 영역 (blind)
타인이 모르는 정보	숨겨진 영역 (hidden)	미지의 영역 (unknown)

첫째, 공개적 영역은 나도 알고 있고 다른 사람에게도 알려져 있는 나에 관한 정보로 이름, 성별, 직업 등 모든 사람이 알고 있는 정보에 해당한다.

둘째, 맹목의 영역은 남은 알지만 자신은 모르고 있는 자기의 모습으로 이상한 행동, 습관, 특이한 말버릇, 독특한 성격 등과 같은 것이다.

셋째, 숨겨진 영역은 자기만 알고 남들은 잘 모르는 나의 모습으로 나의 약점, 비밀, 열등감, 콤플렉스 등과 같은 것이다. 여러 가지 이유로 우리는 이러한 정보를 타인에게 알려 주기를 꺼려한다.

넷째, 미지의 영역은 자신에 대해 자신도 모르고 남도 모르는 것으로, 마치 무의식적인 정신세계처럼 우리 자신에게 알려져 있지 않은 부분이다. 우리는 상담이나 심리치료, 어떤 우발적인 사건이나 충격적인 경험을 통해 전혀 알지 못했던 정보들을 알아낼 수도 있다.

인간관계의 초기단계에서는 미지의 영역이 넓게 나타나지만, 친밀한 관계로 발전되면서 공개적 영역이 가장 넓게 나타난다. 타인을 더 많이 신뢰할수록 사적인 것들을 더 많이 개방하려고 할 것이며, 그러한 개방적인 관계 속에서 타인들은 우리에 대해 자신들이 생각하는 것을 더 많이 말해줄 것이다.

3) 인간관계 유형

사람마다 마음의 창 모양이 다르다. 이렇게 다양하게 나타나는 창 모양은 어떤 영역이 가장 넓은가에 따라 크게 네 가지 인간관계 유형으로 구분할 수 있다.

(1) 개방형

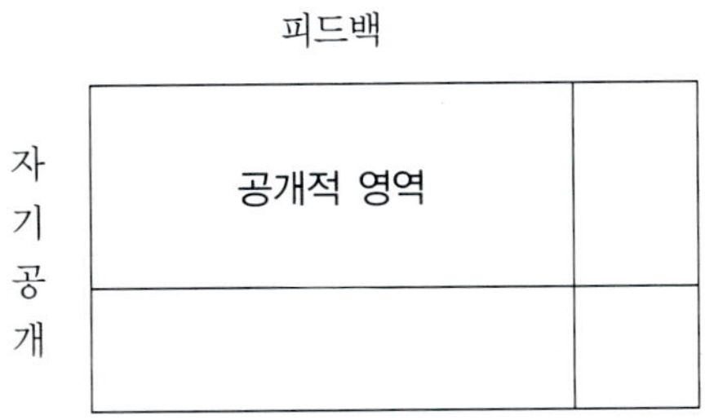

대체로 인간관계가 원만한 사람들이다. 이들은 적절하게 자기표현을 잘할 뿐만 아니라 다른 사람의 말도 잘 경청할 줄 아는 사람들로서, 다른 사람에게 호감과 친밀감을 주어 인기가 있다. 그러나 타인이 쉽게 생각하고 판단할 수 있고 지나치게 공개적 영역이 넓은 사람은 말이 많고 주책이며 경박한 사람으로 비쳐질 수도 있다.

(2) 주장형

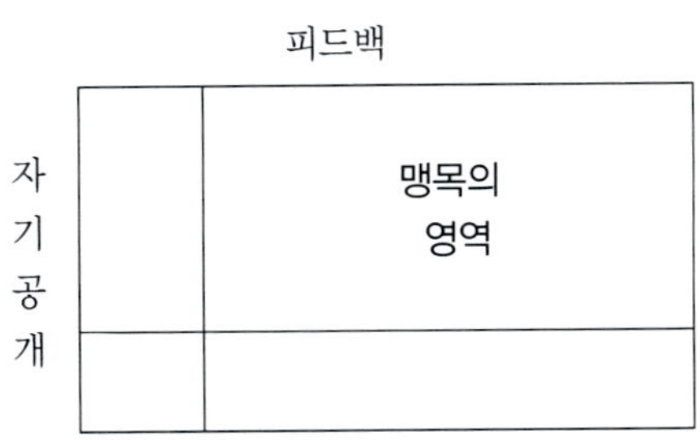

자신의 기분이나 의견을 잘 표현하며, 나름대로 자신감을 지닌 솔직하고 시원

시원한 사람일 수 있다. 그래서 처음 만나는 사람과 쉽게 친해진다. 그러나 이들은 다른 사람의 반응에 무관심하거나 둔감하여 때로는 독단적이며 독선적인 모습으로 비쳐질 수 있다. 주장형은 다른 사람의 말에 좀 더 진지하게 귀를 기울이는 노력이 필요하다.

(3) 신중형

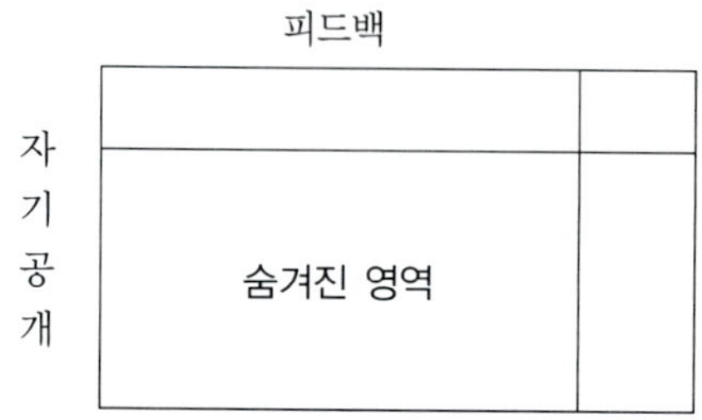

다른 사람에 대해 수용적이며 속이 깊고 신중한 사람들이다. 다른 사람의 이야기는 잘 경청하지만 이들 중에는 자신의 속마음을 잘 드러내지 않는 크렘린형의 사람이 많으며 계산적이고 실리적인 경향이 있다. 그래서 타인과의 관계에서 친밀감을 느끼기 어렵다. 신중형은 잘 적응하지만 내면적으로 고독감을 느끼는 경우가 많으며, 현대인에게 가장 많은 유형으로 알려져 있다. 신중형은 자기개방을 통해 다른 사람과 좀 더 넓고 깊이 있는 교류가 필요하다.

(4) 고립형

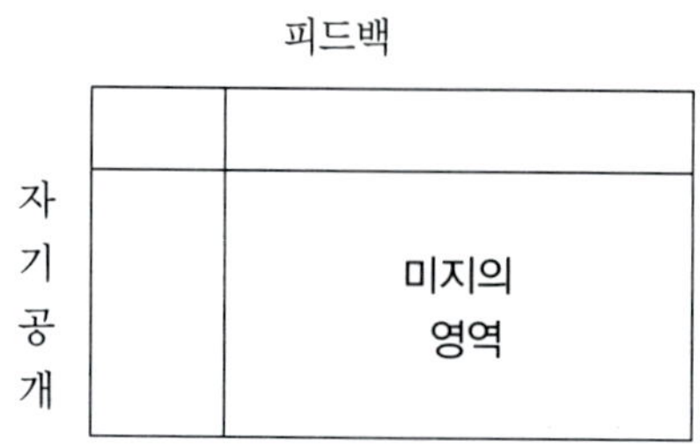

인간관계에 소극적이며 혼자 있는 것을 좋아하는 사람들이다. 다른 사람과 접촉하는 것을 불편해 하거나 무관심하여 고립된 생활을 하는 경우가 많다. 고집이 세고 주관이 지나치게 강한 사람도 있으나 대체로 심리적인 고민이 많으며 부적응적인 삶을 살아가는 사람들도 많다. 가장 편협적인 인간관계를 맺는 유형으로, 인간관계에 좀 더 적극적이고 긍정적인 태도를 가질 필요가 있다. 인간관계의 개선을 위해서는 일반적으로 미지의 영역을 줄이고 공개적 영역을 넓히는 것이 바람직하다(권석만, 2005).

2. 성격검사

성격검사는 크게 객관적 검사와 투사적 검사로 분류할 수 있다.

1) 객관적 검사

객관적 검사는 일정한 목표에 따라 작성된 수많은 질문에 대해 '그렇다', '아니다' 혹은 리커트 척도(Likert scale)의 연속선상에서 대답한 결과를 가지고 성격을 측정하는 방법이다. 객관적 검사는 실시하기도 쉽고 채점도 간편하며, 객관적 결과를 얻어낼 수 있고, 컴퓨터로 채점하기도 하고 해석하기도 하며, 검사결과를 여러 사람과 비교해볼 수도 있다는 장점이 있다. 그러나 대부분 객관적 검사는 자기보고식 검사로서 자신이 스스로 평가하는 것이기 때문에 사회적 바람직성(social desirability)이 반영될 수도 있어서 피검사자가 방어적으로 대답할 수도 있는 단점이 있다. 이러한 단점을 최소한으로 줄여서 검사의 타당도와 신뢰도를 높인 검사도구가 표준화된 심리검사이다.

(1) 에고그램검사

에고그램(ego gram)검사는 1950년대 중반 미국의 정신의학자 에릭 번(Eric Berne) 박사가 개발한 방법으로, 의사교류 분석적 접근(transactional analysis : TA)에 근거를 두고 있다. 최근 들어 병원, 학교, 가정 및 결혼관계, 그리고 산업체와 일반 사회집단 등 대인관계와 의사소통이 문제시되고 있는 장면에서는 어디서나 적용되고 있다.

이 이론에 의하면 인간관계에서 생기는 모든 갈등은 사회적 관계속에서 나타나는 상호간의 의사소통의 과정에서 발생하는 심리적 갈등과 문제들이 표출되어지는 것으로 설명된다. 일반적으로 개인 안에는 세 가지 자아상태(ego states), 즉 어버이자아(Parent : A), 어른자아(Adult : A), 어린이자아(Child : C)가 존재하고 이들은 개인의 행동이나 대화패턴을 결정하게 된다.

① 어버이자아(Parent : P) 상태

어버이자아 상태는 0세부터 5세까지 의미 있는 타인들, 즉 부모의 행동을 통해 모방하고 학습하게 된 정보들을 무비판적으로 받아들여 내면화한 것이다. 학습된 생활개념으로서 어린 시절 부모로부터 배운 법칙, 규율, 예절, 금기해야 할 일, 해야할 일 등이 성인이 되어서도 언어적으로, 비언어적으로 타인에게 표현된다. 어버이자아 상태는 두 가지 자아 상태로 구분된다.

가. 비판적 어버이자아(Critical Parent : CP) 상태

부모의 비판하고 통제하는 행동, 가치의 준거가 그대로 내면화되어 성인이 되어서도 자신이나 다른 사람의 권리를 고려하지 않고 고집하거나 또는 다른 사람의 자존심을 말살해버리는 것과 같은 행동을 언어적으로, 비언어적으로 표현하는 것이다. 이 자아상태는 지나치게 지배적이고 간섭적이고 강압적이다. 이 자아상태가 강한 사람은 항상 자신을 최고로 인식하는데 반하여, 명랑성이나 유머감각은 없다.

나. 양육적 어버이자아(Nurturing Parent : NP) 상태

부모의 따뜻하고 보살펴주는 행동이 그대로 내면화되어 성인이 되어서도 다른 사람을 사랑으로 돌보고 보호하거나 다른 사람이 요청하거나 필요로 하지 않는데도 보호하는 과잉보호의 기능을 언어적으로, 비언어적으로 표현하는 것이다. 이 자아 상태는 친절하고 온화하고 부드럽지만, 지나치면 과보호나 불필요한 잔소리 등으로 상대에게 부담을 주어 상대를 떠나게 만들 수도 있다.

② 성인자아(Adult : A) 상태

성인자아 상태는 객관적으로 현실을 파악하고, 어버이자아와 어린이자아의 활동을 조절하고 객관적으로 파악하여 상황에 효과적으로 대처하는 기제이다. 생후 10개월부터 자신에 대한 자각과 독창적 사고가 가능해지고 혼자서도 어떤 일을 해낼 수 있다는 능력감이 생기면서 발달한다. 성인자아는 객관적이고 합리적이고 현실적이어서 일종의 컴퓨터와 비슷한 기능을 한다. 따라서 어버이자아에 의한 편견과 독선, 그리고 어린이자아에 근거한 현실적으로 부적절하고 유치한 부적응행동을 방지하고 조절하는 기능을 한다.

성인자아 상태는 사고적 생활개념으로서 성인이 되어서도 눈을 깜박이며 골똘히 사고하고 있는 표정에서, 그리고 “비교적 ~하다”, “생각컨대”, “내가 알기로는” 등과 같은 단어를 사용하는 것에서 알 수 있다.

③ 어린이자아(Child : C) 상태

어린이자아 상태는 감정적 생활개념으로서 0세부터 5세까지 의미 있는 타인들, 즉 부모에 대해 느꼈던 감정과 경험을 성인이 되어서도 자연스럽게 언어적으로, 비언어적으로 나타내는 것이다. 어린이자아 상태는 두 가지 자아 상태로 구분된다.

가. 자유로운 어린이자아(Free Child : FC) 상태

부모에게 자유롭게 행동하는 언어적, 비언어적 행동이 그대로 내면화되어 성인이 되어서도 좋은 감정이든 나쁜 감정이든 간에 상관하지 않고 자율적으로 표현하는 창의적인 면을 보인다. 이 자아 상태는 충동적이고 직관적이고 감정적이고 자발적이지만, 공격적이고 자기중심적이고 경솔해 보이기도 한다.

나. 순응적 어린이자아(Adapted Child : AC) 상태

부모에게 눈치보고 순응하는 행동이 그대로 내면화되어 성인이 되어서도 부모나 다른 사람들의 눈치나 뜻에 따라 움직이고 자신을 내세우지 않는다. 이 자아 상태는 소극적이고 의존적이지만, 수동적 공격성을 지속적으로 지닐 경우에는 정서장애나 적응문제를 야기할 수도 있다.

번(Berne)과 해리스(Harris)는 인간이 자신을 어떻게 인식하며 다른 사람을 어떻게 인식하는가에 따라, 그리고 긍정적 혹은 부정적 인정자극(stroke)을 반복적으로 경험함에 따라 인간관계 유형을 다음의 네 가지로 구분하였다.

i) 자기부정-타인긍정(I'm not OK-You're OK)

이 유형에 속하는 사람들은 자신을 무가치하게 여기고, 열등감을 느끼고, 자신은 아무것도 할 수 없다고 여김으로써 좌절하게 되고, 쉽게 포기하고, 우울과 죄의식을 느끼고, 감정적으로 도피하고, 자신을 신뢰하지 않으며, 타인의 인정에 매우 의존적이다.

ii) 자기긍정-타인부정(I'm OK-You're not OK)

이 유형에 속하는 사람들은 타인을 신뢰하지 못하고 타인 위에 군림하려 한다. 분노를 쉽게 터뜨리고 타인을 무시하며 경멸하는 태도를 가져서 관계를 단절하는 쪽으로 발전시키게 된다. 엄격하게 감독하거나 권위주의적이며, 타인을 극단적으로 불신하기도 하고, 비난하고 증오하고 자만심이 강하고 자기중심적인 행동을 하게 된다.

iii) 자기부정-타인 부정(I'm not OK-You're not OK)

이 유형에 속하는 사람들은 아무도 믿지 않으며, 인생을 가치 없게 생각하고, 삶에 대해 체념적이고 의욕을 상실한 태도를 가지고 있으며, 자신은 버림받았다고 지각하여 모든 사람에게 분노감정을 느껴서 반항적이고, 때로는 반사회적 행동을 하기도 한다.

iv) 자기긍정-타인긍정(I'm OK-You're OK)

이 유형에 속하는 사람들은 아무 거리낌 없이 표현하고 수용하기에 건강한 삶을 살면서 문제를 건설적으로 해결할 수 있는 능력을 가지고 있다. 이들은 적극적인 삶의 태도와 활동의 욕구를 가진 사람으로서 매우 바람직한 인간관계의 양식을 갖고 있다.

(2) MMPI 검사

MMPI(The Multiphasic Personality Inventory)는 1940년대 미국 미네소타대학의 심리학자인 해서웨이(Hathaway)와 정신과 의사인 매킨리(Mckinley)에 의해 비정상적인 행동을 객관적으로 측정하고 진단하기 위한 수단으로 만들어졌다. 최근에는 세계적으로 가장 널리 쓰이고 가장 많이 연구되고 있는 객관적인 성격검사이다. MMPI검사는 개인의 인성특징에 보이는 비정상성이나 징후를 평가하여 상담 및 정신치료에 기여하기 위함은 물론, 비정상적이고 불건전한 방향으로 진전될 가능성을 미리 찾아내어 예방 및 지도책을 도모하기 위한 검사이다(정진선·문미랑, 2008). 이 검사는 10개의 임상척도로 구성되었고, 뻔한 거짓말, 부주의, 방어적 태도, 회피성과 같은 의심스러운 반응 패턴을 알아볼 수 있는 타당성 척도도 포함되어 있다. 최초의 검사에서는 550개의 문항으로 구성되었으나 1980년대 중반에 수정하여 MMPI-2라는 것으로 새롭게 등장하였다(Butcher et al., 1989, Butcher & Williams, 1992; Greene, 1991).

MMPI-2에는 15개의 내용척도가 추가되었다.

[표 2-1] **MMPI-2 임상척도 및 내용척도**

MMPI-2 임상척도들	특징
심기증(Hs : Hypochondriasis)	신체기능에 대한 지나친 염려
우울증(D : Depression)	비관, 절망, 행동과 사고의 지연
전환신경증(Hy : Hysteria)	갈등이나 책임을 회피하려고 무의식적으로 정신적 문제들을 사용
반사회성(Pd : Psychopathic Deviate)	사회적 관습의 무시, 경박스러운 정서, 경험에서 교훈을 얻지 못함
남성성-여성성(Mf : Masculinity-Feminity)	남녀 간의 차이
편집증(Pa : Paranoia)	의심증, 피해망상이나 과다망상
정신쇠약증(Pt : Psychasthenia)	강박, 충동, 공포, 죄의식, 안절부절못함
정신분열증(Sc : Schizophrenia)	괴상하고 이상한 생각이나 행동, 냉담, 환상, 망상
경조증(Ma : Hypomania)	정서적 흥분, 생각의 비약, 과활동성
사회적 내향성(Si : Social Introversion)	수줍음, 타인기피, 불안정
MMPI-2 내용척도들	
불안	반사회적 행동
공포	Type A(일 중독증)
강박	낮은 자존감
우울	사회적 불편감
건강 염려	가족문제
괴상한 생각	업무방해
분노	부정적 치료지표
냉소	

(3) MBTI 검사

MBTI 검사는 융(C. G. Jung)의 성격유형 이론을 근거로 캐서린 쿡 브리그스(Katharine Cook Briggs)와 그의 딸 이사벨 브리그스 마이어스(Isabel Briggs Myers), 그리고 손자인 피터 마이어스(Peter Myers)에 이르기까지 무려 3대에 걸쳐 70여 년 동안 계속적으로 연구 개발한 인간이해를 위한 성격유형검사이다.

MBTI검사는 자신과 타인의 성격적 특성과 다양성을 이해하고 수용하기 위해 네 가지 선호지표를 기초로 성격을 유형화시키고 있다. 즉, 에너지의 방향에 따라 외향성과 내향성으로 구분하고, 무엇을 인식하는가에 따라 감각형과 직관형으로, 어떻게 결정하는가에 따라 사고형과 감정형으로, 생활양식이 무엇인가에 따라 판단형과 인식형으로 구분하고 있다(이주희, 2008).

[표 2-2] **MBTI의 선호지표**

에너지 방향	외향성(E : Extraversion)	내향성(I : Introversion)
무엇을 인식하는가?	감각형(S : Sensing)	직관형(N : iNtuition)
어떻게 결정하는가?	사고형(T : Thinking)	감정형(F : Feeling)
생활양식	판단형(J : Judging)	인식형(P : Perceiving)

네 가지 선호지표의 조합에 따라 열여섯 가지 유형이 나올 수 있는데, 그 특징을 간단히 살펴보면 다음과 같다.

[표 2-3] **MBTI의 유형**

유형	특징
ISTJ	조용하고 진지하며, 참을성이 강하고 믿을만하다. 안정적이고 절약형이며, 보수적 입장을 택하고, 한마디로 신뢰할 수 있는 사람이다. 한번 말하면 기필코 지키고, 부모-자식 간의 관계와 흡사한 인간관계를 맺기 쉽다.
ISFJ	책임감이 강하고 온정적이며, 헌신적이고 보수적이며, 일관성을 중시한다. 반복되는 일상의 일을 해내는 데 탁월하고, 아주 장시간 일하기를 좋아한다.
INFJ	통찰력과 직관력이 있고, 창의력이 있으며, 인내심이 많고, 화합을 추구한다. 타인에게 조용히 영향력을 미친다. 훌륭한 정신적인 지도자가 될 능력이 있다.
INTJ	고집이 세고 자신의 사리판단에 맞지 않으면 어떤 지위의 사람이라도 받아들이지 않는다. 외골수로 치닫는 경향 때문에 증오심을 유발할 수도 있다.
ISTP	인간관계보다는 기계의 작동원리와 같은 도구에 대해 더 많은 관심을 가지며, 일과 관계되지 않은 이상 인간관계에 직접 뛰어드는 일이 없다.
ISFP	말없이 다정하고 친절하지만, 상대를 잘 알기 전에는 이런 면을 잘 드러내지 않는다. 남들과의 충돌을 피하며, 앞에 나서기보다는 충실히 따라가는 편이다.
INFP	물질적 소유에는 별 관심이 없으며, 인간이해 및 복지와 관계된 일에 관심이 많다. 깊은 감정을 잘 드러내지 않고, 다른 사람들을 지배하려는 생각이 없다.
INTP	친목을 위한 인간관계나 모임에는 관심이 없으며, 소수의 친한 사람들하고만 사귀려는 경향이 있다. 대체로 과묵한 편이며, 사교성이 결여되기 쉽다.
ESTP	적응을 잘하고, 친구를 좋아하고 관대하며, 싸움을 해결하여 화합하게 하는 힘이 있다. 개방적이며 적응력이 뛰어나고, 직접적인 경험을 중요하게 생각한다.
ESFP	낙천적이며, 같이 있으면 재미있고, 가장 관대한 유형이다. 홀로 있기를 피하고 조금 수다스러울 수도 있으며, 고통이 따르면 인내심이 부족하고 피하려고 한다.
ENFP	사람들에게 관심이 많으며, 능수능란하게 사람들을 잘 다루고, 상대방을 이해하려고 한다. 일상적으로 반복되는 일을 참지 못한다.
ENTP	사람들의 동향에 대해 기민하기 때문에 자기 계획에 상대방의 지지를 얻어 내는 능력이 있다. 다양한 분야에서 유능감을 느끼는 것을 좋아한다.
ESTJ	타고난 관리자로서 일을 조직하고, 프로젝트를 계획하고 출범시키는 능력이 있다. 완벽한 일상생활에 예절과 절차를 통한 인간관계로 조화와 만족도를 높인다.
ESFJ	동정심이 많아서 남을 잘 도와주고 관심을 쏟는 타고난 협력자이다. 조화로운 인간관계에 가치를 두기 때문에 동료애가 많고 친절하며, 능동적인 구성원이다.
ENFJ	친화를 중시하고, 다른 사람들에 대해서도 자기와 같기를 바란다. 결정을 내릴 때 개인적인 가치와 다른 사람의 관계를 지나치게 의식하는 경향이 있다.
ENTJ	결정력과 통솔력이 있고, 분명한 원칙에 따라 세상을 살아간다. 지식에 대한 욕구와 관심이 많고, 사전준비를 철저히 하여 체계적으로 추진해나가는 형이다.

2) 투사적 검사(projective tests)

투사적 검사는 검사 대상자가 무엇을 측정하는지 알 수 없도록 명확하지 않은 자극을 제시하여 가능한 한 자유롭게 반응하도록 요구하는 검사이다. 투사적 검사라고 부르는 이유는 검사 대상자가 자극에 대해 자신의 성격을 투사하여 나름대로의 해석이나 정서적 반응을 일으키게 하여 그 사람의 개인적 세계를 투영하도록 한다고 여겨지기 때문이다. '투사적(projective)'이란 용어는 프랭크(Frank, 1939)에 의해 비롯되었다.

(1) TAT(Thematic Apperception Test : TAT)

이 검사는 1939년 Murry에 의해 고안된 검사로서 '주제통각검사'라고 한다. 이 검사는 우리 주변에서 흔히 볼 수 있지만 명확하지 않은 상황의 그림을 보여주고 장면 속의 사람들이 무엇을 하고, 무슨 생각을 하는지, 무슨 일이 있었는지, 어떻게 상황이 끝날지 등에 대해 자유롭게 이야기를 꾸며보게 하는 검사이다. 30장의 그림과 1장의 공백그림카드로 구성되어 있는데, 피검사자의 나이와 성별 조건에 따라 각각 달리 조합하여 19장의 그림과 1장의 공백그림카드가 제시된다. 피검자의 반응을 토대로 그 사람의 과거 경험이나 현재의 욕구, 감정, 태도 등을 분석하게 된다.

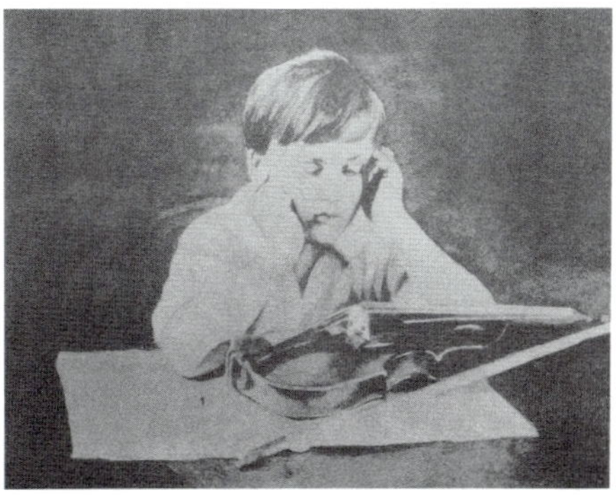

[그림 2-2] TAT검사

(2) 로샤(Rorschach)검사

이 검사는 1921년 로샤(Rorschach)가 고안한 잉크반점검사이다. 비구성적 잉크 얼룩이 대칭적인 모양으로 구성된 10장의 카드(흑백 7, 컬러 3)를 제시하여 그것이 무엇으로 보이는지를 자유롭게 응답하도록 하여 성격을 진단하게 된다. 정답, 오답은 없고 응답자가 말하는 내용, 반응에 걸린 시간, 각 잉크 반점당 총소요시간, 잉크반점 카드를 다루는 방식, 지각한 것의 위치, 지각 내용, 지각의 수 등에 따라 점수가 매겨진다.

[그림 2-3] **로샤검사**

(3) 문장완성검사

이 검사는 미완성인 짧은 문장들을 제시하여 나머지 문장 부분을 자신의 이야기로 자유롭게 써 넣게 함으로써 문장을 완성하도록 하는 검사이다. 분석을 통해 개인의 가정적이고 대인적이고 사회적이고 가치적인 측면에 대한 정보를 얻을 수 있다.

[표 2-4] **문장완성검사**

아버지와 나는	
나의 어머니는	
내가 바라는 여인상은	
내 생각에 남자들이란	
내 생각에 참다운 친구는	
우리 윗사람들은	
내가 믿고 있는 능력은	
내가 늘 원하기는	

그 외의 투사적 검사로는 HTP검사(House-Tree-Person Test), 필적학 등이 있다. 성격검사를 위한 투사적 기법을 활용하는데 있어서 주의할 점은 투사적 기법은 거의 모든 검사들이 개인검사이기 때문에 피검사자가 갖고 있는 경험적 선입견이 검사 반응에 영향을 미친다는 점에 유의해야 한다. 또한 투사적 기법에서의 결과에 대한 해석의 주관성 문제이다. 투사적 기법은 다른 객관적 검사와는 달리 평가의 규준이 확립되어 있지 않기 때문에 미숙한 검사자의 해석은 잘못된 결론의 판단에 빠질 위험이 있다는 점에 유의해야 한다.

활동문제

활동 | 1 나의 중요인물 탐색

나의 인생에서 영향을 미친 인물들을 떠올려 봄으로써 나의 성장배경을 이해해 보도록 한다.

나에게 중요한 인물들	인물 소개	영향력의 정도(1~10)
실존인물		
가상인물 (책, 영화, 인터넷 등)		
기타		

활동 | 2 조해리의 마음의 창

자기공개의 정도와 피드백의 정도에 따라 조해리의 '마음의 창'은 네 가지 인간관계 유형으로 구분할 수 있다.

- 여러분은 조해리의 창의 어느 유형에 해당하나요?

- 여러분의 이러한 모습은 자신의 생활이나 인간관계에 어떠한 영향을 미치나요?

- 여러분이 더욱 성장하기 위해 앞으로 보완해야 할 점은 무엇인가요?

활동 | 3 에고그램검사

에고그램검사 결과에 의해서 여러분의 다섯가지 자아상태 즉, 비판적 부모자아(CP), 양육적 부모자아(NP), 성인자아(A), 자유로운 어린이자아(FC), 순응적 어린이자아(AC)에 관한 점수는 다음과 같다.

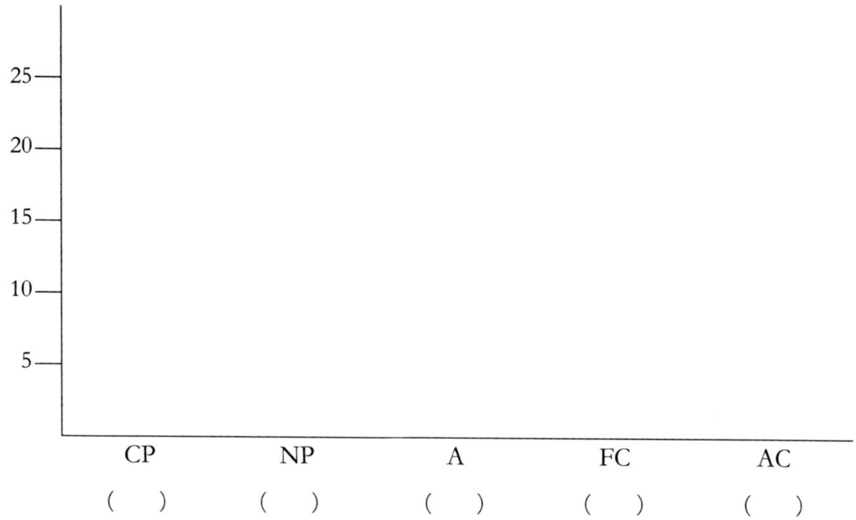

내가 가장 개발해야 할 자아상태	
구체적인 전략 세우기	
다른 사람들의 피드백을 통한 전략 세우기	

탐색문제

1. 에고그램검사를 실시한 후 같은 유형끼리 모여서 자신의 유형의 성격에 대해서 장점과 단점을 토의해 보자.
   또한 자신의 성격을 개발하기 위한 구체적인 전략을 토의해 보자.

2. MBTI 검사를 실시한 후 같은 유형끼리 모여서 자신의 유형의 성격에 대해서 장점과 단점을 토의해 보자.
   또한 자신의 성격을 개발하기 위한 구체적인 전략을 토의해 보자.

03 건강한 성격

인간관계 연구가 시작된 것은 이른바 호손실험(Hawthorne Experiment, 1927~1930)에서 채택된 인간관계적 접근방법(human relations approach)에서 유래되었다. 이 실험은 학문에 영향을 미쳐서 지금까지 경영학 분야에서 많은 연구가 이루어졌지만, 오늘날에 와서는 인간관계라는 용어의 의미가 다양화되어 경영학이 아닌 심리학 분야에서도 살펴볼 필요성이 증가하고 있다.

이 장에서는 인간관계와 밀접한 관련이 있는 성격에 관해 다양한 접근을 하는 심리학 이론에 대해 살펴보려고 한다.

1. 성격의 의미

인간관계는 타인과 상호작용하는 과정이기 때문에 일상생활에서 우리는 "저 사람은 성격이 좋다", "저 사람은 성격에 문제가 있다", "나는 성격을 고치고 싶다", "나는 저 사람이랑 성격이 안 맞는다" 등의 말을 종종 한다. 낯선 사람과 만날 때에도 어떤 사람은 선뜻 다른 사람들에게 다가가지 못하지만 또 어떤 사람은 다른 사람에게 적극적으로 다가가는 등 성격에 있어 차이를 보인다. 이와 같이 인간관계와 성격은 서로 관련되어 있는 개념이다.

성격(Personality)은 사람마다 가지고 있는 특유한 성질 중에서 비교적 지속성을 지니는 특성이나 경향을 말한다. 성격의 사전적인 의미를 보면 '특정한 개인이 생각하고 느끼고 행동하는 독특한 방식'이라고 설명하고 있다. 성격은 사람마다 특정한 상황에서 취하는 행동으로 각각 다르게 나타나는데 이와 같은 점을 이용하여 다른 사람과의 차이를 설명하려고 할 때 사용되는 개념이다.

성격(personality)은 그리스 배우들이 연극에서 사용하는 가면인 라틴어 'persona'에서 유래한다. 페르조나(persona)는 'per(~를 통해)'와 'sonare(나타내다, 말하다)'의 합성어로서 '~를 통해 나타내다', 즉 '바깥의 모습(Jung의 성격 이론에서 '공적 성격', public face)'을 나타낸다. 성격은 사전적 의미로는 "외적이고 가시적인 특성(언어, 표정, 뒷모습처럼 드러나는 모습, 남에게 보이는 인상)"을 말하는 것이다. 그러나 우리가 성격이라는 용어를 사용할 때에는 위의 사전적 정의 이상의 것을 의미한다.

성격과 비슷한 용어로서 기질(temperament)과 개성(individuality), 인격(character)이 있다. 기질(temperament)은 부모로부터 물려받는 선천적이고 유전적인 측면의 성격이다. 그래서 부모와 비슷하게 소극적인 성격을 타고나는 사람도 있고, 우울한 기질을 가지고 있는 사람도 있는가 하면, 낙천적인 기질을 가지고 있는 사람도 있다. 개성(individuality)은 성격의 독특하고 개별적인 측면이며, 인격(character)은 성격의 평가적이고 판단적인 측면을 의미한다.

Allport(1937)는 어원학, 신학, 철학, 법학, 사회학, 심리학 분야에서 성격에 관한 50가지의 상이한 의미를 찾아내어 성격을 "개인의 환경에 대한 고유한 적응을 규정하는 정신적·물리적 조직으로서 개인 내의 역동적 체제"라고 정의하였다. 올포트의 정의에서 나타난 성격에 대한 특성을 요약하면 다음과 같다.

첫째, 각 개인은 고유하고 독특한 성질(idiosyncratic)이 있다. 사람마다 지문이 다른 것처럼 사람마다 생리적·환경적 요소가 각각 다르기 때문에 성격도 제각기 다르다. 그러나 각 개인이 나름으로 독특한 존재라는 것을 인정하고 이해하기란 사실 무척 어려운 일이어서 결혼한 후 치약을 밑에서 짜느냐 중간에서 짜느냐의 사소한 차이도 다툼의 실마리가 되기도 한다.

둘째, 시간적으로 안정성이 있고 상황적으로 일관성이 있어서 성격적 특성에 따라 고유하고 일관된 반응양식을 나타낸다. 사람은 독특하지만 상황이 달라져도 변치 않는 일관성과 시간이 지나도 같은 식으로 행동해야 하는 안정성이 어느 정도 있다. 이에 해당하는 대표적인 속담으로는 "세 살 버릇 여든까지 간다"와 "집에서 새는 바가지 들에 가도 샌다"를 들 수 있고, 나이가 들어서도 동창모임에 여전히 지각하는 친구에게 "너는 여전히 느긋하구나!"라고 말하는 것도 그 예이다.

셋째, 개인 내부의 역동적 특성을 반영한다. 성격과 상황은 서로 선택하고 영향을 주고 변화시키며, 시간에 따라 관계의 질이 변화하는 역동적인 관계에 있다. 그래서 인간행동은 상황이 변함에 따라 변동할 뿐 아니라 인간과 상황의 상호작용에 좌우되며, 성격 같은 보편적 성향보다는 개인들이 처한 상황들의 특수한 성질이 행동을 더욱 강력하게 결정한다. 그래서 우리는 흔히 성격을 말하라고 하면, "나는 시시각각 변하는 카멜레온이다", "분위기에 따라 극에서 극으로 바뀌는 등 변덕이 심하다", "상황이나 대상에 따라 매우 다르게 행동한다", "내성적이지만 그것이 싫어서 외향적으로 보이려 노력한다", "적당히 대충하지만 꼭 해야겠다고 하는 일은 끝까지 책임진다" 등으로 표현한다.

넷째, 성격적 특성은 사회적 관계의 대인관계에서 나타나는 개인의 인상이다. 따라서 무인도에서는 성격이란 없다고 볼 수 있다.

다섯째, 성격은 성장함에 따라 형성되며 환경이나 학습 등의 조건에 따라 변화될 수 있다. 태어날 때부터 인간의 성격에서 차이가 날 수는 있지만, 다양한 경험과 인간관계 교육과 훈련을 통해 성격은 얼마든지 바뀔 수 있다.

여섯째, 인간 적응의 측면을 반영한다. 삶은 적응의 과정이며, 사람들은 자신이 처한 상황에서 생존하기 위해 자신의 성격을 발달시키고 형성한다고 볼 수 있다.

2. 부버(Buber)의 실존적 만남

오늘날 산업사회의 발전에 따른 기계화 시대 속에서 인간의 존엄성과 자아상실의 상태가 나타나고 있고, 우리 모두는 비인격화된 삶을 살아가고 있다. 부버(Buber)는 이러한 문제를 해결하기 위해서는 인격적 관계를 회복하는 것이 필요한데, 이는 '만남'을 통해 이루어질 수 있다고 제안하였다. 부버(Buber)는 『나와 너(Ich und Du)』에서 "온갖 참된 삶은 만남(Begegnung)"에서 이루어진다고 하였다. 그는 만남의 인간관계 유형을 무인격적 관계, 반인격적 관계, 인격적 관계로 구분하였다.

1) 무인격적 관계

'그것-그것'의 관계로, 서로가 인격적으로 대하지 않고 하나의 수단으로 이용하고, 추구하고자 하는 목적이 성취되면 곧 관계가 단절된다. 즉 생명이 없는 물체와 물체와의 관계이므로 인격적 관계가 존재하지 않는다.

2) 반인격적 관계

'나-그것'의 관계로, 상대방은 나의 목적을 달성하기 위한 수단적 대상이 되는 관계이고, 나는 가면을 쓰고 주어진 역할을 수행할 뿐인 관계이다. 사회가 복잡해지고 다변화되면서 우리는 자신도 모르게 다른 사람을 인격적으로 대하기보다는 단축키나 사물로 대하는 경우가 있다. 출석부를 부를 때 번호를 부른다거나 하는 것에서 사람을 하나의 인격체로 존중하는 풍토가 사라져가고 있다. 생명체인 나와 생명이 없는 물체와의 관계이므로 한 측면에서만 인격적 관계가 성립된다. 그래서 이 관계는 Clark(1985)가 구분한 '교환적 인간관계'와 비슷한데, 대부분 사람들은 이와 같은 관계를 맺기 때문에 좋은 인간관계를 맺기가 어렵다.

3) 인격적 관계

'나-너'의 관계로, 서로 인격적으로 대하면서 인간관계를 형성해나가는 관계로서, 가장 친밀하고 수평적이고 성숙된 인간관계 유형이다. 이 관계는 어떤 이득이나 목적을 달성하고자 하지 않으며, 상호간에 너와 내가 서로 인격적으로 대하는 관계이므로 사랑과 성장과 통합을 경험하는 실존적 만남의 관계이다. 그래서 이 관계는 Clark(1985)가 구분한 '공유적 인간관계'와 비슷하다.

3. 프로이트(Freud)의 정신분석 이론

프로이트는 사고(思考)와 감정 및 행동은 우연히 일어나지 않는다는 것을 굳게 믿었던 엄격한 무의식 결정론자였다. 사고와 감정 및 행동의 원인을 성격의 무의식 속에 숨겨진 충동과 갈등 속에서 찾아냈고, 인간 성격의 상당 부분이 의식수준 아래에 있다고 믿었다. 프로이트는 무의식을 흔히 '빙산'에 비유하였고, 무의식을 연구되어야만 하는 성격의 일부로 보았다. 그래서 우리가 어떤 사람을 만나면 당황할 때도 있고 왠지 모르게 어떤 상황이나 사람이 불편할 때도 있는데, 프로이트 이론의 관점으로 생각한다면 무의식 속에서 그 이유를 찾을 수 있을 것이다.

프로이트는 인간의 성격구조를 이드(id), 자아(ego), 초자아(superego) 이렇게 삼층 구조로 보았으며, 의식구조를 의식(conscious), 전의식(preconscious), 무의식(unconscious)으로 보았다. 이드는 무의식적인 측면에서, 자아와 초자아는 전의식, 의식, 무의식 측면에서 모두 존재한다.

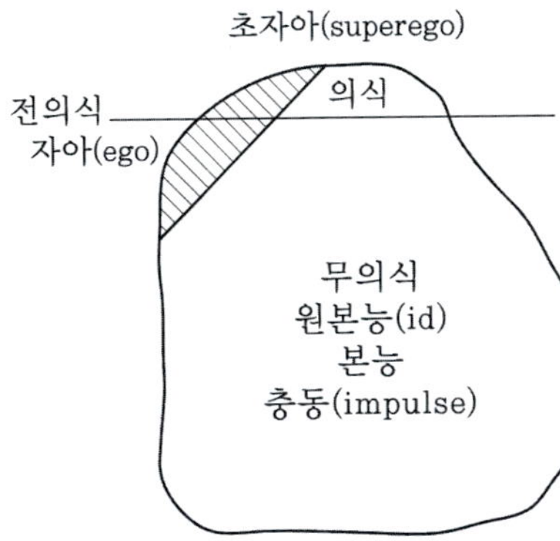

[그림 3-1] **성격의 구조적 모형과 의식 수준과의 관계**

(Wolman, 1968)

1) 의식 수준

프로이트는 인간의 정신을 빙산(iceberg)에 비유하였다. 물 표면에 떠 있는 작은 부분을 의식, 물속에 잠겨 있는 큰 부분을 무의식, 그리고 파도에 의해서 물 표면으로 나타났다 잠겼다 하는 부분을 전의식으로 보았다.

의식은 한 개인이 감각기관을 통해서 인식하는 모든 행위와 감정들을 말한다. 우리가 눈으로 보고 느끼는 모든 것들이 의식의 수준에 해당한다. 인간에게서 의식은 빙산의 일각에 지나지 않는다는 것이다.

전의식은 조금만 노력하면 각성 수준으로 끌어올릴 수 있는 이용 가능한 의식이다. 전의식은 의식의 부분은 아니지만 주의를 집중하면 의식으로 떠올릴 수 있는 생각이나 감정이다.

무의식은 빙산의 수면에 잠겨 있는 밑부분과 같은 것으로 욕구나 충동들이 들어 있는 깊고 접근할 수 없는 곳으로 생각하였다. 무의식은 자신이 전혀 지각하지 못하는 정신생활의 부분으로 개인이 자신의 의식으로 떠올릴 수 없는 생각이나 감정들을 포함하여, 감각기관으로 인식할 수 없는 마음 깊은 곳에 감추어져 있는 정신세계이다. 따라서 인간의 본능, 열정, 억압된 관념과 감정 등을 포함한다. 무의식은 인간의 사고와 행위를 통제하는 보이지 않는 힘으로 우리가 의식하지는 못하지만 의식보다도 우리의 행동에 더 큰 영향을 미친다. 프로이트는 모든 정신과정이 무의식으로부터 기원하며 인간을 지배하는 주된 의식 수준은 무의식이며 무의식이야말로 가장 중요한 의식 수준이라고 보았다.

2) 성격구조

(1) 이드(id)

이드(Id)는 '원초아', '원본능'이라고도 불린다. 본능적 욕구로서 신생아 때부터 존재하는 정신에너지의 원초적 저장고이며, 기본적인 생물학적 반사와 본능적인 욕구를 관장하는 곳이다. 원본능의 특성은 쾌락원리(pleasure principle)에 기초하여 이를 충족시키면 쾌감으로, 충족시키지 못하면 고통으로 경험하게 된다. 본능은 에너지를 가지고 있으며, 이러한 본능의 심적 에너지는 인간 활동을 촉진시킨다. 인간은 삶의 본능과 죽음의 본능을 가지고 태어나는데, 삶의 본능에너지는 '리비도(libido)' 혹은 '성 본능 에너지'라고 불리고 죽음의 본능에너지는 단순히 파괴적 에너지라고 생각하였다. 누군가를 사랑하는 것은 삶의 본능 에너지에 의한 것이고 누군가를 미워하는 것은 죽음의 본능 에너지에 의한 것이라고 할 수 있다.

(2) 자아(ego)

원본능의 욕구충족을 위해서는 현실과의 상호작용이 필요하며, 이러한 필요에 대처하는 것이 자아의 역할이다. 자아는 환상, 소원, 상상으로부터 현실을 구분할 줄 알며, 논리적인 사고를 수행함으로써 현실세계에서 생활하는 것을 도와준다. 즉, 현실원리(reality principle)의 지배를 받아서 생활 속에서 적절한 행동을 하도록 도와주는 역할을 한다. 자아는 한 인간에게 성격의 집행자 역할을 한다. 자아는 내적·외적 상황에 따라 기본적인 본능적 충동의 분출을 허락하거나 억제하는 성격의 '통제센터'라고 볼 수 있다.

(3) 초자아(superego)

초자아를 강조하는 데 빈번하게 사용하는 용어인 '양심'은 일종의 내적 판단체계로서 옳고 그름을 가리는 것으로 사회의 도덕이나 윤리규범을 말한다. 어렸을 때부터 사회가 요구하는 행동의 기준을 받아들이는데 그 내용이 초자아의 일부가 된다. 또한 성장하면서 교육이나 사회화를 통해 사회적 가치와 도덕을 내면화시키면서 사람들은 내적 가치를 발달시킨다. 이러한 내적 가치에 따라 행동한 것이 '선'의 감정범위 안에 있으면 '선'으로, '선'의 감정범위를 벗어났을 때는 '악'의 감정을 가지게 된다. 초자아는 죄의식과 같은 벌로서 자아를 감시하고 지배하며 위협할 수 있다. 이와 같이 초자아는 '양심'과 '자아이상'으로 구성되는

데, 양심은 '해서는 안 된다'를, 자아이상은 '해야만 한다'를 대표한다.

이드, 자아, 초자아 이 세가지는 서로가 상충적으로 만족을 이루어야 한다. 만일 초자아가 너무 강력해지면 초자아가 이드와 자아를 거의 완전히 지배하여 현실세계에서 만족을 달성하기 위한 자아의 노력을 불가능하게 하고 이드의 본능을 억제함으로써 강한 죄의식을 갖게 할 것이다. 따라서 바람직한 인간관계 형성을 위해서는 자아의 역할이 강화되어 본능적이고 충동적인 성향을 인식하고 통제할 수 있도록 하는 자신과의 싸움이 이루어져야 할 것이며, 무의식을 의식화할 수 있어야 한다. 즉, 건강한 성격은 자신이 보기 싫은 것을 스스로 객관적으로 볼 수 있고, 스스로 절제하는 것이다.

그 외에도 프로이트이론에서는 중요한 개념이 매우 많지만, 인간관계와 관련된 개념으로 오이디푸스 콤플렉스(Oedipus Complex)가 있다. 오이디푸스 콤플렉스는 만 3세 때부터 학령기 전후까지 자기와 다른 성의 부모에게 끌리고 같은 성의 부모를 경쟁자로서 경험하는 것이다. 우리가 오이디푸스 콤플렉스를 겪는다는 것을 비정상적인 것으로 생각하지만, 이는 필요한 단계이다. 즉 엄마와 아빠를 사랑하기 때문에 오이디푸스 콤플렉스를 경험하게 되는 것이며, 그로 인해 심한 마음의 갈등을 느끼게 되는 것이다. 이는 어른이 되어서도 누군가를 사랑하기 때문에 갈등을 느끼는 것과 비슷한 것이다. 이 갈등은 아이가 자기와 같은 성의 부모와의 동일시를 통하여 초자아(superego)가 형성되고 성동일성을 정립하면서 사회질서를 존중할 수 있게 되면서 극복하게 된다. 부모와의 관계를 인정하게 되고 자신의 새로운 동반자를 찾게 되고 윗세대와 아랫세대를 구분하게 되지만 오이디푸스 콤플렉스의 자취는 전 생애를 통해 깊은 영향을 끼친다. 세대 간의 갈등, 부모-자녀 간의 갈등, 부부간의 갈등, 남녀 갈등, 형제간의 갈등, 추동과 문화 간의 갈등, 신체와 정신 간의 갈등 등이 이 콤플렉스에 집약되어 있어서 오이디푸스 콤플렉스는 정신분석학의 한 축을 이루는 갈등심리학의 주된 내용이 되고 있다. 오이디푸스 콤플렉스에 대해서는 오늘날에도 많은 논의가 있지만, 아버지가 부재하는 현대 핵가족사회에서는 이 콤플렉스의 극복을 더더욱 어렵게 하는 것으로 보인다(서울대학교교육연구소, 1999).

4. 아들러(Adler)의 개인심리학 이론

아들러는 인간을 전체적이고, 현상학적이고, 낙관적이고, 사회적이고, 목적론적 존재로 보았다.

아들러는 프로이트와 달리 무의식보다 의식을 중요시하였고, 자유의지와 선택권을 중요시하여 인생에 있어서 초기 경험도 중요하지만 의식적으로 변화시켜 자신의 생활양식을 만들 수 있다고 보았다. 또한 인간을 허구적 최종목표(fictional final goal)를 향해 움직이는 창조적이고 책임감 있는 존재라고 보고 있기 때문에 인생에 있어 창조적 힘과 미래의 목표가 과거의 사건보다 더 중요하다고 주장하였다. '허구적 최종목표'란 '허구가 현실을 보다 효과적으로 움직인다'는 한스 바이힝거(Hans Vaihinger)의 말에서 영향을 받은 개념으로, 우리는 자신이 세운 목표를 향해 스스로 움직이지만 그것은 결코 이루어질 수 없기 때문에 허구적이라는 의미이다. 그리고 인간은 개인적이고 사회적인 목표를 이루기 위해 다른 사람과 협동하려는 개인의 선천적 잠재력인 사회적 관심에 의해 동기화된다. 그래서 아들러는 사회적 관심을 주고받는 사람이야말로 적응을 잘하는 사람이고, 사회적 관심이 결여된 사람은 궁극적으로 결함이 있는 사람이라고 보았다.

그 외에도 아들러는 열등감(inferiority)과 우월성(superiority) 추구라는 개념을 정신건강에 도입했다. 인간은 약하고 무력한 상태로 태어나기 때문에 본질적으로 열등감을 가지고 있는 불완전한 존재이다. 열등감을 극복하려는 동기는 선천적이고 절대적으로 필요한 것이어서 인간으로 하여금 노력하고 행동하게 하는 추진력이 되기도 한다. 이와 같이 열등감은 자기완성을 하려는 노력이고, 성격을 결정하는 중요한 요인이 된다. 예를 들면, 나폴레옹처럼 신체적으로 기관적 열등감이 있을 수도 있으나 다른 기관을 발달시켜서 권력적인 성격이 되기도 하고, 똑똑하지 못한 심리적 열등이 있을 수 있지만 보상을 통해 똑똑하게 될 수도 있고, 가난한 것과 같은 사회적 열등이 있을 수 있지만 보상을 통해 부자가 될 수도 있다. 그래서 열등감은 그 자체보다 그것들을 받아들이고 대처하는 방식이 무엇인가가 더 중요하며, 만약 성취에 장애물이 생기더라도 이 장애물에 어떻게 반응하느냐가 적응 여부를 결정한다. 열등감에 사로잡혀 있고 성공적 보상을 하지 못하면 열등 콤플렉스가 생길 수 있겠지만, 열등감을 극복하고 우월성 추구를 하게 되면 건설적인 생활양식을 갖게 되어 심리적 건강을 달성한다. 인간은 더 나은 무엇인가를 추구하는 존재이고, 열등감은 우월을 향한 노력 과정을 통해 극복되기 때문에 열등감은 완전히 제거되거나 끝이 있는 것은 아니다. 이러한 관점으로 볼 때 열등감은 '병(disease)'이 아니라 '힘(power)'이라고 볼 수 있다.

우월성 추구는 그 자체가 사람마다 수천 가지 방법으로 나타날 수 있고, 열등감을 극복하고 우월의 목적을 향상시키는 방식에 따라 생활에 대한 기본 접근(기본태도, 세계관, 생활에의 접근법)이 결정된다. 이러한 생활양식(life style)은 사회적 관심(social interest)과 활동수준(degree of activity)으로 구분되는 이차원적 모형으로 설명할 수 있다. 사회적 관심은 심리적 성숙의 기준이 되며, 활동수준은 인생문제를 다루는 데 있어서 개인이 보여주는 에너지의 양을 말한다. 활동수준이 건설적인지 파괴적인지 여부는 사회적 관심과 결합되었는가에 달려 있다.

(1) 지배 유형(the ruling type)

독선적이고 공격적이어서 활동수준은 높으나, 사회적 관심은 낮고 다른 사람들의 안녕에는 무관심한 유형이다.

(2) 획득 유형(the getting type)

기생적인 방식으로 외부세계와 관계를 맺으며, 타인에게 의존하여 자신의 욕구를 충족시키려는 유형이다.

(3) 회피 유형(the avoiding type)

소극적이고 실패에 대한 두려움이 커서 활동수준이 낮고, 삶으로부터 도피하고 싶은 사회적 관심이 낮은 유형이다.

(4) 사회적으로 유용한 유형(the socially type)

긍정적이고 심리적으로 건강하여 활동수준도 높고, 타인과 자신의 욕구를 동시에 충족시키려는 사회적 관심이 높은 유형이다.

5. 매슬로(Maslow)의 욕구위계 이론

인간은 삶의 의미와 만족을 주는 일련의 선천적 욕구들에 의해 동기화되는데, 매슬로는 인간의 욕구를 피라미드 구조인 다섯 가지 위계로 설명하였다. 자아실현의 욕구가 인간에게 있어서 최상위의 욕구이며, 인간은 자신의 자기실현능력을 이해함으로써 언젠가 잠재력을 실현(self-actualizing)할 수 있다는 입장을 취한다. 인간은 이러한 욕구를 인간관계에서 충족하고자 하는데, 이것이 대인동기로 작용하게 된다.

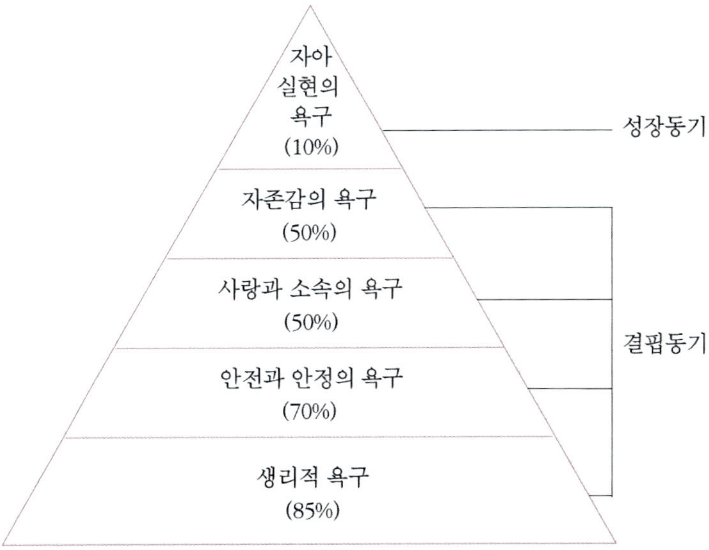

[그림 3-1] **매슬로의 욕구위계**

(1) 생리적 욕구

가장 낮은 위계에 있는 것으로 식욕, 성욕, 수면, 갈증, 배설 등과 같은 기본적이고 본능적인 욕구이다. 이러한 기본적인 욕구가 충족되어야 다음 단계의 욕구에 관심을 가지게 되는데, 미국의 중산층에서는 생존의 욕구충족이 더 이상 중요하지 않게 되었다.

(2) 심리적 안정과 신체적 안전 욕구

위험으로부터 보호받을 수 있고, 안전한 피난처를 갈구하는 욕구이다. 건강한 성인은 일반적으로 이를 충족시키고 있지만, 아직도 어느 정도는 안전의 욕구를 필요로 한다. 그러나 신경증 성인에게 이 욕구는 중요한 욕구이며, 특히 유아는 자신을 스스로 지도할 수 없기 때문에 매우 중요한 욕구이다.

(3) 소속과 사랑의 욕구

인간은 의미 있는 집단에 소속되고 싶어 하고 집단의 구성원으로부터 사랑을 받고자 한다. 이 욕구는 다른 사람과의 친밀한 관계에서 충족되지만, 실제로 이 욕구는 사회에서 자주 좌절되기 쉬워서 여러 가지 면으로 힘들어하는 사람을 보게 되는 경우가 많다.

(4) 존중 욕구

여기에는 숙달감과 권력감에 대한 두 가지 하위욕구가 있다. 숙달감은 자신이 강하다는 느낌, 성취감, 실생활에서의 자신감, 독립과 자유에 대한 갈망 등 자신을 중요하게 여기는 욕구이며, 권력감은 명성 또는 위엄, 인정, 타인의 주의 획득, 중요한 인물로 대우받기, 높은 평가를 받으려는 욕망 등 타인으로부터 인정받고 싶은 욕구를 의미한다.

(5) 자기실현 욕구

한번 충족되더라도 그 뒤에 계속해서 이 욕구의 지배를 받기 때문에 실현 그 자체가 목적이 되어 끊임없이 추구하게 되는 욕구이다.

다섯 가지 욕구에는 서열이 있어서 생리적 욕구와 안전 욕구가 상위의 욕구들에 우선하며 하위욕구가 충족되지 않으면 상위욕구로의 발달이 이루어지지 않는다. 생리적 안전을 바라는 가장 낮은 심리적 욕구가 제 1차적으로 최고로 중요성을 가지고 강렬하게 작용하다가 차차 존경, 자부, 독립을 구하는 욕구로 변형되며, 아름다움을 구하고 자아실현을 구하는 상위의 높은 가치에 대한 승화는 하위의 욕구가 이루어진 후에 발달하게 된다. 이와 같이 상위단계 욕구는 개인의 발전 과정에서 나중에 나타나며, 단순한 생존에는 덜 필요하다.

매슬로는 자아실현의 욕구를 성장욕구(growth-based-motives), 존재욕구라고 했고, 그 아래 하위단계의 욕구를 결핍욕구(deficiency-based-motives)라 하였다. 결핍욕구는 단지 결핍된 것을 충족시킴으로써 불유쾌한 것을 벗어나려는 것을 의미한다. 예를 들면, 배고프고 목마르고 위험에 쫓기는 상황에서는 존중 욕구나 자아실현의 욕구는 뒤로 밀려나게 되어 음식물과 물을 찾고 위험으로부터 벗어나려는 욕구가 우선시된다. 현재의 삶에서 특정한 욕구가 덜 충족될수록 그 욕구에 대한 갈망은 더욱 강해진다. 반면에 존재욕구란 성장동기로서, 그 목적은 우리의 체험을 확장하고 삶을 풍부하게 하는 것이다. 자기실현자들은 존재욕구에 의해 지배되지만, 자기실현을 성취하지 못한 사람들은 주로 결핍욕구에 의해 동기화된다. 인간은 내적인 욕구를 만족시키기 위해 노력하지만, 이러한 노력의 궁극적인 방향은 욕구만족을 통한 긴장의 감소가 아니라 자아실현의 추구이다.

그렇다면 왜 우리는 자동적으로 자기실현을 성취하지 못하는가?

첫째, 자기실현욕구가 피라미드 구조의 맨 위에 위치하는 것에서 알 수 있듯이, 인간 동기 중 가장 약한 것이며, 다른 동기나 환경의 지배를 받는다. 중요한 시험을 앞두고는 기꺼이 배고픔이나 갈등을 포기하기도 하는 것처럼 동기의 배열에 예외가 있기도 하지만, 자기실현욕구는 대체적으로 낮은 수준의 욕구가 모두 만족된 환경에서만 가능하기 때문이다.

둘째, 자신의 능력과 잠재성을 높이 발휘하려면 어느 정도의 모험과 긴장, 용기, 노력을 필요로 한다. 그러나 인간은 자신을 알게 되는 것에 대해 어떤 두려움과 회의를 가지고 있고, 그로 인해 자신에 대해 더 이상 알려고 들지 않는다.

매슬로는 건강하고 성숙한 성격의 모델을 제시하기 위해 역사적으로 저명한 인물들을 선정하여 이들의 특징을 알아봄으로써 자아실현하는 사람들의 특징을 서술하였다. 이 특징을 제시하는 이유는 자아실현자의 특징에 비교하여 우리의 약점을 부각시키려는 것이 아니라 그들의 특징이 우리와 어떻게 다른지 살펴봄으로써 건강한 성격을 형성하기 위해서 우리 자신을 다듬어 가기를 바라는 마음에서이다.

① 현실을 왜곡하지 않고 정확하고 완전하게 지각한다.
② 자신, 타인, 사물 일반을 있는 그대로 수용한다.
③ 자신을 있는 그대로 꾸밈없이 나타내고, 자기표현을 억제하지 않고 자율적으로 한다.
④ 자기 자신보다 문제에 집중하는 경향이 있다.
⑤ 혼자 떨어져서 자신만의 생활을 가지려 한다.
⑥ 자율적이고 물리적·사회적 환경에 구애받지 않는다.
⑦ 생활 속에서 겪는 모든 것에 대해 신선한 안목을 가지고 있고 삶의 가치를 인정한다.
⑧ 신비체험, 즉 절정체험을 한다.
⑨ 다른 사람들과 인간적 유대감을 느끼고 우정과 사랑을 지닌다.
⑩ 소수의 사람과 깊은 대인관계를 가진다.
⑪ 모든 사람에게 관대하고 평등하게 대하는 민주적 이상을 중요시하는 가치관을 갖고 있다.
⑫ 상당히 윤리적이다.

⑬ 독창적이고 새로운 것을 추구하고 창의적이다.

⑭ 적대감이 없는 철학적인 유머감각을 가지고 있다.

⑮ 문화에 쉽게 동화되지 않으며 사회, 정치, 인종의 유혹에 쉽게 넘어가지 않는다.

6. 올포트(Allport)의 특성 이론

올포트는 '특성(trait)'이라는 용어를 만들어서 인간의 성격을 설명하였다. 특성(trait)은 다양한 자극 혹은 상황들에 대해 유사한 방식으로 생각하거나 행동하려는 준비상태를 말한다. 특성은 습관(habit)과는 구분되는 개념이다. 습관(habit)은 특정 상황에 국한되는 비교적 제한된 성향이며, 습관이 결합되어 특성(trait)을 형성한다. 예를 들면, 단정함의 습관을 가질 수도 있으나 사생활에서는 정리정돈보다 편안함 위주의 다른 습관도 가지고 있을 것이다. 그래서 하나의 습관은 여러 습관을 통합하여 보다 더 큰 특성체계의 일부가 된다.

올포트는 특성을 공통특성과 고유특성으로 구분했다. 공통특성은 특정 문화권 내의 모든 사람에게 공통적으로 존재하고 상호비교가 가능한 것을 의미한다. 반면에 고유특성은 개인 각자에게만 존재하는 독특하고 고유한 것, 그 사람의 참모습을 이루는 것이다.

개인적 성향은 다시 세 가지로 범주화할 수 있는데 기본성향, 중심성향, 이차성향의 순서로 영향력의 정도가 크다.

(1) 기본성향(cardinal disposition)

그 사람이 가지고 있는 지배적인 동기이며, 개인의 행동 전반에 걸쳐 강력한 영향을 미치는 것이다. 예를 들면, 히틀러에게 권력욕이 있다거나 슈바이처에게 생명에 대한 경외사상이 있는 것 등이다.

(2) 중심성향(central dispositions)

기본성향보다는 덜하지만 성격의 우세한 특징과 경향이며, 비교적 눈에 잘 띄며, 일관성이 어느 정도 있어서 상당한 범위에 걸쳐 행동에 영향을 미치는 것이다. 보통 사람들이 다른 사람에 대해 떠올릴 수 있는 성격특성을 말하며, 우리는 대략 7.2개 정도의 중심특성을 지니고 있다고 한다. 예를 들면, "시간을 잘 지키고, 솔선수범하며, 성실하고 원만하다"와 같이 추천서를 쓸때나 생활기록부상에 기록되는 특징들이다.

(3) 이차성향(secondary dispositions)

기본성향, 중심성향에 비해 일관성과 일반성이 상대적으로 낮고, 특정한 상황에서 특정한 행동에만 영향을 미치는 것이다. 가까운 사람들만 알 수 있는 특성이기 때문에 한 사람의 이차성향을 알려면 그 사람에 대해 상당히 많이 알아야 한다. 예를 들면, 어떤 여성에 대해 남들은 부지런하고 깔끔하고 호감을 주는 인물이라고 말하지만 남편은 그렇지 않다고 말할 수 있는 것이다.

올포트는 성격의 다양한 요소들을 통합하고 일관성 있게 만드는 개념으로 '고유자아(proprium : unique self)'라는 개념을 사용했다. 고유자아(proprium)는 자아(ego)나 자기(self)를 대신하는 용어로서, 독특한 개인 성격의 모든 측면을 포함하며 개인이 자기 자신의 것이라고 생각하는, 즉 다른 사람과는 별도인 유일한 사람이라고 정의할 수 있는 측면들로 구성된다. 올포트는 건강한 성격을 지닌 사람은 고유자아(proprium)가 발달한 사람으로 보았으며, 그 특징은 다음과 같다.

첫째, 자기감(sense of self)을 확대한 사람이다. 우리가 어렸을 때 사물과 사람에 대해서 '내 것, 내 엄마'라고 하던 것에 대해서 범위를 넓혀서 '최선을 다해 살자', '정직하자' 등 다양한 활동이나 가치에 온전히 자기감을 확대하여 열심히 몰두하는 사람이 심리적으로 건강한 사람이다.

둘째, 정서적 안정을 가진 사람이다. 좌절을 경험했을 때 낙담하기보다는 정서적 안정감을 가지고 자신을 포기하지 않고 좌절을 감소시키는 다른 방법을 찾을 수 있는 사람이 건강한 사람이다.

셋째, 타인과 따뜻한 관계를 형성할 수 있는 사람이다. 따뜻한 관계는 친근함(intimacy)과 연민(compassin)으로 구분할 수 있는데, 타인의 행동을 판단하지 않고 관용을 베푸는 사람이 심리적으로 건강한 사람이다.

넷째, 현실적으로 지각하는 사람이다. 자신뿐 아니라 다른 사람이나 상황을 있는 그대로 받아들이는 사람이 심리적으로 건강한 사람이다.

다섯째, 과업(assignment)을 가지고 그 과업에 기술(skill)을 발휘할 수 있는 사람이다. 자신이 좋아하는 일이나 과업을 찾아 그 일에 대해 능력을 발달시키고 적절한 방법으로 기술을 사용할 수 있는 사람이 심리적으로 건강한 사람이다.

여섯째, 자기를 객관화하는 사람이다. 내가 어떤 사람인지 타인이 나를 어떻게 생각하는가에 대해 통찰력이 있는 사람이 심리적으로 건강한 사람이다.

일곱째, 통합된 삶의 철학을 가진 사람이다. 미래 지향적 목표를 충실히 세움으로써 그 목표를 향해 삶을 움직여나갈 수 있는 사람이 심리적으로 건강한 사람이다.

7. 로저스(Rogers)의 인본주의 이론

로저스는 인간의 주관적인 측면에서의 지각을 중시했고, 자신의 지각에 의해 인간은 자신의 운명을 개척할 수 있다고 보았다. 이러한 관점에서 개인의 세계는 체험의 세계이며, 개인에게 있어서 체험적 장은 곧 현실이다. 그래서 모든 행동은 그 자신만의 주관적인 경험의 세계이며, 한 개인의 현상학적인 장에 의해 결정된다. 현상학적 장이란 주어진 순간에 개인이 체험하는 모든 것을 가리킨다. 이와 같이 로저스는 핵심개념으로서 개인의 자아에 대해 많은 강조점을 두었다.

그뿐만 아니라 자아실현 경향성에 대해서도 강조했는데, 자기실현 경향성은 모든 생명체를 전진시켜주는 타고난 성질로서, 인간은 태어나면서부터 성장 지향적이며 조건만 좋다면 성취를 향해 전진해나갈 수 있는 존재이다.

그런데 인간은 성장하면서 사랑과 인정을 갈구하게 되고, 다른 사람들로부터 긍정적 존경을 받고자 하는 욕구가 생긴다. 이러한 사랑과 애정에 대한 욕구 때문에 아동의 생활에 있어서 몇몇 타인은 상당히 중요한 위치를 차지하게 된다. 이들 중요한 타인들은 사랑과 인정을 주거나 주지 않음으로써 아동에게 상당한 영향을 미칠 수 있다. 다양한 타인들에 의해 수용되는 사고와 감정 및 행위는 자신의 유기체적 평가과정에 의해 수용되는 경험들과는 매우 다를 수 있기 때문에 자신의 자아개념과 경험 사이에 상당한 괴리현상이 있게 된다. 또한 남이 보는 자기와 내가 보는 자기에 차이가 있게 되면서 자기개념에서 차이가 발생하게 된다. 유기체에게 평가과정이 생기면서 자아실현하는 경향성은 방해를 받고, 점차 자기답게 살기가 어렵게 된다. 이러한 상황은 인간으로 하여금 제한되고 비효율적인 방식으로 기능하게 하고, 긴장과 불안을 경험하게 하는 원인이 되기도 한다.

[그림 3-2] **현상학적 자기와 유기체 경험**

이러한 긴장과 불안을 감소시키기 위한 방법으로 인간은 '현상적' 자기와 유기체 '경험' 사이의 일관성을 유지하려고 왜곡하거나 거부하게 된다. 즉, 자기개념에 일관성 있는 방식으로 경험들을 지각하려고 한다. 예를 들면, 자기가 똑똑하다고 생각했는데 D학점을 받았으면, “시험이 불공평했다. 강사 엉망이다”라고 주장하여 의미를 왜곡시키게 된다. 이러한 거부와 왜곡 때문에 사상들을 있는 그대로 완전히 체험하지 못하게 되는 악순환을 가져오게 된다.

하지만 우리가 살아가면서 타인과의 관계 속에서 무조건적인 긍정적 존중을 받는 경험을 하면 우리는 진정한 자기를 경험하고 회복하면서 건강하고 성숙해지게 된다. 무조건적인 긍정적 존중이란 무조건 타인의 기분대로 비위를 맞추라는 의미는 아니라 인간은 인간 자체로서 가치가 있고 인간에 대한 존중이 우선시 된다는 뜻이다. 개인이 무조건적인 긍정적 존경을 경험할 때 자아실현하는 경향성을 회복할 수 있으며, 새로운 상황의 필요에 융통적이고 적응적인 성격으로 길러지게 된다.

로저스는 건강한 성격을 가지는 사람을 충분히 기능하는 사람(fully-functioning person)으로 보았는데, 그 특징은 다음과 같다.

첫째, 자신의 잠재력을 발휘하는 사람이다. 자신이 가진 무궁무진한 가능성을 발휘하면서 창조적이고 독창적인 사고력으로 창조적 삶을 살아갈 수 있다.

둘째, 유기체에 대한 신뢰를 가진 사람이다. 어떤 비행을 저지른 사람이라도, 어떤 정신병에 걸린 사람일지라도 인간은 무조건적인 긍정적 관심을 충분히 받는 경험을 한다면 자기 스스로 자신의 잠재력을 발휘할 수 있는 신뢰로운 존재라는 관점이다.

셋째, 경험에 개방적인 사람이다. 건강한 사람은 다양한 경험에 개방적이므로 긍정적인 정서뿐 아니라 부정적인 정서도 개방적으로 경험할 수 있다.

넷째, 순간순간을 선택하고 책임지면서 충실하게 사는, 즉 실존적인 삶을 사는 사람이다.

다섯째, 자유롭게 선택할 있는 자유의식을 가진 사람이다.

활동문제

활동 | 1 부버의 인간관계

• 사람과 사물, 가정, 학교, 직장 등을 포함하여 자신이 맺고 있는 모든 관계를 부버의 인간관계 유형에 적용해보자.

그것-그것의 관계	
나-그것의 관계	
나-너의 관계	

• 자신에 대해 새롭게 알게 된 것이나 깨달은 점에 대해 써보시오.

• 이러한 인간관계 유형이 앞으로 여러분의 삶에 어떠한 영향을 미칠 것인지를 써보시오.

활동 | 2 횡단적 자기분석

아래 문항에 대해 생각해보고 다음과 같이 점수를 부여한다.
'거의 중요치 않다(1점)', '약간 중요하다(2점)', '웬만큼 중요하다(3점)', '상당히 중요하다(4점)', '매우 중요하다(5점)' 중에서 당신의 생각과 가장 가까운 번호를 고르시오.

	현실적 자기	이상적 자기	의무적인 자기	가능한 자기
	현재 어느 정도 우수하다고 생각하는가?	어느 정도 우수하기를 원하는가?	주변 사람들은 여러분이 어느 정도로 우수하기를 원한다고 생각하는가?	앞으로 노력한다면 어느 정도로 우수해질 수 있다고 생각하는가?
외모 및 신체적 매력				
신체적 건강 및 체력				
가족의 재산				
성격 및 성격적 매력				
자기조절능력				
지적능력				
대인관계능력				
지식수준				
학업성적				
인생관 및 가치관				
교우관계				
이성관계				
가족관계				

• 나는 어떤 자기 구성요소를 중시하고 어떤 것들을 경시하는가?

• 나는 어떤 자기 구성요소에 대해 현재 높은 평가를 하고 있으며, 어떤 요소에 대해 낮은 평가를 하고 있는가?

• 스스로 열등하다고 생각하는 나의 구성요소는 무엇인가?

• 나는 어떤 자기 구성요소에 대해 높은 이상적 기준을 가지고 있는가?

• 나는 어떤 자기 구성요소에서 부모나 주변 사람들의 높은 기대를 의식하고 있는가?

• 어떤 자기 구성요소에서 현실적 자기와 이상적 자기의 괴리를 느끼고 있는가?

• 어떤 자기 구성요소에서 현실적 자기와 의무적 자기의 괴리를 느끼고 있는가?

(출처 : 권석만, 2005에서 발췌 편집)

탐색문제

1. 건강한 성격에 대해 토의해 보자.

2. 건강하지 못한 성격 및 증상(자살, 섭식장애, 우울증, 인터넷중독 등)에 대해 토의해 보자.

3. 건강한 성격을 형성하기 위해 자신이 할 수 있는 일에 대해 이야기해 보자.

04 가족 Ⅰ

가족이란 남녀가 사랑을 하면서 연인관계가 되었다가 부부관계로 변하여 자녀가 생기게 되는 혈연 중심의 공동운명체이다. 가족은 친구나 직장에서의 인간관계와는 달리 생명을 다하는 순간까지 지속적으로 가장 긴밀한 관계를 맺게 되는 인간관계이다. 긴밀한 관계를 맺는다는 것이 좋은 방향이로든 나쁜 방향이로든 영향을 미칠 수 있지만 현대로 올수록 아동학대, 노인학대, 패륜범죄 등이 증가하는 것을 보면 가족의 중요성이 점차 경시되고 있는 것처럼 보여서 안타까움을 금할 길이 없다.
이 장에서는 가족의 건강한 기능과 가족생활주기를 살펴봄으로써 가족 간의 인간관계를 증진시킬 수 있는 방안에 대해 살펴보도록 하자.

1. 가족의 기능

가족은 결혼관계로 맺은 남녀, 즉 부부와 그들의 자녀로 구성된 혈연집단으로서, 일차적 집단(primary group)이며 공동사회집단(gemeinschaft)이며 폐쇄적 집단(closed group)이다. 또한 가족은 인간이 가진 제도 중에서 가장 오래된 것으로서, 사람은 출생과 동시에 한 가정의 구성원이 된다.

가족은 개인과 사회를 위해 다음과 같은 기능을 지니고 있다.

첫째, 가족은 애정을 도모하는 기능을 가지고 있다. 가족은 남녀의 사랑을 기초로 해서 결혼을 통해 이루어진 관계이므로 부부간에, 그리고 자녀와 부모 간에 서로 사랑과 애정을 주고받으면서 신뢰감을 형성하게 된다. 애정을 주고받는 형태는 개인에 따라 다를 수 있는데, 함께하는 시간일 수도 있고, 격려하는 대화일 수도 있고, 선물일 수도 있고, 봉사일 수도 있다. 최근 우리 사회에서는 자녀들이 매스컴, 휴대전화, TV, 컴퓨터 등을 사용하는 시간과 방과 후 학원에 다니는 시간이 증가하고 있고 기러기아빠가 증가하고 있는 상황 속에서 가족끼리 만나는 시간이 상대적으로 줄어들고 있기 때문에 가정의 애정도모 기능이 더욱 중요해지고 있다고 볼 수 있다.

둘째, 가족은 안정감을 부여하고 서로를 수용하는 기능을 가지고 있다. 가정은 사람들에게 가장 편안한 곳이며 무엇이든지 수용할 수 있는 넓은 포용력을 가진 가장 강력한 정서적 지지원이다. 따라서 가정 안에서는 자신이 가지고 있는 어떤 어려움도 이야기할 수 있어야 하며, 때때로 부정적 감정을 느끼게 될 때에는 감정을 무조건 억제하기보다는 부정적인 감정도 자유롭게 표현할 수 있는 수용적 분위기가 되어야 할 것이다.

셋째, 가족은 만족감과 목적의식을 부여하는 기능을 가지고 있다. 사람들은 모두 각자가 한 가족의 구성원으로 존재한다. 아침이면 새벽부터 일터에 나가 일하고 저녁이면 다시 가족집단 속으로 들어와 휴식을 취하고 내일을 준비하는 것은 '사랑하는 가족'이라는 공동운명체가 있기 때문이다. 가족은 나에게 가장 편안한 삶의 안식처가 되기도 하지만, 삶에 있어서 아무리 큰 고난과 어려움을 맞이해도 참고 이기고 견뎌내야 하는 것은 바로 가족이 있기 때문이다. 이와 같이 가족은 우리에게 목적의식을 부여해준다.

넷째, 가족은 지속적인 동료감 인식을 갖게 하는 기능을 가지고 있다. 현대인들은 직업이 변화되고 학교를 옮기고 이사하는 등 다양한 변화 속에 살고 있다. 이러한 환경적인 생활환경의 변화 속에서 심리적으로 적응할 수 있도록 항상 공감과 지지를 보내는 것은 언제나 함께 있는 가족집단이다. 가족집단만이 항상 나와 함께하면서 일상생활의 실망과 기쁨을 함께 나누고 공감해주는 동료가 된다.

다섯째, 가족은 사회적 지위를 부여하며 사회화의 기능을 가지고 있다. 가족은 자신이 희망하는 것과 관계없이 부여되며, 어떠한 가족집단의 구성원으로 살아가느냐에 따라 나에게 주어지는 지위와 역할이 다르다. 예를 들면, 가난하고 생활이 어려운 가정이나 소년소녀가장의 가정에 태어난 청소년에게는 가장으로서의 역할이 부여되는 것처럼 가족은 사회적 지위를 부여하는 기능을 가지고 있다. 즉, 출생하면서 가족구성원이 되고 출생순위와 성별에 따라 가족 내의 일정한 지위가 부여된다. 또한 가정 속에서 자녀는 사회의 한 독립된 구성원으로서 활동할 수 있는 기능과 제반 능력을 획득하게 된다. 이때, 부모는 자녀의 사회화를 도모해주는 역할모델의 기능을 수행하게 되어 자녀의 가치, 목표, 태도 및 직업선택 등 다양한 영역에 영향을 미치게 된다. 따라서 부모는 자녀들의 모범(example)이 되고, 자녀에게 권고(exhortation)하며 지속적으로 훈련(exercise)하는 등의 사회화 역할을 수행해야 할 것이다.

여섯째, 가족은 통제력 및 정의감 확립의 기능을 가지고 있다. 개인은 가족 안에서 사회생활에 필요한 규칙, 권리, 의무, 책임감을 가장 잘 배울 수 있다. 자녀가 초기에 경험한 칭찬과 벌은 선악에 대한 분별력이 되어 도덕, 정의, 가치에 대한 개념을 형성시켜준다. 따라서 가족은 한 인간의 삶에 지대한 영향을 미칠 도덕적 가치관의 정립과 함께 사회적 규범에 따르는 통제와 정의감을 확립해줄 필요가 있다.

이와 같이 가족은 한 인간의 기본적인 성격을 형성하면서 인간의 가장 기본적 욕구를 충족시키는 곳으로서 가장 강력한 정서적 지지를 제공시켜주는, 보다 일차적이고 근원적인 관계라고 할 수 있다. 이렇게 가족이 소중한 관계임에도 불구하고 최근 들어 가족 때문에 마음에 상처를 가지고 살고 있고, 더 나아가 가족을 살해하는 패륜적인 범죄행위를 저지르는 기사를 매스컴을 통해 접할 때에는 참담한 마음이 들 때가 한두 번이 아니다.

이러한 상황에 대해서는 여러 가지 원인이 있겠지만, 현대에 올수록 컴퓨터나 휴대전화를 통해 인간 대 인간의 만남이 아닌 인간 대 사물의 만남에 익숙해진 현대인의 생활패턴이 하나의 원인이라고 볼 수 있다. 인간 대 인간의 만남에서는 갈등이 있거나 서로의 의견이 불일치할 때에는 얼굴을 맞대고 대화를 하면서 갈등을 없애기 위해 노력하였다. 그러나 인간 대 사물과의 만남에서는 컴퓨터나 휴대전화 속의 상대방과 더 이상 교류하지 않기를 원한다면 전원을 일방적으로 꺼버림으로써 불편한 관계로부터 벗어날 수 있게 된다. 마찬가지로 친구나 직장에서의 인간관계에서도 서로에게 상처를 준다면 친구를 더 이상 만나지 않거나 회사를 다니지 않음으로써 관계를 단절하여 불편함에서 벗어날 수 있게 된다. 그러나 관계를 단절할 수 없는 가족 간에 갈등이 생겼을 때에는 관계를 일방적으로 차단하여 갈등을 해결하는 방법을 적용할 수 없기 때문에 보이지 않는 고통을 지속적으로 겪으면서 가족 간의 관계에서 더욱더 어려움을 겪게 된다. 이러한 현상을 반영하듯, 일방적으로 차단하는 인간관계를 실제로 적용하기도 하여 결혼이 불행한 종말을 맺는 경우도 많다. 이는 부부 당사자뿐만 아니라 자녀에게도 심리적 고통을 안겨주면서 사회적으로 해결해야 할 여러 가지 커다란 문제를 야기한다.

2. 건강한 가족의 특징

가족은 사회를 형성하고 존속하게 하는 필수 불가결의 기본단위일 뿐만 아니라 개인에게도 정서적·심리적 욕구를 충족할 수 있는 중요한 집단이다. 가족은 이제까지 알려진 어떤 집단보다도 개인의 기본적인 욕구를 잘 충족시켜주기 때문에 가족은 반드시 필요하다. 자녀를 출산하여 복잡한 현대사회의 책임을 수행할 수 있는 훌륭한 시민으로서 양육시켜주는 일은 오직 가족에게만 기대된다. 현대사회 속에서 외로운 노부모들의 특질이나 성인들의 정서적 욕구나 자녀들의 불안감을 감당해주는 공간인 가족이라는 단위가 없다면 아마도 산업사회는 적재적소에서 기능할 수 있는 인간을 충분히 공급받을 수 없을 것이다. 즉, 가족은 사회와 가족구성원에게 정신적·정서적 건강의 중요한 근원이 된다(류현수 외, 2007). 이와 같이 건강한 가족은 자신뿐만 아니라 사회의 발전에도 지대한 영향을 주기 때문에 건강한 가족을 유지하기 위한 노력이 끊임없이 필요하다.

건강한 가족은 다음과 같은 특징을 지니고 있다.

첫째, 가족구성원은 가족의 행복과 안녕에 깊은 관심을 가지며 이를 무엇보다도 중요시한다.

둘째, 가족구성원은 서로에 대한 정서적 지지를 아끼지 않는다. 가족구성원은 일상생활의 실망과 기쁨을 함께 나누며 공감해주는 정서적 지지를 아끼지 않는다.

셋째, 가족구성원 간에는 효과적인 의사소통이 이루어진다. 함께 대화를 나누는 시간이 많으며, 상대방의 견해에 관심을 보이고 적극적으로 경청한다. 또한 가족구성원은 자신의 목적, 기대감, 싫어하는 것, 좋아하는 것 등을 확실하게 표현하고 갈등에 대해서는 개방적이고 솔직하게 논의함으로써 갈등을 효과적·건설적으로 처리하여 성공적인 관계를 형성한다.

넷째, 가족구성원끼리 함께 많은 활동을 공유한다. 건강한 가족은 구성원들과 함께 식사하고, 대화하고, 여가를 보내는 등 함께하는 시간을 많이 갖는다.

다섯째, 가족구성원은 효율적인 문제해결능력을 지니고 있어 가족이 당면하는 여러 가지 문제나 위기를 힘을 모아 잘 해결해나간다.

여섯째, 가족구성원은 자신의 가족역할을 잘 수행한다. 가족 내 구성원으로서의 책임과 역할을 분담하지만 역할 수행에 있어서 자신에게 주어진 일뿐만 아니라 상호간의 협력체제도 잘 이루어진다.

3. 개인 및 가족의 발달

듀발(Duvall)은 가족생활주기(family life cycle)를 통해 대부분의 가족이 일반적으로 겪게 되는 변화과정을 살펴보았다.

1) 듀발(Duvall)의 가족생활주기

결혼을 통해 가족을 이루면 부부는 자녀를 낳게 되고 자녀의 구성과 성장에 따라 다양한 변화를 겪게 된다. Duvall(1971)은 이러한 가족의 변화를 생활주기에 따라 8단계로 구분했다.

(1) 신혼기

결혼을 통해 부부가 된 시기부터 첫아이를 출산하기까지의 시기로, 부부가 둘만의 시간을 자유롭게 즐길 수 있는 것이 이 시기의 특징이다. 부부가 서로 다른 환경에서 성장했기 때문에 결혼에 대해 서로 다른 기대를 갖고 있거나 결혼에 대한 환상과 실제가 매우 다른 경우 이 시기가 매우 어려울 수도 있으나, 대체적으로 이 시기의 부부들은 부부관계 만족도가 높은 경향이 있다. 이 시기의 부부들은 가계운영의 계획, 가사에 대한 부담체계, 친척들과의 조화로운 관계 등에 대해 진지한 의사소통을 통해 상호 합의된 의사결정을 해야 한다.

(2) 출산 및 유아 양육기

이 시기는 일반적으로 첫아이를 출산한 후부터 자녀가 30개월 정도 성장하기까지의 기간을 말한다. 이 시기에는 부부가 자녀를 얻게 된 기쁨과 함께 심리적·정신적 및 재정적 부담이 생기면서 부부간 만족이 급격히 저하되기 시작한다. 특히, 맞벌이부부들은 조부모에게 자녀양육을 의지하면서 조부모와 부모 간의 자녀양육 방식의 불일치 등으로 인해 가족구성원 간의 갈등이 심화될 수 있다. 따라서 긴밀한 대화를 통해 양육방식에 대해 조부모와 일치된 의견을 수렴해야 할 것이다.

(3) 학령 전기의 자녀 양육기

이 시기는 첫아이가 2, 3세에서 초등학교에 입학하기 전까지의 기간을 말한다. 첫아이의 언어적 능력이 급격히 발달함에 따라 부모에게 요구가 많아지고 행동양이 증가하므로 이 시기의 부부들은 급격히 성장하는 자녀의 지적·사회적 요구에 적절히 대응할 수 있는 능력을 가지고 있어야 할 것이다. 또한 이 시기의 자녀가 사회의 구성원으로서 정상적으로 활동할 수 있는 제반 능력의 기초를 함양하기 위해서는 부모의 합리적이고 민주적이면서도 일관된 훈육방식이 매우 중요하다.

(4) 학령기 자녀 양육기

이 시기는 첫째 자녀가 초등학교에 입학하여 졸업하기까지의 기간을 말한다. 자녀의 공교육 수혜를 위한 학부모로서의 역할 수행과 학교공동체 참여가 요구되는 시기이다. 또한 부모로서 자녀의 교육비를 부담하게 되며, 자녀의 심리적 발달과 변화에 대해서도 관심을 기울여야 하는 시기이다. 이 시기의 자녀에게 있어서 학습능력은 자존감을 형성하는 중추적 자원이 되므로 부모들은 자녀의 초기 지적능력 형성에 주의를 기울여야 할 것이다.

(5) 청소년기 자녀 양육기

이 시기는 첫째 자녀가 중·고등학교에 다니며 청소년기를 겪게 되는 시기를 말한다. 이 시기에는 자녀가 부모로부터 독립하고자 하는 심리적 기제가 작용하여 자기주장이 강해지고 저항하는 행동이 나타나는 시기이다. 청소년기 자녀로 인한 스트레스로 인해 부부간의 심신적 에너지는 감소되므로 부부의 결혼만족도는 일생 중 최하로 떨어지게 된다. 이 시기의 부모는 자녀들을 분리시킬 마음의 준비를 해야 하며, 이러한 자녀의 행동에 맞서기보다는 자녀와의 갈등해소를 위해 기다리면서 노력해야 할 것이다.

(6) 자녀 독립기

자녀가 대학에 입학하고 나서 결혼하기 전까지의 시기이다. 자녀들은 대학 입학과 함께 부모로부터 독립하고자 하는 의식이 강해지고, 대학을 졸업하고 직장생활을 하게 되면 대부분 경제적으로도 독립하게 된다. 자녀들은 이 시기에 결혼을 준비하고 배우자를 찾는 일에 몰두하기 때문에 부모는 자녀에게 간섭과 통제보다는 자녀가 정서적·경제적으로 독립할 수 있도록 지지적인 역할을 보내는 것이 중요하다. 이처럼 자녀가 성인으로 독립하기 시작하면 부부간의 결혼만족도는 다시 증가하기 시작한다.

(7) 중년기

이 시기는 자녀들이 결혼을 통해 독립해 나감으로써 가정에 노부부만이 남게 되는 시기를 말한다. 이 시기에는 부부간의 상호의존성이 증가하고 '빈 둥지 증후군(empty nest syndrome)', 즉 자녀를 자신의 품에서 날려 보내고 나서 빈 둥지를 지켜야 하는 심리적 공허감을 경험하기도 한다. 따라서 이 시기의 부부는 부부 둘만의 텅 빈 보금자리에 적응하기 위해 부부 사이의 관계를 계속해서 재조정해야 할 것이다.

(8) 노년기

이 시기는 직장에서 퇴직하고 여생을 마무리하는 시기를 말한다. 퇴직 후 새롭게 전개되는 변화된 환경에 적응하는 일이 중요하며, 퇴직으로 인한 사회적 역할의 감소에도 순응해야 하는 시기이다. 특히 신체적으로 노쇠하여 생활에 불편함이 따르게 되는데, 이에 대한 적응과 대처방법도 이 시기의 중요한 과제이다.

2) 에릭슨(Erikson)의 심리사회적 발달

신프로이트학자인 에릭슨은 개인의 발달과정을 심리사회적 발달 이론으로 설명하였다. 프로이트가 성격발달의 5단계 중에서 남근기(~6세)까지의 발달이 인간의 발달에 결정적이라고 주장한 것과 달리, 인간은 전 생애(life-span)에 걸쳐 발달한다고 주장하였다. 특히 사람들과의 관계 속에서 심리사회적 위기(crisis) 및 다양한 발달과제를 경험하면서 심리사회적 발달을 이루고 바람직한 인간관계 형성을 위한 덕목을 형성하게 되는데, 에릭슨이 제시한 심리사회적 발달의 8단계는 다음과 같다.

(1) 신뢰감 대 불신감(0~1세)

이 시기의 인간은 혼자서 먹을 수도 입을 수도 없는, 그야말로 자신의 생존을 전적으로 외부에 의존해야 하는 시기이다. 따라서 무기력한 존재의 시기인 이때에 자신을 돌보아주는 최초의 주 양육자(예 : 어머니)가 자신의 욕구를 적절하게 알아차리고 충족시켜준다면 신뢰감이 형성될 것이며, 자신의 욕구를 무시해버리고 충족시켜주지 못한다면 불신감이 형성될 것이다. 최초로 인간관계에서 맺는 신뢰감과 불신감이 이후의 인간관계에 중요한 영향을 미치기 때문에 에릭슨은 이 시기를 인생에서 가장 중요한 시기로 보았다. 이때 우리는 섭식이라는 주요 사건을 경험하면서 '희망'이라는 덕목을 배우게 된다.

(2) 자율성 대 수치심, 회의감(2~3세)

이 무렵 이루어지는 배변훈련은 자율감의 기초를 마련해주는 계기가 된다. 그러나 배변훈련 시 나타날 수 있는 사소한 실수에 대해 부모가 가혹한 벌을 주거나 지나치게 엄격한 배변훈련을 강요한다면 수치심과 회의감이 형성될 것이다. 이때 우리는 대소변훈련이라는 주요 사건을 경험하면서 '의지'라는 덕목을 배우게 된다.

(3) 주도성 대 죄책감(4~5세)

이 시기의 아동들은 자신의 활동을 스스로 계획하고 추진하면서 주도성이 발달한다. 그러나 스스로 계획한 활동들이 끊임없이 무시되고 바람직하지 않은 행동을 했을 때 부모의 제재방법이 일관적이지 않거나 부드럽지 않다면 죄책감을 갖게 될 것이다. 이때 우리는 독립심이라는 주요 사건을 경험하면서 '목적'이라는 덕목을 배우게 된다.

(4) 근면성 대 열등감(6~11세)

학교 입학 후 친구관계에서 경험하는 과업들을 달성하면서 학교 및 가정으로부터 다양한 평가가 주어지고 그로 인해 근면성이 개발된다. 그러나 근면성을 발휘하지 못한 결과 계속 실패하면 열등감이 형성될 수 있다. 이때 우리는 학교라는 주요 사건을 경험하면서 '유능성'이라는 덕목을 배우게 된다.

(5) 정체감 대 역할 혼미(12~18세)

청소년기는 호르몬의 변화로 인해 신체적·정신적으로 커다란 변화를 경험하는 시기이다. 이러한 변화를 겪으면서 청소년은 '앞으로 어떻게 살아야 할 것인가?', '나는 누구인가"' 등 자신의 정체감에 대해 의문을 갖게 된다. 이 의문에 해답을 얻게 되면 정체감이 확립될 것이며, 해답을 얻지 못하면 정체감 역할 혼미를 느끼게 될 것이다. 마르샤(Marcia)는 정체감의 상태를 좀 더 세분화하여 정체감 확립, 정체감 유예, 정체감 유실, 정체감 혼란으로 구분하였다. 이때 가까운 친구들은 서로 전형적인 모델이 됨으로써 정체감 혼돈의 위기를 극복하는 데 도움을 주는 역할을 한다. 이 시기의 고민은 앞으로 자신의 삶을 어떻게 살아야 할 것인가에 대한 방향성을 주기 때문에 에릭슨은 이 단계를 두 번째로 중요한 단계로 보았다. 이때 우리는 또래관계라는 주요 사건을 경험하면서 '충실성'이라는 덕목을 배우게 된다.

(6) 친밀감 대 고립감(19~24세)

성인이 되어 스스로 사회적인 책임을 지기 시작하여 직업 및 배우자 선택 등을 경험하는 시기이다. 조건 없이 도움을 줄 수 있는 태도를 가지고 타인과 감정 및 가치관을 교류할 수 있는 사람은 원만하게 친밀감을 형성할 수 있을 것이다. 그러나 이 단계의 위기를 극복하지 못하는 경우 정서적으로 고립되어 혼자의 세계에 빠져서 타인과 원만한 사회적 관계를 맺기 어려워진다. 이때 우리는 애정관계라는 주요 사건을 경험하면서 '사랑'이라는 덕목을 배우게 된다.

(7) 생산성 대 침체성(25~54세)

이 시기의 성인은 사회와 다음 세대의 긍정적 발전을 위해 노력함으로써 생산성을 획득하게 된다. 그러나 사회와 다음 세대에 대해 무관심과 이기심으로 일관하게 된다면 침체성을 형성하게 된다. 이때 우리는 양육이라는 주요 사건을 경험하면서 '배려'라는 덕목을 배우게 된다.

(8) 통합성 대 절망감(54세~)

노인기에는 자신의 삶을 돌아보게 되는데, 이때 자신의 인생에 보람과 가치가 있다고 생각하는 사람은 통정성을 가지게 된다. 반면에 자신의 인생이 후회스럽고 무가치하다고 생각하는 사람은 절망감을 느끼게 된다. 이때 우리는 자신의 인생에 대한 반성과 수용을 경험하면서 '지혜'라는 덕목을 배우게 된다.

4. 가족 간의 인간관계 증진방안

긍정적인 인간관계를 유지하는 것은 누구와도 중요한 일이지만, 특히 가족 간의 좋은 인간관계는 생활의 활력소가 될 뿐만 아니라 자신의 삶에 자신감과 긍정적 사고를 가져다주는 계기가 된다. 따라서 가족 간의 좋은 인간관계를 유지하기 위해서는 가족구성원 개개인들이 지속적으로 노력하는 것이 요구된다.

코비(Stephen R. Covey)는 '성공하는 가족들의 7가지 습관'에 대해 다음과 같이 제시했다(김경섭 역, 1998).

첫째, 주도적이 되어라. 가족들은 원칙과 가치에 따라 자유롭게 선택할 수 있으며, 자신의 선택에 책임을 지고 행동할 수 있어야 한다.

둘째, 목표를 확립하고 행동하라. 가족이 어떤 모습이어야 하는지, 가족이 원하는 것이 무엇이며 어떤 모습의 가족이 되고 싶은지, 가족의 생활을 지배하는 원칙이 무엇인지에 대한 분명한 비전을 만들어내는 것이 필요하다.

셋째, 소중한 것부터 먼저 하라. 많은 사람들이 가족을 가장 중요한 것으로 생각하고 있으며 가족을 위해 자신의 희생을 감수하겠다고 생각하고 있지만, 정작 가족보다는 자신의 업무, 친구 혹은 취미생활에 더 중점을 두고 있는 경우가 많다. 따라서 자신이 가장 중요하게 생각하는 가족을 소중하게 배려하고 대하는 것이 필요하다.

넷째, 상호이익을 추구하라. 가족들은 내가 아닌 우리 의식을 갖고 상호이익 차원에서 서로 협조하고 존중하는 정신을 키워야 한다.

다섯째, 시너지를 활용하라. 가족들은 개인적인 장점과 가족의 장점을 배양하여 다른 사람이 가진 차이점을 존중하고 가치 있게 여김으로써 부분의 합보다 더욱 큰 전체를 만들어가도록 한다. 타협(1+1=1.5)이나 단순한 협력(1+1=2)에 그치지 말고 창의적 협력(1+1=3이거나 혹은 그 이상)을 추구하도록 한다.

여섯째, 끊임없이 쇄신하라. 가족구성원은 언제나 신체적·사회적·정신적·영적 분야에서 쇄신하는 노력을 해야 한다. 이러한 쇄신의 과정을 통해 가족은 신선한 변화와 도전적 성취감을 느낄 수 있게 된다.

5. 가족 간의 건강한 의사소통방법

우리는 다른 주변 사람들과의 관계에서보다는 가족관계에서 의사소통의 어려움을 더 겪게 되는 것 같다. 이에 대해서는 여러 가지 원인이 있을 수 있겠지만, 그 한 원인으로서 특히 부모와 자녀와의 관계는 보다 종속적인 관계에 있기 때문에 의사소통이 일방적으로 이루어지면서 부모와 자녀 간에 갈등을 초래하는 것 같다. 또한 부모-자녀관계에서는 다른 관계보다도 서로에 대해 '~해야 한다(must)'는 당위적 사고를 더 많이 가지고 있고, 부모-자녀 간의 차이를 '나와 다르다'로 보기보다는 '너는 틀렸다'로 보기 때문에 더욱더 갈등을 유발하게 되는 것 같다. 이와 같은 부모와 자녀 간의 원만하지 않은 의사소통은 언제나 원만하지 않은 가족관계나 가족 간의 갈등의 주요 요인이 된다.

따라서 가족관계에 있어서 서로의 요구와 감정에 대해 솔직하게 관심을 표하고 대화하는 일은 매우 중요하다. 또한 Gordon(1975)이 제시한 의사소통의 12가지 방법, 즉 ① 명령, 지시하기, ② 경고, 위협하기, ③ 훈계, 설교하기, ④ 충고, 제언하기, ⑤ 강의, 논쟁하기, ⑥ 판단, 비평, 비난하기, ⑦ 칭찬, 동의하기, ⑧ 비웃기, 창피 주기, ⑨ 해석, 분석, 진단하기, ⑩ 지지, 공감, 위안하기, ⑪ 캐묻기, 질문하기, ⑫ 물러서기, 농담하기, 화제 돌리기 중에서 ④ 충고, 제언하기, ⑦ 칭찬, 동의하기, ⑩ 지지, 공감, 위안하기의 소통방법을 자주 사용하는 것이 바람직하다(권석만, 2005). 그뿐만 아니라 부모는 비난이나 조소를 하는 등의 바람직하지 못한 행동을 스스로 억제하여 본보기를 보이는 일이 가장 중요하다.

건강한 가족이 되려면 우선 가족 간의 의사소통 유형이 효율적으로 이루어져야 한다. 의사소통 방식에는 사슬형, 원형, Y형, 바퀴형, 완전통로형이 있다. 사슬형은 중간에 위치한 가족원들이 양옆의 두 가족원과 의사소통을 하고, 양쪽 끝에 위치하는 가족원은 한 가족원하고만 의사소통을 하는 유형이다. 원형은 모든 가족원이 각각 양옆에 해당하는 가족구성원과 의사소통을 하지만, 다른 사람과는 의사소통이 잘 안 되는 유형이다. Y형은 메시지가 한 가족원을 통해 한 가족원 또는 둘 이상의 가족원에게 전달되는 유형이다. 바퀴형은 중심이 되는 한 가족원이 모든 가족원과 의사소통을 할 수 있으나, 나머지 가족원은 중심이 되는 한 가족원하고만 의사소통할 수 있는 유형이다. 완전통로형은 모든 가족원 간에 자유롭게 의사소통이 이루어지는 유형이다.

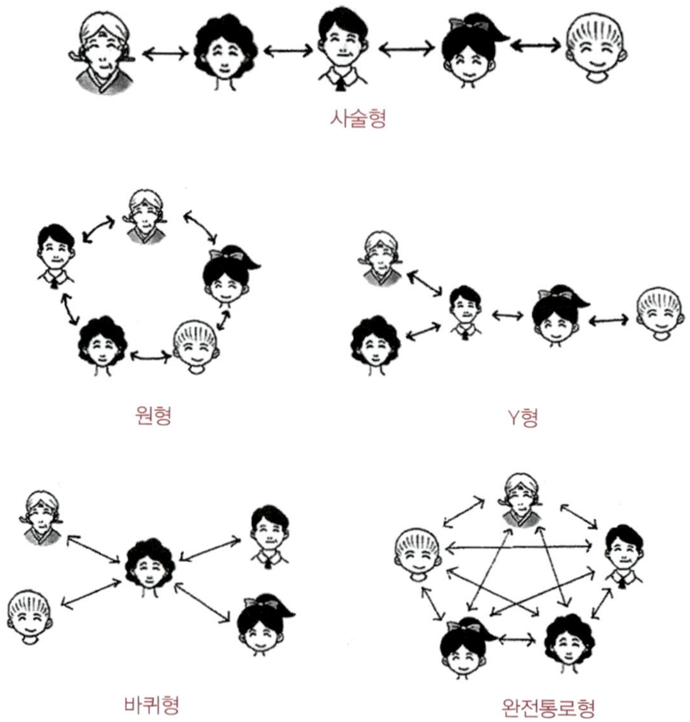

[그림 4-1] **가족의사소통의 여러 가지 유형**

(권석만, 2008)

활동문제

활동 1 가족관계 진단용 SDS

이 질문지는 여러분이 여러 가지 낱말에 대해서 어떤 느낌이나 생각을 가지고 있는지를 알아보기 위한 것입니다. '아버지'를 비롯하여 가족을 표시하는 낱말이 10개 있고 그 밑에는 서로 반대되는 형용사가 한 짝으로 된 척도가 있습니다. 각 낱말을 보시고 그 낱말이 주는 첫인상과 직접적인 감정에 따라 판단하여 각 척도의 적절한 위치에 ∨표를 하여 주십시오. (이 척도는 7점 척도이므로 ∨표시는 반드시 경계점 위가 아니고 점 사이의 빈칸에다 해야 합니다.)

1. 아버지

깨끗하다	├─┼─┼─┼─┼─┼─┼─┤	더럽다
추하다	├─┼─┼─┼─┼─┼─┼─┤	아름답다
좋다	├─┼─┼─┼─┼─┼─┼─┤	나쁘다
멀다	├─┼─┼─┼─┼─┼─┼─┤	가깝다
넓다	├─┼─┼─┼─┼─┼─┼─┤	좁다
작다	├─┼─┼─┼─┼─┼─┼─┤	크다
연하다	├─┼─┼─┼─┼─┼─┼─┤	굳다
빠르다	├─┼─┼─┼─┼─┼─┼─┤	느리다
무디다	├─┼─┼─┼─┼─┼─┼─┤	날카롭다
이르다	├─┼─┼─┼─┼─┼─┼─┤	늦다

2. 어머니

깨끗하다		더럽다
추하다		아름답다
좋다		나쁘다
멀다		가깝다
넓다		좁다
작다		크다
연하다		굳다
빠르다		느리다
무디다		날카롭다
이르다		늦다

3. 할아버지(할머니)

깨끗하다		더럽다
추하다		아름답다
좋다		나쁘다
멀다		가깝다
넓다		좁다
작다		크다
연하다		굳다
빠르다		느리다
무디다		날카롭다
이르다		늦다

4. 형제 · 자매

깨끗하다		더럽다
추하다		아름답다
좋다		나쁘다
멀다		가깝다
넓다		좁다
작다		크다
연하다		굳다
빠르다		느리다
무디다		날카롭다
이르다		늦다

(출처 : 노안영 · 강영신, 2005, 재인용.)

* 출처: 김재은(1974). 한국가족의 집단성격과 부모-자녀관계에 관한 심리학적 연구, 이화여대 박사학위 논문.

활동 | 2 가족 가계도 그리기

나와 가족들의 가계도를 연령, 직업, 학력, 성격 등과 함께 적어본다.
남자는 □로, 여자는 ○로 그려본다.

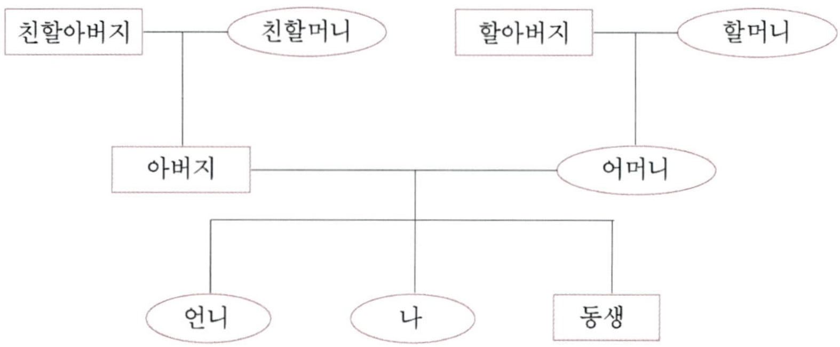

친할아버지(　　　세) :

친할머니(　　　세) :

외할아버지(　　　세) :

외할머니(　　　세) :

아 버 지(　　　세) :

어 머 니(　　　세) :

형　　제(　　　세) :

형　　제(　　　세) :

활동 3 가족의 역할

• 내가 생각하는 가족의 역할에 대해 자유롭게 적어본다.

건강한 가족의 모습	
건강한 가족을 형성하기 위한 아버지의 역할	
건강한 가족을 형성하기 위한 어머니의 역할	
건강한 가족을 형성하기 위한 자녀의 역할	
다른 가족구성원들이 나에게 기대하는 역할	
가족구성원끼리 공유하고 있는 활동	
가족이 마음을 모아 위기를 극복했던 경험	

• 깨달은 점을 써보시오.

활동 | 4 Duvall의 가족생활주기에 따라 자신의 인생 설계하기

가족생활주기에 따라 미래 자신의 인생, 적응과제 및 과업 등을 자유롭게 설계해본다.

가족생활주기	연령	심리적·신체적·정신적·경제적 과업 등
신혼기		
출산 및 유아 양육기		
학령 전기의 자녀 양육기		
학령기 자녀 양육기		
청소년기 자녀 양육기		
자녀 독립기		
중년기		
노년기		

활동 | 5 Erikson의 발달단계에 따라 인간관계 작성해보기

발달단계에 따라 그 시기를 회상하면서 인간관계에 대해 자유롭게 써본다. 어떤 일과 관련된 인간관계를 써도 된다. 과거의 인간관계가 기억이 나지 않을 경우에는 부모나 주변 사람에게 들어서 아는 것을 쓰고, 미래의 인간관계에 대해서는 자신이 희망하는 것을 예상하여 써본다.

신뢰감 대 불신감	
자율성 대 수치심	
주도성 대 죄책감	
근면성 대 열등감	
정체감 대 역할 혼미	
친밀성 대 고립감	
생산성 대 침체성	
통정성 대 절망감	

탐색문제

1. 가족의 중요성에 대해 토의해 보자.

2. 가족 간 인간관계의 증진방안에 대해 토의해 보자.

3. 현대 가족의 다양한 형태에 대해 토의해 보자.

05 가족 II

요즘 젊은이들은 여러 가지 이유로 결혼연령이 점차 늦어지고 있다. 성인은 정신적, 독립적으로 책임을 질 수 있는 존재인데, 결혼연령이 늦어짐에 따라 부모형제들과 한 집에서 동거하는 시기가 길어지면서 부모와 자녀 간에 갈등이 많이 일어나고 있다. 그 뿐만 아니라 현대에 이르러서는 가족형태가 다양하게 나타나(예 : 핵가족, 확대가족, 동거, 편부모가족, 계부모가족 등) 미묘한 갈등이 생길 여지가 많다. 우리는 친밀하다는 이유로 개인의 모든 특성을 노출하면서 부부갈등을 초래하기도 하고, 부모-자녀 간 세대차이 및 상호이해의 차이 역시 갈등을 유발하게 되며, 자녀에 대한 부모의 차별적 애정과 특정 형제자매의 우월감과 열등함이 형제자매 간 갈등을 유발하기도 한다.

이 장에서는 부부관계, 부모-자녀관계, 형제관계, 어머니와 딸의 관계, 그리고 시어머니와 며느리의 관계 등 가족 간의 인간관계에 대해 전반적으로 살펴보려고 한다.

1. 부모-자녀관계

부모-자녀관계는 인간관계 중에서 가장 혈연적인 관계이며, 선택의 여지없이 주어지는 숙명적인 관계이다. 자녀의 입장에서는 태어나서 최초로 맺는 인간관계이며, 부모의 양육을 통해 성격에 영향을 받는 등 한 인간의 인격 형성에 있어서 가장 중요한 관계이다. 세상을 알려주는 것이 부모이며 부모-자녀관계야말로 중요한 교육의 장으로서 가장 기본적인 사회화 과정이 일어난다.

나는 부모와 어떤 관계에 있는지, 부모와 얼마나 가까운 사이인지, 부모가 나에게 해주었던 가장 고마운 일은 무엇인지, 그리고 부모에게 가장 서운한 일은 무엇이었는지 생각해보자. 부모-자녀관계에서 일어난 다양한 경험들은 없어지거나 잊히는 것이 아니라 지속적으로 기억하게 된다. 1장에서도 기술하였지만 컴퓨터는 틀렸을 때 수정하여 저장하면 정확하게 오류를 덮어씌워서 오류를 완전히 지울 수 있지만, 인간이 경험한 것에 대한 기억은 그렇게 될 수 없다. 오히려 잘못하고 틀리게 되면 비슷한 기억 바로 옆에 기록되어 지속적으로 축적된다. 그래서 때로는 자녀들에게 부모에 대한 원망이 지속적으로 쌓임으로써 더 이상 부모를 부모로서 인정하지 않겠다고 하는 상황이 생기기도 하는데, 이는 참으로 안타까운 현실이 아닐 수 없다.

1) 부모-자녀관계의 특성

대부분 동물들은 태어날 때 이미 자신의 생존에 필요한 종 특유의 능력을 어느 정도 완성시켜 태어난다. 하지만 인간은 동물과 달리 스스로 살아가는 데 필요한 그 어떠한 신체적·정신적 능력도 갖추지 못한 채 결핍된 존재로서 무기력한 상태로 태어나게 되는데, 이러한 무기력한 상태를 극복하고자 주변의 가까운 사람, 즉 부모의 양육을 받게 된다. 그래서 어린 시절에 자녀는 일방적으로 부모를 따르고 의존해야 하며, 부모는 미숙한 자녀를 일방적으로 보호하고 양육해야 하는 지배적인 위치에 있으면서 부모-자녀관계는 수직적이고 종속적인 관계를 이룬다. 그러나 자녀가 청소년기를 통해 점차 독립적인 존재로 성장해가면서 의존적이고 수직적인 관계의 속성이 변하여 청소년은 부모의 보호나 통제에서 벗어나려는 독립적인 관계로 변하며, 그 결과 부모-자녀관계에 현저한 변화와 갈등이 초래하게 된다. 이렇듯 자녀가 성장함에 따라 부모-자녀관계의 속성과 각자의 역할이 변화하고 있을 뿐만 아니라 현대사회 속에서는 다양하고 복잡한 주변 환경이 부모-자녀관계에 또 다른 많은 영향을 미치고 있다.

현대적인 시각에서 부모와 자녀의 관계는 다음과 같은 특성을 지니고 있다.

첫째, 부모-자녀관계는 사회 속에 존재하는 하나의 생태학적 관계이므로 사회의 제반 영향력에 노출되어 있다. 브론펜브레너(Bronfenbrenner)의 생태 이론에 의하면, 자녀는 직계가족의 관계에서부터 보다 넓은 사회적 환경, 즉 가족, 학교, 또래집단, 친척, 이웃, 직장, 대중매체, 기관, 문화권의 태도와 사상 등의 영향을 받으면서 성장하게 된다.

둘째, 부모와 자녀는 일방적인 관계가 아닌 상호작용하는 관계이다. 자녀들마다 성격이 다른데 이는 부모가 첫째, 둘째, 막내 자녀를 일방적으로 다르게 양육하기 때문에 나타나는 차이만은 아니다. 자녀마다 지니고 있는 독특한 특성으로 인해 부모의 양육태도를 다르게 만들기도 하는 상호작용이 일어나서 자녀들마다 성격차이가 나타나게 되는 것이다. 예를 들면, 반항하고 짜증내고 말썽피우는 자녀는 부모로 하여금 더욱 통제적인 양육태도를 사용하도록 하기도 한다.

셋째, 부모가 되고자 하는 것은 선택적이고 의도적인 결정이다. 최근 우리나라의 젊은 부부들은 육아의 어려움과 과도한 교육비 부담감으로 인해 자녀출산을 미루거나 한 명의 자녀만 출산하려고 하는 경향이 있다. 이를 반영하듯, 2009년 보건복지가족부에서는 "가가호호 아이둘셋 하하호호 희망한국", "출산은 감동, 육아는 보람, 가족은 행복" 등 6개의 캠페인 문구를 선정하여 출산을 장려하고 있다. 이는 "둘만 낳아 잘 기르자"라던 이전의 캠페인 문구와는 대조를 이루는 것으로서 현대인들은 부모가 되려는 것을 스스로 선택한다는 것을 나타낸다.

넷째, 부모-자녀관계는 자녀가 성장함에 따라 끊임없이 변화한다. 아동기 때는 부모의 주도적인 태도에 따르던 아이도 사춘기가 되면 자신의 독립성을 주장하게 되므로 좀 더 자율성을 부여하고 개별성을 인정하는 부모 태도로 바뀌지 않는다면 부모-자녀관계는 갈등의 연속이 된다. 따라서 자녀가 어릴 때는 부모가 자녀의 행동에 좀 더 많이 관여하고 구체적으로 이끌어주는 사랑과 훈육이 필요하고, 커갈수록 자녀가 스스로 깨닫고 결정하여 자신의 영역을 넓혀나갈 수 있도록 뒤에서 지지해주는 양식으로 지도방식이 변화해야 하며 관계가 조정되어야 한다. 부모는 자녀에게 구체적으로 행동하는 방법인 매뉴얼을 가르치는 것이 아니라 스스로 사고하도록 가르쳐야 한다.

다섯째, 부모역할은 일반적인 성인의 역할과 다르다. 현대사회에서 부모는 자녀에게 정서적인 안정을 제공하며, 부모의 기대나 요구보다는 자녀의 요구나 가능성을 잘 파악하고 존중하며 지속적인 성장에 관여한다.

여섯째, 효율적인 부모-자녀관계를 위한 부모역할에 대한 준비가 필요하다.

자신이 성장할 때 훈육 받았던 부모의 교육방식이 비효율적이라고 느꼈음에도 불구하고 현대의 젊은이들은 자녀를 어떤 방법으로 양육해야 하는지, 교육을 어떻게 시키는 것이 올바른 것인지, 자녀의 발달단계는 어떠한지 등에 대해 여전히 준비가 소홀하다. 현대사회에서 부모-자녀관계가 중요하다는 인식이 증대되면서 최근 대학 교양과목, 그리고 종교단체에서는 좋은 부모가 되기 위한 훈련을 실시하고 있다.

2) 부모의 양육태도

바움린드(Diana Baumrind)는 부모의 애정과 통제의 수준에 따라 부모의 양육태도를 네가지 유형, 즉 권위적·독재적·허용적·무관심적 유형으로 분류하였다. 그녀는 부모가 네가지 유형 중 어떤 양육태도를 가지는가에 따라서 자녀의 행동패턴 및 성격발달에 다르게 영향을 미친다고 주장하였다.

(1) 권위적(authoritative) 부모

자녀에 대한 따뜻함과 적절한 통제를 하는 확고함을 결합한 형태로 자녀를 키우므로 자녀가 자기 신뢰적, 자기 통제적, 성취 지향적, 그리고 친근하고 행복하게 성장할 가능성이 크다.

(2) 독재적(authoritarian) 부모

자녀에 대한 애정과 긍정적인 관여가 낮은 상태에서 규율을 맹목적으로 강요하고, 나쁜 행동은 지적하고 처벌하며, 심한 처벌과 훈육을 가하기 때문에 자녀가 사회적 능력과 자발성이 부족하고 냉담하며 수동적이고 복종적이고 자아존중감이 낮을 가능성이 크다.

(3) 허용적 부모

자녀에게 수용적이고 반응적이며 애정적이지만 자녀의 행동을 적절하게 통제하는 일이 없어서 자녀가 의존적이고 자기중심적이고 충동적이고 공격적이며 책임감이 부족하게 성장할 가능성이 크다.

(4) 무관심한 부모

자녀에 대한 애정과 통제가 전혀 없기 때문에 자녀의 욕구에 대해 무반응적이고 거부적이므로 자녀가 반항적이고 적대적이고 공격적이며 낮은 자아존중감을 가지게 될 가능성이 크다.

각각의 양육태도의 유형에 따라 자녀의 성격발달에 여러 가지 장단점이 있으나, 일반적으로 애정을 가지고 통제를 하는 권위 있는 부모가 바람직한 부모의 양육태도라고 볼 수 있다. 즉, 자녀를 양육하는 데 있어서 칭찬과 벌이 모두 필요하다. 칭찬이 과잉되면 독이 될 수 있으며, 칭찬을 너무 많이 받은 자녀는 안전만을 지향하며 모험을 하지 않는다. 그래서 무엇에 대한 칭찬인지 알 수 없는 뜬금없고 과잉된 칭찬보다는 자녀가 노력한 것과 잘하는 것에 대해 구체적으로 칭찬하고 격려하는 것이 중요하다. 아마도 자녀는 자신이 할 수 있는 한계를 정해준 후 어느 누군가가 그 한계 안에서 활동할 수 있도록 애정을 가지고 뒤에서 든든하게 지켜주고 있다는 사실을 알게 될 때 비로소 큰 안정감을 얻게 될 것이다. 그래서 현재 우리나라 부모들은 자녀에게 어린 아기 때부터 권위적 부모역할을 수행하고 있는지, 또한 자녀들은 권위적인 부모가 이상적이라는 것을 머리로가 아니라 가슴으로 받아들이고 있는지 생각해볼 필요성이 있다.

[표 5-1] **바움린드의 부모역할에 관한 예문**

허용적 부모역할	독재적 부모역할
엄마 : 종현아, 텔레비전은 저녁 7시까지만 보기로 했잖아. 종현 : 에이 엄마, 내가 좋아하는 가수가 나온단 말이야. 엄마 : 그래도 약속은 지켜야지. 더구나 좀 있으면 시험인데……. 종현 : 엄마 오늘만……. 지금 들어가도 공부도 안 돼요. 보고 나서 할게요. 엄마 : 또 한 번만 이런다. 지난번에도 그랬잖니? 종현 : 엄마, 오늘은 진짜야. 응? 엄마 : 좋아, 그럼 정말 이번 한 번만이야.	엄마 : 종현아, 7시인데 그만 네 방으로 들어가라. 종현 : 엄마, 잠깐만요. 오늘은 특별히 볼 게 있는데……. 엄마 : 7시 이후엔 텔레비전 안 된다고 했지? 약속한 것은 지켜야 해. (일방적으로 TV를 끈다) 종현 : 오늘만인데……. 엄마 : 지금 엄마 말 안 들리니?
무관심한 부모역할	**권위적 부모역할**
엄마 : 종현아, 또 텔레비전 보니? 종현 : 엄마, 오늘 시험 끝났단 말이야. 엄마 : 시험 끝나면 텔레비전 보는 게 일이지? 들어가서 책 좀 읽으면 안 되냐? (TV 채널을 돌린다) 종현 : 엄마, 보고 있는 중이잖아요. 엄마 : 엄마는 텔레비전도 맘대로 못 보냐? 빨리 못 들어가? 종현 : 딴 때는 별 이야기 없다가 왜 저러실까?	엄마 : 종현아, 7시네. 텔레비전은 저녁 7시까지만 보기로 하지 않았니? 종현 : 엄마, 이것만 보고요. 내가 좋아하는 가수가 나온단 말이야. 엄마 : 그래도 약속은 지켜야지. 종현 : 엄마, 지금 들어가도 공부도 안 돼요. 보고 나서 할게요. 엄마 : 보고 싶기는 하겠지만 그럴 때마다 약속을 안 지키면 약속이 무슨 소용이 있을까? 종현 : 엄마, 이것만 보고 공부 더 열심히 할게요. 엄마 : 종현아, 지금 공부 얘기가 아니지 않니? 7시까지만 텔레비전을 보기로 한 약속은 너 스스로 한 건데……. 어떻게 하면 좋겠니? 종현 : 네, 알겠어요. (TV를 끄고 방으로 간다)

3) 부모-자녀 간 갈등

부모-자녀관계는 가장 사랑이 넘치는 관계이기도 하지만, 그와 동시에 갈등이 많은 관계이기도 하다. 특히 청소년기 자녀를 가진 가정에서 더욱 심한데, 그 이유로는 다음과 같은 내용을 들 수 있다.

첫째, 교과서와 매스컴을 통해 청소년 시기를 '질풍노도의 시기'라고 배운 것이 부모와의 갈등에 어느 정도 영향을 미치고 있다. 이는 '자성예언(self-fulfilling prophecy)', 즉 "외부에서 자신에게 부여하는 예언이나 기대가 자신의 행동을 통제하고 구속하려는 경향성"을 가져와서 청소년이 되면 부모에게 반항하고 짜증내도 된다는 식의 생각을 자연스럽게 하게 된다. 따라서 청소년기를 이제 더 이상 '질풍노도의 시기'가 아니라 에릭슨의 발달단계 이론에서처럼 '정체감 확립의 시기'라고 정의한다면, 자녀들마다 정체감 확립을 하는 양상이 다를 수 있기 때문에 부모-자녀 갈등이 반드시 발생하지는 않을 것이다.

둘째, 호르몬의 변화가 부모와의 갈등에 영향을 미치고 있다. 다시 말하면, 청소년기는 사춘기로서 호르몬의 상승적 변화가 일어나는 시기이고, 청소년 자녀를 둔 부모들은 중년세대로서 호르몬의 하강적 변화가 일어나는 시기이다. 부모와 청소년 자녀는 각자 호르몬의 변화로 인해 불안정성과 어려움을 겪고 있는데 한 가정에 이러한 호르몬의 상승과 하강의 변화를 겪는 두 세대가 함께 존재하기 때문에 충돌하면서 부모-자녀 갈등이 일어나는 것이다.

셋째, 부모와 자녀 간의 세대차로 인한 갈등이 영향을 미치고 있다. 휴대전화, 영화, TV, 컴퓨터 등 다양한 매스컴과 문명의 발달로 인한 변화 속에서 부모세대들은 자녀세대에 비해 상대적으로 변화에 민감하지 않지만, 자녀세대들은 변화를 보다 적극적으로 수용하면서 세대차이를 더욱 가속화시키면서 갈등을 유발하고 있다. 예를 들면, 청소년들은 '쩐다', '헐~' 등과 같은 사전에도 없는 용어를 새롭게 만들어서 사용하고 있고, 다양한 줄임말과 이모티콘을 사용함으로써 부모-자녀 세대 간에 단절감을 불러일으키고 있는 것이다. 또한 커피전문점에 가서 공부해야 공부가 잘된다는 자녀들을 보면서 기성세대들은 도저히 이해할 수 없다는 말을 많이 한다.

넷째, 자녀를 보호하려는 것과 부모로부터 독립하려는 것의 갈등이 영향을 미치고 있다. 부모는 자녀가 어렸을 때부터 지속적으로 자녀를 보호하려는 양육 태도를 가지고 있지만, 자녀는 성장하면서 스스로 자신의 자아정체성과 독립성을 확립하려고 노력하면서 서로 간에 갈등을 일으키기도 한다.

다섯째, 부모가 자녀에게 애정을 표현하는 정도나 방법에 따른 갈등이 영향을 미치고 있다. 사람마다 애정을 표현하는 정도와 방법은 다르다. 어떤 사람은 함께하는 시간으로, 어떤 사람은 칭찬하는 말로, 어떤 사람은 선물을 주고받는 것으로, 또 어떤 사람은 서로를 위해 봉사하고 헌신하는 것으로 애정을 표현하기도 한다. 이렇게 애정의 표현방식과 방법이 다르기 때문에 서로가 사랑을 주고받음에도 불구하고 서로에 대한 사랑과 애정을 느끼지 못하는 경우가 많다. 예를 들면, 부모는 자녀를 위해 열심히 봉사하고 헌신하는 것으로 사랑과 애정을 주고 있지만 자녀는 봉사보다는 부모의 칭찬하는 말로 사랑과 애정을 느낀다면 이런 부모-자녀는 서로의 사랑과 애정을 느끼기 어려울 것이다.

여섯째, 부모 사이의 다툼의 장기화로 인한 갈등이 영향을 미치고 있다. 자녀의 입장에서는 부모가 서로 존경하며 사이좋게 사랑하는 모습으로 살아가는 것이 행복일 것이다. 그러나 만약에 부모가 지속적으로 싸운다면 이는 부부관계뿐만 아니라 자녀에게도 직접·간접으로 부정적인 영향을 미칠 것이다.

일곱째, 자녀의 의견과 부모의 표현 방식에서 오는 의사소통의 갈등이 영향을 미치고 있다. 가족 간의 의사소통은 매우 중요한 의미를 가진다. 가족 간의 의사소통이 얼마나 자주 있는가, 어떤 내용에 대해 의사소통을 하는가 하는 것은 자녀의 정신건강에 영향을 미치며, 가족 내의 의사소통의 내용과 질은 자녀의 의사소통 잠재력에 매우 큰 영향을 미치므로 가족 간에 활발한 의사소통이 이루어질 수 있도록 해야 한다. 사랑, 신뢰, 존중, 솔직성, 관심 등을 바탕으로 가족들과 친밀하고 원만한 관계가 형성될 수 있으면 이는 사회에서 원만한 대인관계를 형성하는 중요한 기초가 된다. 따라서 의사소통의 통로를 항상 열어둠으로써 이해, 존경, 감사하는 마음을 서로 진실하게 표현할 수 있어야 할 것이며, 이를 통해 가족 간의 관계는 건전하고 서로 지지해주며 서로 간에 조화를 유지할 수 있을 것이다.

부모-자녀 간의 갈등은 서로가 사랑하고 관심을 가지기 때문에 생기는, 즉 성장과정에서 불가피하게 일어나는 정상적인 현상이다. 특히나 자녀에게는 부모로부터 인정을 받으려는 욕구가 매우 강한데, 좋은 방법으로 인정받을 수도 있지만 때로는 잘못된 행동을 통해서도 인정을 받으려고 한다. 예를 들면, 부모로부터 인정받지 못한다고 느끼면 자녀는 파괴적이고 나쁜 방법으로라도 타인의 관심을 끌려고 노력한다. 이때 부모가 이러한 잘못된 행동에 항상 관심을 보이면 강화가 되어 그런 행동이 더욱 증가하게 될 것이다. 자녀의 부정적인 태도에는 무관심한 반응을 보이는 것도 필요한 방법 중 하나이다.

저자 또한 두 명의 자녀를 둔 부모로서 청소년기 자녀를 키우면서 갈등을 해결하는 과정이 쉽지 않았음을 고백하며, 자녀와의 갈등에 대해 다음과 같은 태도를 제안해본다.

첫째, 갈등이라는 것은 항상 부정적으로 작용하는 것이 아니고 해결하는 과정에서 보다 더 바람직한 방향으로 나아갈 수 있기 때문에 적당한 갈등은 필요하다고 본다.

둘째, 부모는 자녀의 행동은 좌절에서 시작되는 것이라는 것을 인식하여 부모는 무작정 화내기보다는 자녀와의 갈등을 자연스러운 현상으로 받아들이고 힘을 건설적으로 사용하는 방법을 가르쳐주어야 할 것이다.

셋째, 부모는 자녀가 어떤 행동을 하더라도 스스로 깨닫도록 기다려주면 나중에 잘될 수 있다는 신뢰가 필요하다. 부모가 자녀와의 갈등을 견디지 못하면서 '꼴도 보기 싫어!'라고 하며 자녀를 안 보려고 하다가는 정말로 자녀와 낯선 관계가 될 수도 있다. 내가 내 자식을 안 보고 싶다고 생각하고 자주 신경질을 내면 그 아이가 진짜로 그렇게 되어버리기도 하기 때문이다.

넷째, 자녀가 부모에게 '아니오'라고 할 수 있다는 것은 부모와 경계선을 만듦으로써 자신의 세계를 스스로 탐색할 수 있다는 것이고 이 세상에 대한 의심을 품는 것이라는 관점을 가질 필요가 있다.

2. 부부관계

행복한 부부관계는 화목한 가족관계의 기초가 되고, 개인의 행복을 결정하는 중요한 인간관계가 된다. 남녀가 만나서 사랑하고 결혼하여 혼인신고를 하고 부부관계를 맺음으로써 인생의 동반자로서 법적인 관계를 맺으면서 행복한 미래를 꿈꾸게 된다.

성공적인 부부관계에 영향을 미치는 요인에 대한 많은 연구 자료가 있는데, 결혼 전 요인과 결혼 후 요인으로 구분하여 살펴보면 다음과 같다(최규련, 1994).

결혼 전 요인으로는 첫째, 성공적인 결혼생활을 한 부모를 둔 사람은 자녀에게 모델링 대상이 되어서 자녀들이 성공적인 부부관계를 형성하는 경향이 있다.

둘째, 결혼하는 사람의 연령과 성숙도는 부부관계의 안정성에 영향을 미친다. 너무 일찍 결혼하는 것은 교육기회가 제한되어 원하는 직업을 갖지 못하여 수입이 적고, 부모가 되기 위한 준비가 덜 되어서 정서적으로 미숙할 수 있다.

셋째, 결혼 전 교제기간이 길수록 결혼생활이 행복하다는 보고가 있다.

넷째, 순수한 사랑, 이해, 공통의 흥미와 목표가 결혼동기로 작용했을 때에는 결혼에 성공하는 경우가 많다. 그러나 일종의 도피처나 고독을 해소하거나, 부모에 대한 도전의 수단으로, 그리고 상품의 가치로써 배우자를 선택했을 때에는 불만족할 가능성이 많다.

다섯째, 혼전임신으로 인해 결혼을 한 경우에 실패할 가능성이 높다. 혼전임신과 관련되어 결혼에 대한 강요와 압박감, 후회감, 결혼생활 준비의 부족, 교육이나 직업계획의 차질 때문에 결혼생활에 영향을 미칠 수 있다.

마지막으로 부모의 승낙을 받고 결혼한 부부가 그렇지 못한 부부보다 더 행복하다고 한다.

결혼 후에 발생하는 요인이 더욱 강력한 영향을 미친다.

첫째, 부부의 태도이다. 민주적이고 상호존중적인 태도를 지닌 부부는 지배적이고 비하적인 태도를 보이는 부부보다 만족스러운 부부관계를 형성하는 경향이 있다.

둘째, 관심사나 흥미의 유사성이 부부관계에 영향을 미친다.

셋째, 친척과의 관계가 좋으면 결혼은 더 만족스럽게 된다.

넷째, 안정된 수입은 성공적인 결혼과 관련된다.

마지막으로, 종교활동 참여와 결혼은 관계가 있다.

그러나 결혼은 이제 더 이상 연인관계가 아닌 부부관계로서 서로 다른 환경에서 자란 사람들이 새롭게 적응해나가는 과정이기도 하다. 그 적응과정에는 자녀계획, 생리현상, 성관계, 생활비, 역할분담, 자녀양육, 종교, 여가, 생활습관, 돈관리 등과 같은 것이 있다. 또한 부부관계에서 새롭게 부과된 역할을 잘 수행해야 한다. 가정을 돌보고 서로의 행복을 위한 노력을 하고 경제적으로 책임을 지는 역할뿐 아니라 시댁식구와의 관계, 처가식구와의 관계, 친구관계도 부부와 관련된 중요한 사회 적응영역이다. 이러한 여러 가지 적응과제에 부딪히면서 서로 간에 성격과 습관, 감정표현, 흥미 등의 측면에서 수없이 많은 차이점을 발견하면서 갈등이 발생하게 되는데, 이러한 갈등을 잘 해결하지 못하면 결혼생활은 불만스러워진다. 따라서 결혼 초기에는 서로 간의 차이를 수용하고 단점을 보완하며 서로 조화시켜나가는 과정이 결혼생활을 지속시키는 매우 중요한 과제가 된다.

서로 다른 환경에서 살아온 두 사람이 같은 환경에서 살아야 하는 것은 그리 쉽지 않은 과정이라는 것은 증가하는 이혼율로도 알 수 있다. 2013년 통계청 자료에 의하면, 2012년 이혼 건수는 11만 5,300여 건으로 전년 대비 천 건, 0.9%가 증가했다. 부부갈등의 원인으로는 성격차이, 배우자의 부정, 가족 간의 불화, 경제적인 문제, 건강문제 등을 들 수 있다.

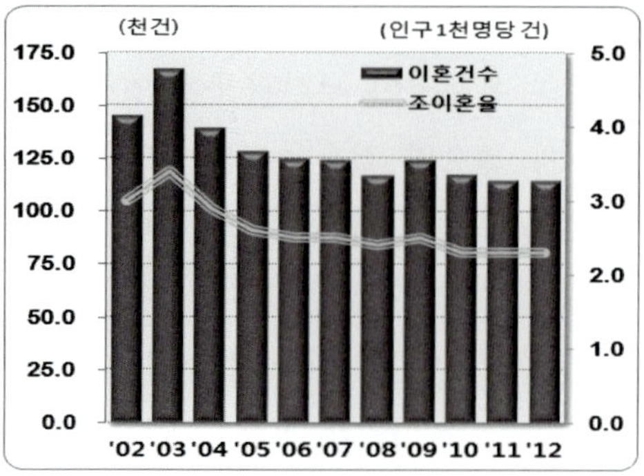

[그림 5-1] 2013년 통계청 자료

행복한 결혼생활을 유지하기 위해서는 부부관계에서 자신에게 기대되는 부부 역할을 잘 수행하는 것이 중요하다. 배우자에게 기대되는 역할을 배우자가 제대로 수행하지 못할 때 부부관계의 불만족은 발생한다. 그러려면 평상시에 많은 대화를 통해 배우자가 자신에게 어떤 역할을 기대하는지를 잘 지각해야 한다. 부부갈등은 부부가 서로에게 기대하는 역할의 차이에서 기인하기 때문이다. 즉, 만족스러운 부부관계를 위해서는 서로에게 기대하는 역할을 자유롭게 논의하고, 각자에게 기대되는 역할을 충실히 수행하는 것이 중요하다. 부부간에 갈등이 생겼을 때에도 의사소통을 어떻게 하는가에 따라 갈등을 원만히 해결하기도 하고 그 반대가 되기도 한다.

부부간 의사소통에 있어서 장애요인으로는 문화적 차이, 간접적인 의사소통, 언어사용의 차이, 지나친 일반화와 불확실한 가정, 선택적 인지, 모순적 의사소통, 독백, 방어적 의사소통 등이 있다(유영주 외, 2000). 일반적으로 의사소통은 문제와 관련된 감정의 노출 정도와 언어화의 정도에 따라 차단형, 억제형, 분석형, 친숙형으로 구분될 수 있다(김순옥, 1994; Hawkins, Weisberg & Ray, 1980). 차단형은 문제를 숨김으로써 언어화 하지 않고 감정을 노출하는 방식이고, 억제형은 문제를 언어화하지는 않지만 비언어적 단서를 통해 감정을 노출하는 방식이고, 분석형은 문제를 다양한 측면에서 탐색하고 자신과 타인의 생각을 언어화하지만 자신의 감정은 노출하지 않는 인지적 방식으로 의사소통을 하는 것이고, 친숙형은 자신과 타인의 내적 상태에 대해 언어화하고 감정노출도 많이 하면서 의사소통을 하는 것이다.

부부간에 성공적인 의사소통을 위해 스틴네트(Stinnett, 1984) 등은 다음과 같은 방법을 제안한다(유영주 외, 2000 재인용).

첫째, 상호간에 존중하며 긍정적인 마음을 지니자.

둘째, 공통의 준거틀을 가지자. 비슷한 문화적 배경을 가진 부부는 경험, 생각, 태도 등이 비슷하여 준거틀이 유사하기 때문에 의사소통이 더 잘된다.

셋째, 공감하고 경청하자.

넷째, 메시지의 의미를 점검하자. 불명확한 메시지에 대한 부정확한 해석은 갈등의 원인이 되므로 "기분이 나빠 보이는데, 나 때문에 그래요?", "제가 이해하기로는…… 맞는지 모르겠어요"라고 말함으로써 모호한 메시지의 의미를 분명하게 밝히는 것이 도움이 된다.

다섯째, 상대방의 감정을 알고 있다는 것을 알리자. 배우자가 자신의 감정, 특히 부정적 감정 상태를 알아준다면 부정적 감정은 해소될 수 있을 것이다.

여섯째, 자신의 의견을 분명히 말하자. 상대방을 공격하는 것이 아니라 부부 모두 사소한 일에 대해 거리낌 없이 말하고 직접적으로 표현할 수 있어야 할 것이다.

일곱째, 자기노출을 하자. 적당한 수준의 자기노출이 필요하며, 부정적인 감정도 긍정적으로 표현할 수 있어야 한다.

그 외에도 부부관계를 잘 유지하기 위한 방법으로는 적절한 애정을 표현하기, 서로 배려하고 존중해주기, 서로 다르게 살아온 환경 이해하기, 서로 지켜야 할 규칙 만들기 등이다. 배우자의 마음은 내 마음과 다르다는 것을 인정하고, 배우자가 변화하기를 원하면 나부터 변화해야 한다는 것을 명심하고, 관계를 맺고 이어가는 데에는 정확한 의사소통이 가장 중요하다는 것을 기억하여 대화로 해결하는 자세를 갖는 것이 필요하다.

3. 형제자매관계

형제자매관계는 가족 내에서 경험하는 중요한 인간관계 영역 중 하나이다. 형제자매는 성별, 형제의 수, 나이 차이, 출생 순위 등에 따라 매우 다양한 형태를 나타내며, 부모의 특성에 따라서도 더욱 복잡한 양상을 띠게 된다.

형제자매관계는 다음과 같은 독특한 특성을 지닌다(권석안, 2008).

첫째, 같은 부모의 피를 물려받은 혈연적인 동료관계이다. 일차적인 관계로서 선택의 여지 없이 주어졌으며 탈퇴할 수 없는 관계로서, 형제간에는 여러 가지 유사성을 지닌다. 부모와의 관계에서는 동일한 입장에 처해있는 동료와 유사하다고 볼 수 있다.

둘째, 수직적인 요소와 수평적인 요소가 복합된 인간관계이다. 형제자매는 나이 차이와 출생서열에 따라 불평등한 역할이 주어지는 위계적 관계를 갖지만, 함께 늙어가는 수평적 관계의 요소도 있다. 이러한 과정에서 형제간에는 갈등을 경험하기도 한다.

셋째, 가족과 함께 의식주생활을 함께 나누며 동고동락하는 공동체이다. 같은 부모 밑에서 성장하면서 함께 놀이도 하고 함께 야단도 맞는 공통적인 체험을 공유하며 가족배경이 유사하기 때문에 서로를 가장 잘 이해할 수 있는 친밀한 상대이기도 하고, 애정과 정서적 지지 및 현실적인 도움을 주고받는 상호의존적 관계이다.

넷째, 인생에서 가장 오랫동안 유지되는 인간관계이다. 나이가 유사하기 때문에 거의 평생 동안 유지되는 관계이며 일차적인 관계이기 때문에 가장 친밀한 관계이기도 하다.

다섯째, 경쟁적인 관계이다. 부모로부터 애정을 나누어 갖는 위치에 있어서 경쟁심을 느끼고 부모는 자녀를 무의식중에 비교하여 형제간에는 우월의식과 열등의식, 분노, 질투심을 느낄 수 있다. 형제간의 경쟁과 갈등은 자연스러운 것이므로 이에 대해 부모가 지나치게 민감한 반응을 보이며 개입하는 것은 자녀들이 스스로 갈등을 해결할 기회를 박탈하는 결과를 초래할 수도 있으므로 바람직하지 않다.

개인심리학자인 아들러(Adler)는 가족구도에 따라 성격이 다를 수 있다고 하였다. 가족관계가 어떠한 가족구도를 형성하고 있는가에 따라, 즉 부모가 모든 자녀에게 민주적으로 대등한 관계에서 자녀를 양육하지 않을 경우에 심리적 상처를 받는 자녀도 생길 수 있는 것이다. Radke에 의하면, 전제적인 분위기에서 자란 아동은 다른 아동에 비해 인기가 없고 정서가 불안정하고 싸움이 빈번하며, 민주적인 가정에서 자란 아동은 정서가 안정되어 있고 솔직하고 인기가 있으며 싸움이 적고, 자유가 적은 가정에서 자란 아동은 수동적·소극적이고 인기가 없으며, 엄격하고 벌이 심한 가정에서 자란 아동은 타인의 의견을 무시하고 인기도 별로 없다고 한다(정진선·문미란, 2008). 또한 출생순위에 따라서도 부모가 자녀에게 미치는 영향은 다를 수 있고, 형제간 서열에 따라서도 가족 내에서 기대되는 역할이 달라진다.

첫째 자녀는 동생이 태어나기까지는 부모의 사랑을 한 몸에 받으며 자랐지만 동생의 출생이라는 새로운 환경으로 인해 마음의 상처와 좌절, 질투, 공격성을 경험하게 된다. 그래서 스스로 독립해서 적응해나가게 되면서 성숙하고 배려심 있고 책임감을 키우게 되지만, 부정적으로 자라면 자신감을 상실하고, 적대적이고, 비관적이며, 보수적일 수도 있다. 첫째는 권위적인 인물이나 규칙과 법을 중시하는 생활습관을 형성하게 되어 첫째 중에는 처칠, 조지 워싱턴 등과 같은 정치지도자나 노벨상 수상자가 많다.

둘째는 태어날 때부터 가족 내에서 약자의 신세를 면치 못하고 형이나 누나라는 경쟁자가 있으므로 항상 자신이 형보다 낫다는 것을 증명하기 위해 노력하면서 새로운 경험에 개방적이고 모험을 즐기는 성향이 있다. 형의 약점을 찾는 요령을 익히고 형이 실패한 것을 달성함으로써 부모나 교사로부터 칭찬받으려고 애쓰면서 자신의 지위를 향상시키려고 노력한다. 그래서 긍정적으로 자라면 타협적이고 적응적이고 야심이 크고 도전기질이 발달하고 공동체 지향적이지만, 부정적으로 자라면 형과 같이 우월한 권위나 특권에 대항하고 반항적이고 질투심 많고 열등감이 많을 수 있다. 둘째 중에는 마르크스, 레닌, 루소, 버지니아 울프 등과 같은 탐험가나 개혁주의자들이 많다.

막내아이는 가족의 귀염둥이로서 부모가 과잉보호하여 자녀가 의존적이고 문제아가 될 가능성 높다. 위의 형들을 능가하고자 하는 강한 동기가 있기 때문에 자신이 원하는 길을 가는 경향이 있다. 긍정적으로 자라면 많은 자극 속에서 강한 동기유발로 인해 앞지르고자 하는 성취욕구가 많으나, 부정적으로 자라면 누구에게나 열등의식을 가질 수 있고 독립심이 부족할 수 있다.

독자는 의존성과 자기중심이 많이 나타날 수 있다. 특히 어머니는 응석받이로 키울 가능성이 많고, 아버지와는 강한 라이벌의식을 갖게 된다.

형제자매관계는 가장 친밀한 지속적인 관계가 될 수도 있고 질투, 적개심, 우월의식과 열등감, 경쟁과 갈등을 잘 해결하지 못하면 가장 적대적인 관계로 발전할 수도 있다. 그래서 가끔 우리는 주변에서 여러 가지 이유로 인해 형제와의 관계를 아예 단절하고 사는 경우를 보기도 한다. 특히 우리 문화에서는 부모들이 아들에게 더 많은 기대와 편애를 하는 차별적 애정 때문에 딸들이 상대적으로 경시되고 마음에 상처를 입는 경우가 많다. 형제간에는 능력과 성격, 역할기대가 다르기 때문에 갈등이 일어날 수 있다. 꼼꼼한 성격의 형은 방을 어지럽히는 동생의 성격을 용납할 수 없어서 형은 동생의 역할에 대해 불만을 갖게 되어 동생의 의견을 무시하고 일방적으로 결정하게 되고, 이의제기를 하는 동생을 괘씸하게 생각할 수 있다. 또한 용돈이나 결혼비용, 유산상속 등에서 공정한 분배가 이루어지지 않는다고 생각할 때 갈등이 생길 수 있다. 장남은 많은 분배를 기대하는 반면, 다른 동생들은 똑같은 자녀로서 균등한 분배를 기대할 수도 있다. 우리는 매스컴 보도를 통해서도 형제간에 재산분배에 관한 소송을 제기하는 경우를 종종 접한다. 마지막으로 가정불화를 일으키는 원인제공자인 부모에 대한 생각과 해결방법 등에 있어서 서로 의견이 다를 수 있다. 부모 각각에 대한 정서적 유대가 형제간에 달라서 아버지 편과 어머니 편으로 갈라져서 형제간 대립으로 발전할 수도 있다.

형제간 관계 증진을 위한 효과적 대처방안은 다음과 같다(조남두, 2007).

첫째, 형제에 대한 부정적인 감정을 무시해버리지 말고 인정해준다. 그러나 감정을 허용하는 것과 행동을 허용하는 것은 구분할 수 있어야 한다.

둘째, 형제간의 적개심과 불안을 창조적으로 표현할 수 있도록 유도하자.

셋째, 화나고 속상한 마음을 안전하게 표현하는 방법을 가르쳐주도록 하자.

넷째, 비교하면서 꾸짖지 말고 문제점을 지적하자.

다섯째, 비교하면서 칭찬하지 말자.

여섯째, 공격자에게 주의를 기울이지 말고 다친 아이에게 주의를 기울이자.

4. 어머니와 딸의 관계

어머니와 딸과의 관계는 양육관계이기도 하고, 친구 같은 관계이기도 하고, 공감관계이기도 하지만, 그림자관계, 대립의 연속관계, 애증의 관계이기도 하다. 어머니가 딸들보다는 인생 경험이 더 많기 때문에 어머니는 자기가 겪은 경험을 이야기하면서 딸들에게 조언 또는 충고를 해주면서 인생선배로서의 관계이기도 하다. 그러나 충고가 일방적인 경우에는 엄마와 딸과의 관계에서 부정적인 관계가 형성되기도 한다.

엄마는 딸에게 사랑하고 있다는 것을 충분히 느낄 수 있도록 표현해야 할 것이다. 또한 엄마는 딸에게 "너는 어떻게 느끼니?" 하고 물으면서 의사소통이 충분히 이루어진다면 엄마와 딸과의 관계에서뿐만 아니라 다른 사람과의 인간관계에서도 자신의 이야기뿐 아니라 타인의 이야기도 잘 듣고 말할 수 있을 것이다. 그래서 엄마와의 애착이 잘 형성된 딸들은 어려움에 처했을 때 무엇이 옳은지 그른지를 잘 알 수 있고 어려움에 부딪혔을 때에도 엄마에게 솔직하게 이야기할 수 있다. 예를 들면, 성추행을 당했을 때나 미혼모가 된 경우에도 딸은 엄마에게 솔직하게 이야기함으로써 도움을 요청할 수 있을 것이다. 반면에 애착이 잘 형성되지 않은 사람은 무엇이 옳은지 그른지를 알려준 사람이 없었기 때문에 성추행을 당할 수 있는 상황에도 분별력 없이 따라가기도 하며 어려움에 부딪혔을 때 상황 판단을 하기가 어려워서 혼자 고민하는 경우가 있다. 딸이 어려움을 호소했을 경우에 엄마는 침착하고 적절히 반응하고 대처하는 것이 필요하다. 왜냐하면 엄마는 딸의 문제를 자신의 문제로 동일시하여 더 크게 불안을 느껴서 문제를 더 크게 만들 수도 있기 때문이다. 반면에 엄마가 딸에게 너무 냉랭할 수도 있고 완벽할 수도 있는데 이럴 경우에 딸은 '엄마는 늘 차갑고 완벽해'라고 생각하면서 엄마에 대해 전혀 비판하지도 못하고 의사소통이 이루어지지 않게 된다. 엄마와 딸과의 관계는 늘 평화만 있고 착한 아이만 존재하는 것이 아니며, 그야말로 희로애락의 감정뿐만 아니라 좋아할 수도 있고 싫어할 수도 있는 다양한 감정이 스며들어 있는 자유로운 관계인 것이다.

5. 시어머니와 며느리 관계

시어머니와 며느리 관계는 우리 사회에서는 고부관계의 갈등으로 이어져 최근에는 며느리가 시부모에게 폭력을 휘두르고 살해하는 사건이 많이 발생하고 있다. 사랑하는 남녀가 만나서 결혼하여 이런 상황에 이른다는 것은 참으로 안타까운 일이 아닐 수 없다.

고부관계 갈등의 원인으로는 여러 가지의 이유가 있다. 우선 시어머니의 아들과 며느리 관계에 대한 질투가 문제가 된다. 새로운 가족관계를 형성함으로써 서로에게 원하는 것이 너무 많고 기대치가 높아서 작은 일에도 갈등이 촉발된다. 그러나 서로가 살아온 성장문화와 삶의 방식, 교육관이 다르기 때문에 갈등과 실망감은 생길 수밖에 없다.

고부관계 갈등의 해결방안으로는 다음과 같은 것이 있다.

첫째, 칭찬하기이다. 서로에게 단점이 있지만 어떻게 생각하느냐에 따라 받아들이는 태도가 달라진다. 서로의 긍정적인 면을 보고 그 부분을 적극적으로 칭찬하는 시간을 통해 관계를 가깝게 할 수 있다.

둘째, 역할 구분하기이다. 시어머니와 함께 사는 경우, 서로의 역할에 대해 분명하게 구분 지을 필요가 있다. 같은 역할을 맡고 있으면 충돌할 가능성이 있기 때문이다. 서로 좋아하는 일, 싫어하는 일, 잘하는 일에 대한 기준을 세워 분담하고 서로 협조의 대상이 되는 것이 좋다.

셋째, 생각 표현하기이다. 과거에는 무조건 참아야 한다는 사고가 지배적이었지만, 적극적으로 자신의 의견을 말하고 소통하는 것이 좋다. 이때 직선적인 표현보다는 완곡한 표현으로서 상대의 마음이 상하지 않게 하는 것이 중요하다. 또한 며느리는 자신의 생각을 솔직하게 나-전달법으로 전할 필요가 있다. 시어머니와 며느리 관계는 거의 며느리가 참다가 폭발하는 경우가 많기 때문에 상황에 따라 자신의 의견을 시어머니의 감정을 상하게 하지 않는 선에서 솔직하게 이야기하는 것이 좋다.

넷째, 시어머니와 며느리가 좋은 관계를 유지하려면 서로 거리를 유지하면서 조금은 어렵게 생각해야 한다. 시어머니의 지시적이고 일방적인 명령조는 며느리에게 큰 스트레스가 될 수 있으며, 며느리가 시어머니에게 어른으로서 대우하면서 신중한 말과 행동을 하지 않는다면 시어머니에게 예의 없게 보일 것이다. 시어머니는 아들과 며느리의 살림과 생활에 최대한 간섭을 줄이고 서로 조금씩 이해하고 양보해야 할 것이다. 시어머니와 며느리 관계는 친정엄마와 딸의 관계가 아니기 때문에 서로 어려울 수밖에 없고 그것을 당연하게 여기면 덜 서운할 것이다.

그 외의 가족관계로는 아버지와 아들의 관계, 아버지와 딸의 관계, 어머니와 아들의 관계, 장모와 사위의 관계 등이 있는데 필자는 이후의 저서에서는 이러한 관계에 대해서도 기술하려고 한다.

활동문제

활동 | 1 부모, 형제자매관계에서 화나는 일들

부모, 형제자매관계에서 화나게 하는 일들에 대해 적어본다.

가정에서 나를 화나게 하는 일들	
그때 내가 느끼는 감정은?	
그때 나는 어떻게 행동하는가?	

활동 | 2 아들러 이론 적용

아들러의 이론 중에서 주요개념을 적용해서 적어본다.

1. 여러분의 생활양식은 네 가지 생활양식 중 어느 것과 가까운가요?

2. 여러분은 어렸을 때 어떤 열등감을 가지고 있었나요?
   이 열등감은 우월성 추구를 어떤 방법으로 하면서 극복했나요?

3. 현재 가지고 있는 열등감은 열등감 우월성 추구라는 역동관계를 통해 어떻게 여러분의 삶에 변화를 가져올 수 있을까요?

4. 자신에 대해 새롭게 알게 된 것이나 깨달은 점이 있으면 적어보세요.

5. 이것은 여러분의 인간관계에 어떤 영향을 미칠 수 있을지 써보세요.

활동 | 3 부모, 배우자, 형제자매(기타)에 대해 어느 만큼 알고 있는가?

모든 문항에는 아는 만큼만 솔직하게 적어본다. 서로에 대해 잘 모르는 것은 그만큼 대화하고 알아갈 기회가 있다는 뜻이다. 결코 한쪽의 책임이 아니니 솔직하게 적어본다.

1. 부모, 배우자, 형제자매의 직장 이름을 정확하게 써주세요.

2. 부모, 배우자, 형제자매가 어떤 일을 하는지 쓰되, 그 일을 하면서 그들이 느낄 가장 큰 보람과 가장 힘든 일을 중심으로 써주세요.

3. 부모, 배우자, 형제자매의 취미생활에 대해 쓰고, 그것에 대한 자신의 느낌 및 의견을 써주세요(없으면 없는 대로 써주세요).

4. 부모, 배우자, 형제자매에게 꼭 하고 싶은 말이 있다면 써주세요.

탐색문제

1. 여러분은 시부모를 모시고 살 것인지에 대해서 토의해 보자.

2. 어머니와 딸과의 관계에 대해 생각해 보자.

3. 아버지와 아들과의 관계에 대해 생각해 보자.

4. 시어머니와 며느리와의 관계에 대해 생각해 보자.

5. 부모는 모든 자녀에게 동등한 애정을 주어야 하는가 아니면 형제서열에 따라 차별적인 대우를 하는 것이 공정할지에 대해 토의해 보자.

6. 결혼 전에 교제기간이 길수록 결혼생활이 행복하고 성공적일지에 대해 토의해 보자.

06 친구

인생을 살면서 좋은 친구를 많이 만나기란 그리 쉽지 않으며, 대부분 사람들과는 친밀한 관계를 맺기보다는 그냥 스쳐가는 사람으로 만나게 된다. 특히 대학교에서 만나는 친구들은 고등학교 친구들과는 달리 피상적으로 만나게 되는 경우가 많아서 대부분 대학생들이 '군중 속의 고독'이라는 용어처럼 외로움 속에서 살아가고 있다. 그러나 점차 나이가 들어가면서 우리는 보다 깊이 있고 친밀한 친구관계가 필요하다는 것을 느끼게 되고, 그 결과 노후에는 이러한 친구가 존재한다는 것 자체가 사회적·정서적 지지의 근원이 된다.
이 장에서는 친구의 특성은 무엇인지, 친교대상자 선택의 요인은 무엇인지를 살펴봄으로써 나의 친구관계는 어떠한지, 친구는 나에게 어떤 의미로 다가오는지, 나의 비밀스런 고민을 털어놓고 조언을 구할 수 있는 사람은 몇 명 정도 되는지에 대해서도 함께 생각해보자.

1. 친구의 특성 및 역할

1) 친구관계의 특성

이로운 친구는
직언을 꺼리지 않고

언행에 거짓이 없으며
지식을 앞세우지 않는 벗이니라.

해로운 친구는
허식이 많고 속이 비었으며

외모치레만 하고
마음이 컴컴하며
말이 많은 자이니라.

- 공자 -

친구가 많다는 것은 반드시 자랑할 만한 일은 아니다. 공자의 말처럼 친구 중에는 이로운 친구가 있는가 하면 해로운 친구도 있다. 그러므로 많은 친구와 사귀는 것을 자랑할 것이 아니라, 언제나 신뢰할 수 있고 힘들 때 의지할 수 있는 친구를 갖는 것을 자랑해야 한다. 대인관계에 있어서의 성공과 실패를 판단하는 기준도 역시 얼마나 많은 사람들과 대인관계를 갖느냐 하는 것보다 마음으로 신뢰하고 어려울 때 힘이 되어줄 대인관계가 얼마나 되느냐가 더 중요하다. 사람에 따라 친구의 의미와 친구의 숫자는 다르겠지만, 인생에서 좋은 친구를 한 명이라도 만날 수 있다면, 또한 내가 다른 사람들에게 그런 친구가 된다면 행복한 일이다. 희로애락을 함께 나눌 수 있는 좋은 친구가 많다고 하면 참으로 축복받을 일이다. 그런 친구가 있는 것도 행복한 일이지만, 그보다 더 중요한 것은 내가 먼저 그런 친구가 되도록 노력하는 것이라고 생각한다.

친구관계는 인생의 다른 동반자인 가족, 연인, 직장동료와는 구분되는데, 다음과 같은 몇 가지 일반적인 특성을 지니고 있다.

첫째, 친구관계는 상호 대등한 위치의 인간관계이다. 친구는 사회적 신분이나 지위, 출신, 학력 등에서 비슷한 사람끼리 맺는 친밀한 대등관계이기 때문에 수직적 관계보다는 수평적 관계이며 가장 민주적인 관계이다.

둘째, 친구관계는 가장 순수한 인간 지향적인 대인관계이다. 실리적인 이득을 추구하지 않고, 목표나 과업 지향적이지도 않고, 인간적으로 만나는 것이 좋기 때문에 친구관계를 유지하는 것이다.

셋째, 친구관계는 인간관계 중 가장 자유롭고 편안한 관계이다. 친구는 수직적 관계에서 느끼게 되는 윗사람에 대해 복종해야 한다는 심리적 부담감이 없는 수평적 관계이기 때문에 가족이나 직장동료에게 말할 수 없는 속 이야기를 편안하고 자유롭고 솔직하게 표현할 수 있는 관계이다.

넷째, 친구는 여러 가지 측면에서 유사점을 지닌 사람들이기 때문에 서로 공유할 삶의 영역이 넓다. 삶의 체험과 경로가 유사하기 때문에 서로를 이해하고 공감하게 되어 서로 만나는 것이 즐겁다.

다섯째, 친구관계는 구속력이 적어 해체되기 쉽다. 친구관계는 가족이나 직장관계에서처럼 유지해야 할 강제적 요인이 없기 때문에 내가 불편하면 더 이상 만나지 않아도 되는, 즉 탈퇴나 유지나 해체에 대한 구속력이 미약한 관계이다.

2) 친구의 의미와 기능

'죽마고우(竹馬故友)'라는 말이 있다. 천진난만하던 어린 시절 함께 발가벗고 뒹굴며 뛰놀던 옛 친구로서 어떤 얘기도 허물없이 흉금을 털어놓을 수 있는 사이를 의미하는 말이다. "어린 시절 대나무 빗자루를 바짓가랑이에 넣어 말타기 놀이를 하던 옛 친구"라는 의미에서 온 말이지만 막역한 친구 사이를 나타내준다.

죽마고우처럼 친구와 나누는 정다운 애정을 우리는 '우정'이라고 한다. 우정은 연인에게 느끼는 낭만적 사랑이나 가족에게서 느끼는 가족애와는 구분된다. 우정과 사랑은 관련된 사람의 특성보다는 관계의 질에 의해 구분되는 것이다. 친구는 어떤 사람들이며 어떻게 해야 한다는 정의는 사람마다 각자 다를 수 있다. 이렇게 사람마다 친구에 대해 다른 개념을 가지므로 자신의 주관적 견해에 따라 친구를 사귀는 방식이나 형태도 사람마다 각각 다르다. 어떤 사람은 소수의 사람과 깊은 교우관계를 맺는 반면, 어떤 사람은 많은 사람과 넓은 교우관계를 맺는 사람이 있다. 어떤 사람은 친목적인 애정 중심의 교우관계를 맺는 반면, 어떤 사람은 실리적인 업무 중심의 교우관계를 맺는다. 또한 친구 사이에서 주도적인 역할을 즐기는 지배적 교우관계를 맺는 사람이 있는 반면, 친구에게 의존하는 의존적 교우관계를 맺는 사람도 있다. 자신과 유사한 사람을 친구로 선택하는 사람이 있는 반면, 자신과 보완적인 사람을 친구로 선호하는 사람도 있다.

친구를 사귀는 방식이나 형태는 각기 다르지만, 우리의 삶에 있어서 친구는 다음과 같은 일반적인 기능을 지니고 있다.

첫째, 친구는 서로를 이해하고 공감하고 인정해주는 중요한 정서적 공감자이자 지지자이다.

둘째, 친구는 자기 자신과 자신의 삶을 평가하는 중요한 비교준거가 된다. 우리는 타인과의 비교를 통해 자신을 평가하게 되는데, 비슷한 것을 공유하고 있는 친구와의 비교를 통해 자기가 제대로 하고 있는지에 대해 평가할 수 있는 신뢰로운 정보를 제공받을 수 있게 된다.

셋째, 친구는 함께 시간을 보내고 즐거운 체험을 공유하는 사람이다.

넷째, 친구는 안정된 소속감을 제공하고, 이는 긍정적 경험을 공급하면서 자기가치감과 정체감을 확립하는 데 도움을 준다.

다섯째, 친구는 삶에 있어서 현실적인 도움을 준다. 상대방이 어려움에 처했을 때 현실적인 도움을 균형 있게 주고받기도 하며 필요한 지식과 정보를 제공해주기도 한다. 하지만 한쪽에서만 일방적으로 주기만 하는 친구관계는 유지되기 어려운 면도 있다.

2. 친교대상자의 선택

우리는 인생을 살아가면서 수많은 사람들을 만나지만 그 사람들과 모두 친해질 수는 없다. 우리는 만나는 모든 사람들과 친해질 수는 없으며 스쳐가는 사람들 중에서 친구를 선택하는 여러 가지 조건과 기준이 영향을 미치게 되어 친구관계를 선택하게 된다. 우리가 친구의 대상을 선택하기도 하며, 또한 타인으로부터 친구의 대상으로 선택되기도 한다.

인간이 호감을 느끼고 친구로 선택하게 되는 경험적 연구(Dickens & Perlman, 1981)의 결과는 다음과 같다.

① 인간은 자신을 좋아하는 사람을 좋아한다.

② 인간은 자신과 유사한 태도를 지닌 사람을 좋아한다.

③ 인간은 자신과 유사한 성격을 지닌 사람을 좋아한다.

④ 인간은 신체적으로 매력적인 사람을 좋아한다.

⑤ 인간은 자신 곁에 가까이 사는 사람을 좋아한다.

⑥ 인간은 자신과 나이가 비슷한 사람을 좋아한다.

⑦ 인간은 같은 성(sex)을 가진 사람과 친구가 된다.

이러한 기준들은 아동기부터 노년기에 이르는 친구관계에 적용된다. 이 밖에도 사회심리학자의 연구에 따르면, 유사성, 근접성, 친숙성, 상보성, 상호 호혜성 그리고 개인적 특징들이 친교대상자를 선택할 때 중요한 역할을 하게 된다(권석만, 2005).

1) 유사성

위의 그림에서 우리는 실선은 실선끼리, 점선은 점선끼리 유사한 형태끼리 함께 묶어서 지각하는 경향이 있다. 이와 같이 지각하는 현상은 사회적 지각에도 영향을 주어, 초·중·고등학교 시절에 친했던 친구들을 떠올려보면 유사한 성격과 취미를 가진 친구들과 친했던 것을 떠올릴 수 있을 것이다. 유사성이 친교관계를 촉진하는 이유는 다음과 같다(권석만, 2005).

첫째, 서로 유사하면 상대방의 속성을 이해하기 쉽고 두 사람 사이에 일어날 접촉의 성격을 예상하기 쉽다. 서로 유사하기 때문에 심리적 부담이 적어지며 상대방에 대해 자신이 어떻게 행동해야 할 것인지를 잘 예측할 수 있다.

둘째, 우리는 유사한 상대에 대해서는 그가 나를 좋아할 것이라고 기대하는 경향이 있다. 이러한 긍정적 기대가 친교행동을 유발하게 된다.

셋째, 유사한 사람들 간의 관계는 서로에게 보상을 가져다준다. 자신의 견해가 옳다는 사실을 확신할 수 있을 뿐만 아니라 다른 사람에 의해 인정받을 수 있다는 점에서 긍정적인 체험을 경험하기 때문에 자신에 대한 직접적인 보상이 될 수 있다.

넷째, 유사한 사람과는 함께할 수 있는 공통적인 활동이 많아져 접촉의 기회가 증대되므로 친한 사이로 발전할 수 있다. '유유상종(類類相從)'이라는 말처럼 비슷한 사람과 어울리려고 한다. 이와 같이 태도가 유사할수록 상대방에게 매력을 느끼고 친밀한 관계를 갖게 되는 것을 '유사성 효과(similarity effect)'라고 하는데, 유사성은 매력을 가져다준다. 그래서 결혼한 부부들에서도 성격의 유사성이 부부의 행복감과 밀접한 상관이 있는 것으로 밝혀졌다.

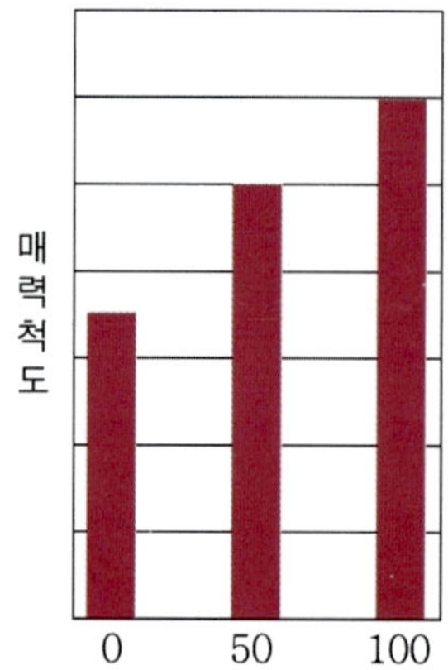

[그림 6-1] **유사태도의 백분율**

(김정희 역, 2005)

2) 근접성

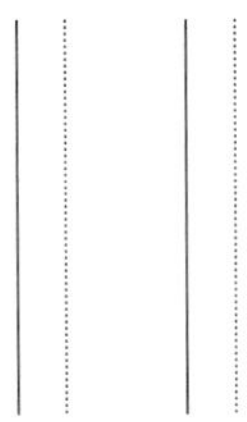

위의 그림에서 실선과 점선이 다른 형태임에도 불구하고 서로 근접해 있기 때문에 우리는 함께 묶어서 지각하는 경향이 있다. 이와 같이 지각하는 현상은 사회적 지각에도 영향을 주어서 초·중·고등학교 시절에 친했던 친구들을 떠올려보면 가까이 앞뒤로 앉았던 친구들, 같은 동네에 살았던 친구들이었다는 것을 알 수 있을 것이다. 그래서 '이웃사촌'이란 말처럼 우리는 물리적으로 가깝게 사는 사람과 친해지는 경향이 있다. 근접성은 지형적, 거주지 그리고 공간적으로 가까운 물리적 거리를 의미한다.

그렇다면 근접성과 유사성 중에서 어떤 것이 더욱 영향을 미칠까? 물리적 거리에 대한 지각에서 근접성이 유사성보다 더욱 우세한 것처럼 친구관계에서도 근접성이 유사성보다 더욱 우세하게 작용하는 것을 우리의 경험을 통해 알 수 있다.

그렇다면 왜 가깝게 사는 사람과 친해지는 것일까? 가깝게 사는 사람과 친해지는 이유에 대해 권석만(2005)은 다음과 같이 설명하고 있다.

첫째, 가깝게 사는 사람은 만날 기회가 많기 때문에 자주 접촉하여 친해질 수 있게 된다.

둘째, 가까이 사는 사람은 물리적 거리감이 없어서 커다란 노력 없이 쉽게 접촉할 수 있기 때문에 만남의 부담이 적다.

셋째, 가까이 사는 사람은 사회경제적 수준, 교육수준, 취미, 가치관 등 서로 유사한 경우가 많기 때문에 공감할 수 있는 영역이 넓어져서 친해지게 된다.

넷째, 가까이 사는 사람과는 친밀한 관계를 형성해야 한다는 인지적 압력이 있어서 친교의 노력을 증진시킬 수 있다.

다섯째, 지역적으로 가깝게 살고 있는 사람들은 도움이 필요한 때에 상호이용 가능성이 많다.

3) 친숙성

우리는 무엇이든지 자주 접하는 것을 좋아하는 경향이 있다. 이렇게 단순한 접촉의 증가에 의해 호감이 증가하는 현상을 '단순접촉 효과(mere exposure effect)'라고 한다(권석만, 2005). 단순접촉 효과를 통해 친밀한 관계를 형성하게 되는 것을 '친숙성'이라 한다. 텔레비전에 자주 나오는 연예인에 대해 호감을 갖게 되는 것이 그 예이다. 또 다른 예로서, 우리는 사물보다는 사람을 많이 접촉하기 때문에 사물보다는 사람을 좋아하게 되며, 사물에 대해서도 자신이 구입하지 않은 물건보다는 구입한 물건에 대해 더 많은 접촉을 하기 때문에 그 물건뿐만 아니라 그 물건을 만든 제품회사까지 좋아하게 된다. 낯선 사람의 사진을 한 번만 보여주고 그 인물에 대한 호감도를 평가한 경우와 사진을 여러 번 보여주고 난 뒤 평가하도록 한 경우에도 후자의 경우에 더 좋은 평가를 하게 된다.

그러나 예외적인 상황도 있어서 접촉을 반복했다고 해서 반드시 호감이 증가하는 것은 아니다. 예를 들면, 최초의 만남에서 매우 부정적인 경우에는 접촉을 반복하는 것은 오히려 그 사람을 더 싫어하게 만들 수 있다. 그래서 단순접촉의 호감을 증가시키려면 처음 만남에서 너무 불쾌감을 주어서는 안 된다. 그뿐만 아니라 긍정적인 대상일지라도 접촉의 빈도가 어느 수준을 넘어서면 오히려 호감도가 감소하는 '과잉노출 효과(over-exposure effect)'가 나타나기도 하므로 접촉이 너무 지나치지 않도록 적정선을 유지하는 것 또한 필요할 것이다.

4) 상보성

자신과는 비유사한 특성을 가진 사람 혹은 자신에게 없는 특성을 가지고 있는 사람에 대해 호의적인 태도를 갖게 되는 경향이 있는데, 이를 '상보성'이라 한다. 의존성이 강한 학생이 반대의 특성을 가진 학생을 친구로 선택하는 경우, 내향적인 학생이 활달하고 외향적인 학생에게 호감을 느끼는 경우, 지배적인 남편과 복종적인 아내의 관계, 말하기 좋아하는 사람이 들어주기를 잘하는 사람을 좋아하는 경우가 그 예이다. 이와 같이 자신의 욕구를 충족시킬 수 있는 성격을 가지고 있는 사람들을 좋아하는 현상을 '욕구상보성(need complementarity)'이라고 한다. 그 이유 중 하나로는 자신이 갖지 못한 특성을 가진 사람을 부러워하면서 더 높이 평가하여 호감이 증가하기 때문이란 점을 들 수 있다.

그러나 너무 다르면 갈등이 생길 수도 있으므로 관계를 유지하는 하나의 방법은 상보성과 함께 유사성을 공유하는 것이다. 예를 들면, 지배적인 남편과 순종적인 아내가 종교적인 측면이나 취미에서 유사성을 갖고 있는 것이다.

5) 상호 호혜성

우리는 자신을 좋아하고 자신에게 즐거운 체험을 제공하며 도움을 주는 보상적인 사람을 좋아한다. 이와 같이 상대방이 나를 좋아하면 자연히 나도 상대방을 좋아하게 되는데, 이를 '상호 호혜성(reciprocity principle)'이라고 한다. 예를 들어, 나를 좋아하는 사람은 좋아하지만 나를 싫어하는 사람을 좋아하기는 어렵다. 한 실험(Aronson & Linder, 1965)에서 A 피험자는 우연히 칸막이 안에서 실험조수가 B 피험자에게 자신을 좋은 사람이라고 말하고 있는 것을 엿듣게 되었다. 그 후 B는 A에게 실험조교가 어떤 사람인지 물었다. 그랬더니 A가 실험조교를 좋은 사람이라고 말했다고 한다. 다른 사람이 나를 좋아한다고 믿는다면, 우리는 상대방에게 보다 친절한 행동을 하게 된다.

그러나 처음에 실험조교가 A를 나쁜 사람이라고 평가했다가 나중에 가서 점점 좋게 평한 경우에는 어떻게 될까? 나에 대해 계속 좋은 사람이라고 평가한 경우보다 이와 같이 나쁜 사람이라고 평가했다가 좋은 사람이라고 평가한 경우에 우리는 그를 더 좋아하는 경향이 있다. 마찬가지로 나에 대해 계속 싫은 사람이라고 평가한 경우보다 좋은 사람이라고 평가했다가 싫은 사람이라고 평가한 경우에 우리는 그를 더 싫어하는 경향이 있다.

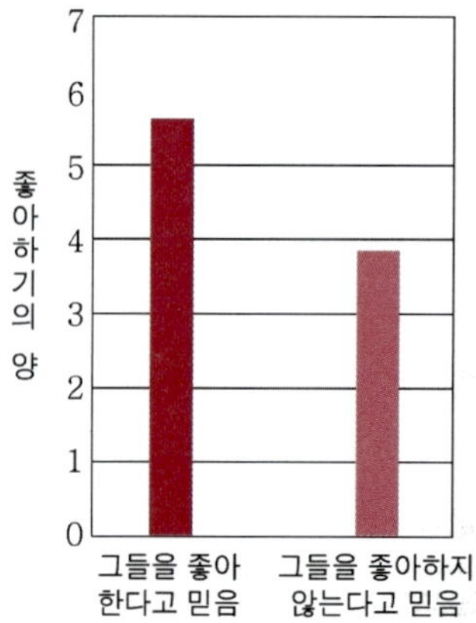

[그림 6-2] **서로 좋아하기**

(김정희 역, 2005)

6) 개인적 특징들

우리는 대인관계에서 상대방의 개인적인 특성을 보고 그 사람에 대한 호감을 갖게 되는 경우가 많다. Anderson(1968)은 사람들이 어떤 성격특성에 대해 호감을 지니는지를 알아보았다. 그 결과, 싫어하는 성격특성에는 예의 없음, 적대적임, 이기적임, 편협함, 불성실함, 믿을 수 없음, 탐욕스러움, 불친절함, 잔인함, 야비함, 거짓말을 잘함 등이 속하는 반면, 좋아하는 성격특성에는 성실함, 정직함, 이해심 많음, 진실함, 지적임, 믿음직함, 사려 깊음, 따뜻함, 친절함, 유쾌함, 유머러스함, 책임감 등이 속했다. 그러나 호감을 느끼는 개인적 특성은 문화와 시대에 따라 변화하며, 개인에 따라서도 달라질 수 있다. 또한 우리는 유능하고 똑똑한 사람을 좋아하는 경향이 있다. 그러나 지나치게 유능하고 완벽한 사람은 거부감을 주고 오히려 위협적으로 느껴져 호감을 얻지 못하는 경우도 있었다. 그보다는 유능함과 동시에 때로는 실수도 하는 사람이 실수투성이인 자기 자신과 비슷하다고 느끼면서 더 많은 호감을 느끼게 된다. 그런 사람의 예로서는 천재지만 실수를 많이 저지른 아인슈타인을 떠올릴 수 있을 것이다. 마찬가지로 부모나 교사, 친구들에 대해서도 완벽한 사람보다는 뭔가 실수를 하는 사람이 더욱 인간적으로 느껴지고 내가 도와줄 수 있는 부분도 생기면서 더욱 호감이 생길 것이다.

또한 사람은 신체적 매력이 있는 잘생기고 아름다운 사람을 좋아한다. 이와 같이 신체적 매력이 있는 사람은 관찰하기 어려운 다른 성격적 특성들도 좋다고

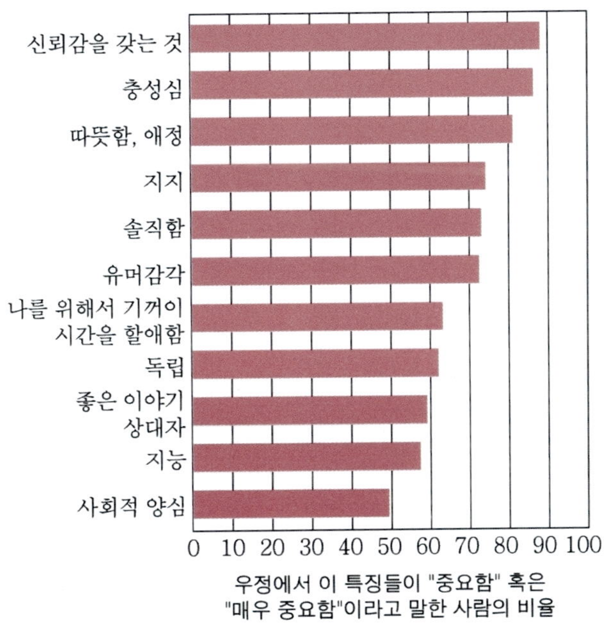

[그림 6-3] **우정에서 중요한 개인적 특징들**

(김정희 외 역, 2005)

평가하도록 만드는 것을 '후광효과(halo effect)', '달무리 효과'라고 한다. 또한 잘생긴 사람과 함께할 때 사람은 자신이 더 좋은 평가를 받는다고 생각하기 때문에 신체적으로 매력적인 사람을 좋아한다. 이와 같이 매력적인 짝과 있을 때 사회적인 지위나 자존심이 고양되는 것을 '방사효과(radiation effect)'라고 한다. 하지만 두 사람이 서로 잘 모르는 낯선 사람과 함께 있는 경우에는 매력 없는 사람과 함께 있는 것이 더 유리한데, 이런 현상을 '대비효과(contrast effect)'라고 한다. 즉, 배우자나 애인을 고를 때에는 가능한 한 매력적인 상대를 고르려 하지만, 평소에는 자기에 비해 너무 매력적인 사람을 피하고 자기와 비슷하거나 좀 못한 사람들과 어울리는 경향이 있다고 할 수 있다.

<그림 6-3>에 좋은 친구로 가장 많이 언급되는 자질들이 제시되었다.

3. 친구관계의 발전과 심화 요인

우선 연령에 따라 친구관계의 발전 과정을 살펴보자.

(1) 삼각관계 형성기

삼각관계 형성기는 0~2세의 시기로 처음 세상에 태어나 엄마도 못 알아보던 아기가 점차 엄마와 관계를 형성하고 그다음으로 아빠와 관계를 형성해나가면서 삼각관계를 형성한다. 이 시기에는 친구에 대한 개념은 아직 없다.

(2) 홀로 인식기

홀로 인식기는 3~4세의 시기이다. 이 시기에는 친구는 단지 '내 옆에 있는 아이'라는 인식을 가지고 있을 뿐 친구가 옆에 있다고 해서 반드시 같이 놀려고 하지는 않는다. 이 시기의 아이들은 한 방에 같은 또래 여러 명을 함께 있게 하고 서로 놀게 해도 상호작용이 일어나지 않고 각자 장난감을 가지고 따로

노는 형태를 유지한다.

(3) 성역할 놀이기

성역할 놀이기는 5~6세의 시기로 '친구는 나를 재미있게 해주고, 내가 재미있게 해줄 수 있는 아이'라는 생각을 하고 친구와 함께 놀이를 즐긴다. 이 시기의 아이들은 놀이를 통해 성역할에 대해 인식을 하기 시작하고, 놀이에서도 남자아이는 주로 싸움놀이를 하고, 여자아이는 주로 공주놀이에 심취하면서 성역할을 획득하게 된다.

(4) 변덕스런 행동기

변덕스런 행동기는 초등학교 저학년의 시기이다. 이 시기에는 기분에 따라 친구관계가 수시로 바뀌는 것이 특징이다. 어제까지만 해도 자기와 가장 친한 친구라고 하던 아이가 하루 만에 친하지 않다거나 쳐다보기도 싫다는 등 변덕스런 행동을 보인다. 이 시기의 아이들은 이성친구 관계에 있어서 남자아이나 여자아이 모두 이성친구를 '외계에서 온 인간' 정도로 취급하면서 서로 관심을 갖지 않는 것이 특징이다.

(5) 단짝 친구기

단짝 친구기는 초등학교 고학년의 시기이다. 이 시기에는 친한 친구 두서너 명과 단짝관계를 형성한다. 남자아이는 남자아이들끼리, 여자아이는 여자아이들끼리 유대를 강화하며 이성을 미워하기도 하고, 질투하기도 하고, 호기심을 갖기도 하는 등 이성에 대해 수시로 다양한 특성을 보인다.

이와 같은 과정을 거치며 연령에 따라 친구와의 상호작용을 통해 친구관계를 발전시키게 된다. 이러한 친구관계를 발전시키기 위해서는 무엇이 필요할까? 잦은 만남을 통한 상호작용이 많다고 해서, 또한 교제기간이 길다고 해서 누구나

다 관계가 깊어지는 것은 아니라는 것을 우리는 경험을 통해 알 수 있다. 오히려 잦은 만남보다는 만남을 통해 어떤 교류가 이루어지는가와 서로가 우정을 쌓아 나가기 위해 얼마나 지속적으로 노력하는가가 우정에 있어서 더 중요하다. 우정은 투여하는 양, 즉 친구를 위해 시간과 관심과 애정, 물질적으로 어느 정도 투자했는가에 따라 달라진다. 또한 우정은 경험하는 긍정적 혹은 부정적 감정의 비율 및 강도에 비례한다. 그래서 부담스럽고 불편한 친구보다는 유쾌하고 편안한 친구가 우정강도가 높다고 할 수 있다.

인간관계를 유지하는 데 있어서도 나름대로의 원리가 있는데, 이러한 원리를 잘 이해한다면 인간관계를 형성하고 유지하는 데 도움이 될 수 있다. 일반적으로 우정을 쌓아가는 데는 다음과 같은 원리가 지켜져야 한다.

첫째, 자기 자신을 개방하자. 인간관계에서 자신에 관한 정보를 타인에게 알리는 것을 '자기공개(self-disclosure)'라고 하며, 이는 인간관계가 심화되는 중요한 요인으로 알려져 있다(Jourard, 1971). 자기개방은 대인관계에서 상대방으로 하여금 경계심을 완화하고 신뢰감을 증진시켜 좀 더 솔직하고 깊이 있는 대화가 가능해지도록 하며 서로 사적인 정보를 공유하게 되면서 대인관계가 심화하게 된다.

그렇다면 자기공개를 어느 정도 하는 것이 효과적일까? 종전의 연구에서는 자기공개를 많이 할수록 심리적으로 건강하고 서로 간에 친밀함을 가져온다는 입장이었다. 그러나 수업시간에 처음 만난 학생이 쉬는 시간에 은밀히 여러분에게 다가와서 자신의 부모님이 어제 이혼했다는 사실을 공개했다고 가정해보자. 혹은 화장실을 가기 위해 많은 사람이 줄 서 있는 짜증나는 상황에서 어떤 친구가 여러분을 좋아한다고 솔직하게 자기공개를 했다고 해보자. 쉽게 예측할 수 있듯이, 이러한 자기공개는 서로에게 친밀감을 가져다주기는커녕 부담감과 불쾌감을 가져온다. 따라서 자기공개는 '적절한 수준(optimal level)'에서 이루어져야 한다. 즉 '적당한 상황에서, 적당한 사람에게, 적당한 내용'을 공개해야 서로 간에 친밀감을 가져온다는 입장이 지지를 받고 있다.

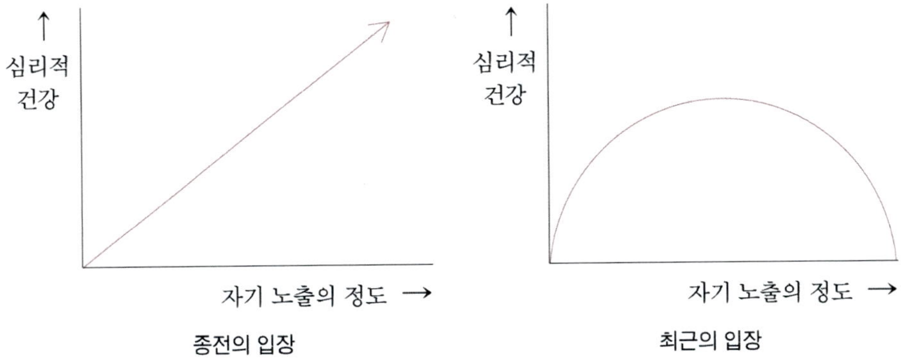

[그림 6-4] **자기노출의 정도**

따라서 자기 자신을 무조건 많이 공개하기보다는 적정한 수준에서 '누구에게, 무엇을, 어떤 단계에서 공개할 것인가'가 중요한데 다음과 같은 섬세한 과정과 규칙을 통해 이루어져야 할 것이다.

자기공개는 상호교환적인 방식으로 이루어진다. 한 사람이 좀 더 깊은 자기공개를 하게 되면 상대방 역시 유사한 수준의 자기공개를 하게 되어 서로 간의 관계유지에 도움이 될 것이다. 자기공개의 수준은 상대방과의 균형을 이루며 점진적으로 심화된다. 인간관계는 흔히 피상적인 접촉에서 시작하여 친밀한 관계로 발전되어간다. 한 사람이 피상적인 수준에서, 즉 취미, 관심사 등에서 자기공개를 했다면 상대방도 균형을 맞추면서 피상적인 수준에서 자기공개를 하는 것이 적절하다. 만약 이런 경우에 깊은 수준에서, 즉 열등감, 가족문제, 재정상황 등 비밀스러운 정보로 자기공개를 했다면 서로 간의 관계유지가 어려울 것이다. 깊은 수준의 자기공개를 할 수 있는 마음의 준비가 되어 있지 않은 사람은 오히려 그러한 관계를 회피하게 된다. 따라서 자기공개는 상대방의 언어적·비언어적 반응을 살펴보면서 상대방과 균형을 이루는 것이 필요하다. 자기공개에는 여러 수준이 있는데, 친밀해질수록 자기공개의 수준이 점차 깊은 수준으로 나아가는 것이 바람직하다.

둘째, 말로 표현하자. 정서적으로 지지하고 공감하고 있다는 진실한 자기의 감정을 구체적인 말로 상대방에게 표현하는 것이 필요하다. 그러나 친구의 사랑을 되돌려 받으려고 강요하는 마음으로 표현하는 것은 서로간의 관계유지에 도움이 되지 않는다.

셋째, 사랑과 우정의 기교를 배우자. 우정은 마음으로 하는 것이지만 겉으로 표현되는 것도 있어야 한다. 작고 사소한 친절이 큰 힘을 발휘하게 되므로 친구관계를 유지하는 데 있어서 지속적인 관심과 보살핌이 필요하다.

넷째, 언제나 상대방에 대해 빈 공간을 두자. 친한 친구라고 해도 언제나 같은 것을 해야 하는 것이 아니므로 지나치게 간섭하지도 말고, 소유하려 들지 말고, 서로에게 다른 우정도 허용하면서 그 친구를 있는 그대로 인정해야 할 것이다. 서로가 친밀해질수록 상대가 독립된 존재임을 기억하면서 서로가 성장할 수 있도록 해야 할 것이다.

다섯째, 함께할 수 있는 활동을 찾고 즐거운 체험을 공유하자. 즐거움이 뒤따르지 않으면 잦은 만남의 기회를 갖기가 어렵다. 따라서 잦은 만남을 위해 함께할 수 있는 활동을 찾고, 이러한 활동의 기회를 확대해나가면서 즐거움을 찾는 것이 필요하다. 서양속담에 "보지 않으면 마음도 멀어진다(Out of sight, out of mind)"라는 말이 있듯이 자주 만나면서 즐거운 활동을 함으로써 우정을 유지하는 것이 필요하다. 그러나 접촉과 관심이 감소하면 친구관계가 약화될 수 있으며, 특히 현대사회처럼 다양한 인간관계를 맺고 있는 경우에는 새로운 사람과 친밀해지면 기존의 친밀한 관계는 상대적으로 소원해지게 된다.

여섯째, 현실적 도움을 교환하자. 만남을 통해 자신이 현재 어려움을 겪고 있는 것이 무엇인지, 자신의 고민이 무엇인지 등에 대해 대화를 함으로써 현실적인 어려움에 대해 서로에게 도움을 주고받는 것이 필요하다. 그러나 친구관계도 대부분의 인간관계처럼 거래적 교환관계의 속성을 지니고 있어서 투자와 보상이 균형을 이루는 것이 필요하다. 우리는 친구관계를 유지하기 위해 물질적, 심리적, 시간적인 측면에서 투자를 하는데, 자신이 친구에게 쏟은 투자에 비해 친구로부터 돌아오는 보상이 적으면 친구관계가 약화되어 그 친구와 불만족스러운 관계를 맺게 된다. 그래서 만족을 주는 다른 친구들이 나타나면 그들에 대한 투자량을 늘리면서 기존의 친구를 떠나가게 된다. 이와 같이 인간관계는 일방적으로 진전되지는 않으며 인간관계의 유지와 해체를 투자와 보상으로 설명하는 관점이 사회교환 이론(social exchange theory)이다.

일곱째, 상대방에 대한 믿음을 갖자. 무엇보다 상대방에 대해 신뢰와 믿음을 쌓으면서 이러한 기대를 서로 잘 충족시키는 것이 친구관계의 유지에 필요하다. 서로에 대한 기대와 믿음이 무너지면, 즉 다른 친구에 대한 질투와 비판, 서로에 대한 비밀 누설, 잔소리와 비난, 도움을 필요로 할 때 무관심한 태도를 보이는 것은 서로에게 실망과 배신감과 고통을 주면서 갈등을 겪게 된다. 또한 상대방에 대해 지나친 기대와 요구를 할 때, 즉 상당한 액수의 돈을 빌려달라거나 재정적 보증을 서 달라고 하는 경우에 이를 거절하는 것이 친구관계의 깊이로 평가될 수도 있기 때문에 친구관계를 소원하게 할 수도 있다. 그 외에도 친구에 대해 우월감을 가지고 상대방을 위축시키거나 경쟁하려 할 경우에, 당하는 입장에 있는 친구는 약자로서 이 관계를 청산할지 아니면 맞설지 갈등하게 된다. 특히 아무리 친한 친구라도 함께 사업을 하게 되면, 혹은 승진자리를 놓고 경쟁할 경우에는 이해관계가 얽혀 있기 때문에 갈등상황에 처할 수 있게 된다. 이러한 갈등을 잘 극복하지 못할 경우에는 좋은 만남의 관계가 지속되지 못하게 된다.

Argyle와 Henderson(1984)은 영국, 이탈리아, 홍콩, 일본의 국민에게 우정의 규칙을 선택하게 했는데, 여러 문화권에 걸쳐 공통적으로 선택된 내용은 다음과 같다(표 6-1).

[표 6-1] **우정의 규칙**

지원해주기	도움이 필요할 때 지원해서 도와주기 정서적인 지원해주기 그 자리에 없는 친구를 변호해주기
신뢰할 수 있고 막역한 친구가 되어주기	친구의 사생활을 존중해주기 친구를 믿고 친구에게 비밀을 털어놓기 비밀 지켜주기 여러 사람 앞에서 친구 간에 비평하지 않기 친구에게 사적인 감정이나 문제 털어놓기
즐거움과 유머의 원천이 되어주기	함께 있을 때 서로를 기분 좋게 해주기 동반자가 되어주기 농담 주고받기 성공소식을 함께 나누기
관용과 포용 베풀기	친구의 다른 관계에 대해 질투하거나 비평하지 않기 친구의 친구들을 관용적으로 대하기 개인적인 충고 구하기 잔소리하지 않기

(안신호 외, 2009)

활동문제

활동 | 1 친구에 대해 말해보기, 나에 관해 친구의 의견 들어보기

내가 본 친구의 모습을 적고 친구들에게 나의 모습에 대해서 의견을 묻고 적어본다.

내가 본 친구의 모습	
친구들이 본 나의 모습	

활동 2 친구관계의 유지·발전을 위한 자기평가

우리 주변에는 많은 친구들이 있다. 그중에는 내가 좋아하는 친구도 있고, 나를 좋아해주는 경우도 있으며, 또 한때는 친했지만 지금은 멀어진 친구들도 있을 수 있다. 내가 가장 좋아하는 친구가 나에게 어떻게 했기에 좋은 친구로 여기는 것인가? 반대로 한때 친했지만 멀어진 경우라면 어떤 어려움으로 그 친구와 헤어져야만 했는가? 분명히 이유가 있을 것이다. 지금부터 한번 생각해보자. 여러분은 어떤 친구들을 사귀고 있는가? 또 여러분은 어떤 친구이며, 친구로서 무엇을 하고 있는가?

[방법]

다음 (1)부터 (10)까지의 각 문항에 대한 자신의 평가 결과에 해당하는 점수를 찾아 숫자 위에 동그라미로 표시한 다음, 점수의 합과 평균을 구하시오.

번호	문 항	판 정									
		← 부정적				보통		긍정적 →			
1	같이 무엇인가를 하면서 지낸다.	1	2	3	4	5	6	7	8	9	10
2	무엇인가를 서로 나누어 쓴다.	1	2	3	4	5	6	7	8	9	10
3	서로의 느낌이나 의견을 솔직히 이야기한다.	1	2	3	4	5	6	7	8	9	10
4	우정이 지속될 수 있음을 믿는다.	1	2	3	4	5	6	7	8	9	10
5	나의 잘못을 솔직하게 시인한다.	1	2	3	4	5	6	7	8	9	10
6	친구를 무시하지 않는다.	1	2	3	4	5	6	7	8	9	10
7	친구의 이야기를 잘 들어준다.	1	2	3	4	5	6	7	8	9	10
8	친구의 심정을 알아준다.	1	2	3	4	5	6	7	8	9	10
9	친구의 좋은 점을 이야기해준다.	1	2	3	4	5	6	7	8	9	10
10	친구와의 비밀 또는 약속을 잘 지킨다.	1	2	3	4	5	6	7	8	9	10
총점 및 평균		총점(　　), 평균(　　)									

여기에서 나온 자신의 점수에 대해 어떻게 생각하는가? 만점을 기대했는가? 만점이 아니라고 해서 스스로 좋은 친구가 아니라 여겨 의기소침해할 필요는 없다. 만점을 얻는다는 것은 매우 힘든 일이다. 그러나 만점에 가까워지려고 노력하는 자신을 발견했을 것이다. 그것이 중요하다. 우정은 만들어지는 것이기 때문이다. 친구란 처음 사귀는 것도 어렵지만 친구관계를 유지하고 발전시키기 위해서는 더 많은 각자의 노력이 필요하다. 사람들은 좋은 친구를 갖기 원하지만 좋은 친구관계를 유지하기 위해 어떠한 노력이 필요한지를 모르는 경우가 많다. 이 기회에 좋은 친구관계를 유지·발전시키기 위해 시도해볼 자신의 체험을 떠올려보고, 현재는 자신이 어떤 노력을 기울이고 있는지 한번 점검하는 기회가 되길 바란다.

(출처 : 충남청소년종합상담실, 1997, 통권 14호)

활동 | 3 타인 속의 나

여러분이 가장 사랑하고 존경하는 사람들이 지니고 있는 특성 중에서 가장 좋아하는 특성을 적어본다. 그러고 나서 여러분이 싫어하는 사람들이 지니고 있는 특성 가운데 좋아하지 않는 특성을 적어본다.

• 좋아하는 특성 :

• 싫어하는 특성 :

※ 해석방식

첫 번째는 여러분의 아니마 혹은 아니무스의 투사 내용일 수 있습니다. 이 내용은 여러분이 발달시킬 수 있는 내면의 자질일 수 있습니다. 두 번째는 그림자의 투사내용일 수 있습니다. 이 내용은 여러분 스스로 직면해야 하는 특성일 수 있습니다.

(출처 : 노안영 · 강영신, 2005 재인용)

활동 | 4 자기공개 연습

오래도록 사귀었지만 피상적인 관계에 머물고 있는 친구가 있는지 살펴본다. 그 친구와 좀 더 깊은 관계로 발전시키고 싶다면 자발적으로 좀 더 깊은 수준의 자기공개를 시도해보고, 그 친구의 반응과 친구관계의 변화를 관찰해본다.

활동 5 접촉이 적은 친구와의 활동

1. 평상시에 서로가 접촉이 가장 적었다고 생각하는 사람과 짝을 지어서 서로 간에 왜 접촉이 그렇게 부족했는지에 대해 대화를 나누게 한다.

2. 인사를 나눈 적이 있고 호감을 느끼고는 있지만 아직 나와 친밀한 관계를 형성하지 못한 사람, 그러나 좀 더 친밀한 관계로 발전시키고 싶은 사람을 생각해본다. 그런 사람을 우연히 만나게 되는 경우, 어떤 방식으로 어떤 주제에 대해 대화를 제안할 것인지에 대해 미리 생각해본다.

3, 우연한 만남이라도 상대방에 대한 관심을 표현한 경우를 기록해보자.

탐색문제

1. 자기개방이 친구 간에 어떤 효과를 가져올지 토의해 보자.

2. 친구관계를 다룬 영화 「굿바이 마이 프렌드(The Cure, 1995)」, 「사이먼 버치(Simon Birch, 1998)」, 「마이티(The Mighty, 1998)」, 「굿 윌 헌팅(Good Will Hunting, 1998)」을 보고 친구관계에 대해 생각해 보자.

3. 친구관계가 해체되고 약화되는 원인에 대해 토의해 보자.

4. 친구가 돈을 빌려달라고 할 때 어떻게 대처할 것인지 토의해 보자.

5. 친구관계를 유지하는 요인은 무엇인지 생각해 보자.

6. 친구의 잘못을 어디까지 이해하고 덮어주어야 하는지 토의해 보자.

7. 이성 간에도 친구관계가 성립하는지 토의해 보자.

8. 어떤 갈등이 친구관계를 불편하게 하는지 토의해 보자.

07 이성

대학생에게 있어서 이성교제는 초·중·고등학생들이 친구의 범주 내에서 이성교제를 맺게 되는 것과는 달리 사랑이라는 개념으로 발달하게 된다. 급격한 성 개방 풍조로 인해 많은 대학생들이 너무 이른 나이에 성경험을 할 가능성과 원치 않는 임신, 성병에 걸릴 위험성이 높아짐에 따라 대학생의 이성교제를 성과 분리해서 생각하기는 어렵게 되었다. 대학생들은 이성교제에서 많은 어려움을 겪고 있기 때문에 최근에는 이성교제도 배움이 필요한 중요한 발달과업이라는 시각이 대두되면서 대학에서는 학생들의 이성교제를 건강하게 돕기 위한 다양한 방안(예 : 이성교제 워크숍, 이성교제 집단상담, 개인상담 등)이 마련되고 있다. 이 장에서는 이성교제의 기능, 사랑의 구성요소, 사랑의 발전과정 등을 살펴봄으로써 나는 어떤 이성친구를 원하는지와, 이성친구와의 관계에서 어려움이 있다면 그 이유는 무엇인지에 대해서도 생각해보자.

1. 이성교제

현대사회에서는 사춘기가 점차 빨라짐에 따라 초등학교 상급생이 되면 벌써 이성문제가 인간관계의 한 영역으로 자리 잡기 시작한다. 이때부터 시작되는 이성문제는 인간관계의 한 부분이 되어 대학생 시기까지도 중요한 관심사가 되고 있다. 우리는 대체적으로 이삼십 대에 결혼하여 반평생 이상을 서로 다른 환경에서 자라온 한 명의 배우자와 살아가게 되므로 배우자를 신중하게 선택해야 한다. 이는 결혼의 행복과 불행은 자기가 신중하게 선택한 한 사람에 의해 크게 영향을 받게 되기 때문이다. 서로 어울리며 사랑할 수 있는 배우자를 선택하는 것은 이성 교제를 통해서 가능해진다. 폭넓은 이성교제를 통해 최종적으로는 인격적으로 서로 조화를 이룰 수 있는 배우자의 선택을 가능하게 해준다.

이성교제는 다음과 같은 기능을 가지고 있다.

첫째, 이성교제는 오락적 기능을 가진다. 이성교제를 통해 영화나 음악 감상, 파티, 여가선용 등과 같은 활동을 함께함으로써 서로 기쁘고 즐거운 시간을 가지고 상호작용을 함께함으로써 동반자 역할을 익히게 된다.

둘째, 이성교제 시 데이트 상대가 근사한 용모를 가졌을 경우에는 또래 간의 인기를 통해 성취감을 느끼게 된다. 이성교제를 할 때 기대가치 이론(expectancy value theory)에 의해 우리는 대체로 비슷한 외모의 사람과 데이트를 하게 된다. 상대방의 외모가 근사하면 능력도 있고 지적이고 성격도 좋을 것이라고 생각하는 후광효과(halo effect)가 작용하게 된다. 이성관계에서 첫인상은 매우 중요하게 작용하여 이후에 만나게 되는 정보보다 큰 영향력을 발휘하게 되는데, 이를 '초두효과(primary effect)'라고 한다. 첫인상에서 초두효과로 작용하는 것은 외모, 선입견 등이다. 그러나 예외도 존재하여 어떤 경우에는 데이트 상대방이 나보다 훨씬 더 근사한 용모를 가지고 있을 때도 있는데, 이 경우에는 나에 대한 타인의 평가가 함께 높아지면서 성취감을 느끼기도 한다.

셋째, 이성교제의 경험은 정체감 형성과 발달에 기여한다. 특히 실연의 경험은 자신에게 무엇이 부족했는지, 자신이 어떤 사람이었는지, 자신의 장단점은 무엇이었는지를 되돌아보도록 함으로써 보다 성숙한 인격형성을 도모할 수 있다.

넷째, 이성교제는 청년기의 사회화 과정의 일부로서 다른 사람과 어울리는 법을 배우고, 예의범절을 배우며, 사회적 기술을 배운다. 동성에게는 얻을 수 없는 다양한 역할을 학습함으로써 이성을 이해하고 사회에서 용납되는 방식으로 자신의 행동방식을 조절하고 통제하게 된다.

다섯째, 이성과 의미 있는 관계를 가짐으로써 친밀감 형성에 대해 배운다. 이성과 가까워지는 과정, 실망과 갈등이 있을 때 이를 극복하는 과정을 통해 미래의 배우자와 친밀한 관계를 형성하는 것을 배우게 된다.

여섯째, 이성교제는 성적 탐구의 장(場)이 될 수 있다.

2. 낭만적 사랑

사랑은 첫 순간에 끌린다고 생각하는가, 아니면 알고 지내는 관계에서 점차적으로 발전한다고 생각하는가? 개인차가 있겠지만, 어떤 방식으로든 이성교제는 처음에는 여러 사람과 자유롭게 교제하다가 점차 한 사람에게 열중하게 되고 두 사람만의 시간을 가지기를 원하게 되면서 낭만적 사랑으로 변화하게 된다. 이러한 사랑의 경험은 우리 인생에서 매우 중요하고 가장 강렬한 경험이며, 가장 의미 있는 심리적 체험이다. 사랑에 빠지면 쾌락호르몬이라고 불리는 도파민이 분비되면서 행복감에 빠져들게 된다. 이는 알코올중독이나 인터넷중독이나 마약중독이 도파민을 분비하는 세포를 자극해서 쾌락과 행복감을 주는 것과 유사하다고 할 수 있다.

이와 같은 사랑의 경험이 각 개인의 삶에 있어서 지대한 영향을 미치고 있다는 것은 수천 년의 역사적 체험을 통해 입증해왔고, 지금까지 사랑과 낭만적 관계에 대한 흥미 있는 연구들이 다양하게 진행되어왔다.

그러나 사랑에는 착각 또한 존재한다. 하나의 예를 들면, 가슴이 떨리니까 사랑으로 느끼는가, 아니면 사랑하니까 가슴이 떨린다고 생각하는가? 1974년에 Aron은 A집단에게는 250피트 높이의 매우 흔들리는 다리를 건너도록 하고, B집단에게는 비교적 안전한 다리를 건너도록 한 후 다리 맨 끝에서 아름다운 여성이 설문조사를 하는 실험을 하였다. 그리고 나서 "연구결과에 대해 알고 싶은 것이 있으면 전화를 해 달라"고 하고 설문조사자의 번호를 주었다. 얼마나 많은 사람이 전화를 했는지를 살펴보니 A집단이 B집단보다 4배나 전화가 많이 걸려왔다. 흔들리는 다리를 건넌 후에 심장박동이 증가한 상태에서 설문에 응답하면서 '내가 가슴이 뛰니까 상대여성에게 마음이 끌리나?' 하면서 가슴의 두근거림을 사랑으로 착각한 것이라고 할 수 있다. 또 다른 실험에서는 여자 사진을 보여주되 A집단에는 자신의 심장박동소리를 크게 들려주고 B집단에는 심장박동소리를 작게 들려준 다음에 여성의 매력도를 평가하도록 하였다. 그 결과 A집단이 여성을 더 매력적으로 평가한 것으로 나타났다.

이와 같이 사랑에는 착각이 존재하며 잘못된 신념도 함께 존재한다.

1) 사랑에 대한 잘못된 신념

첫째, 사랑에 빠졌을 때 자신이 그것을 알 수 있다는 것이다. 그러나 대부분의 사람은 사랑을 정확히 인식할 수 없고 흔히 자기도 모르는 사이에 사랑으로 점차적으로 발전한다.

둘째, 사랑에 한번 빠져들면 그것을 통제하지 못한다는 것이다. 이러한 잘못된 신념으로 인해 사랑에 빠졌을 때 오히려 책임감 없이 행동하도록 조장할 수도 있으나 성숙한 사랑은 서로에 대한 책임감을 가지고 서로의 성장을 돕는 것이다.

셋째, 진정한 사랑은 영원하다는 것이다. 그러나 이 세상에 영원히 지속되는 것은 없으며 사랑은 우리의 삶 속에서 여러 번 경험하게 되는 것이 현실이다.

넷째, 사랑으로 모든 어려움을 극복할 수 있다는 것이다. 그러나 많은 연인이 대화부족, 의견의 충돌, 부모의 반대, 종교적 차이, 성격차이 등으로 어려움에 당면하면서 성공적으로 해결하지 못하고 헤어지기도 한다.

다섯째, 사랑에 빠지면 항상 행복하기만 할 것이라는 것이다. 이는 매우 유토피아적인 사고이며, 사랑을 할 때의 감정이야말로 양가적(ambivalence)이어서 사랑은 부정적 정서와 쓰라린 고통을 줄 수도 있다.

2) 사랑에 관한 성차

사랑의 성차에 관한 고정관념으로는 여성들이 남성들보다 더 로맨틱하다고 생각하고 있지만, 대부분 연구결과들은 그 반대로서 남성들이 더 로맨틱하다는 결과를 나타내고 있다. 예를 들면, 남자들이 더 많은 로맨틱한 신념, 즉 '사랑은 영원하다', '세상에서 완전한 사랑은 모든 사람에게 하나뿐이다'라는 등의 생각들을 가지고 있다(Peplau, Hill & Rubin, 1993). 게다가 남성들은 여성들보다 더 쉽게 사랑에 빠지는 반면에 여성들은 남성들보다 더 쉽게 사랑을 버린다(Rubin Peplau, & Hill, 1981). 또한 여성들은 남성들보다 사랑하지 않는 누군가와 결혼할 수 있다고 말하는 경향이 많고(Peplau & Gordon, 1985), 나아가 여성들은 관계가 깨졌을 때 남성들보다 정서적인 혼란을 덜 느낀다.

그 외의 남녀 간 성차로는 남성은 결과(outcome)를 중시하지만 여성은 과정(process)을 중시하는 경향이 있고, 남성은 독립(independence) 중심적이지만 여성은 관계(relation) 중심적인 경향이 있고, 남성은 성적으로 과지각하는 경향이 있지만 여성은 남성들의 헌신에 대해서 의심하는 경향이 있다.

3) 진화심리학적 이론

인간의 행동을 진화론의 관점에서 설명하는 진화심리학에서는 사랑을 종족보존의 기능을 하는 심리적 현상으로 이해한다(Buss, 1989). 남자와 여자는 자녀생산을 위해 부모로서 투자하는 양이 다른데 좀 더 구체적으로 살펴보면 다음과 같다.

첫째, 남자는 자손번식을 위한 단기적 책략을, 여자는 장기적인 성적 책략을 가지고 있다. 남자는 자신에게 한 번의 성행위만으로도 자손번식이 가능한 자손번식 능력이 있기 때문에 단기적인 관계추구에 집중하는 반면, 여자는 임신을 하게 되면 다른 임신이 불가능하며 10개월 동안 태아를 키워야 하기 때문에 장기적인 관계추구를 선호한다. 이와 같이 남자에 비해 여자는 훨씬 더 큰 투자를 하게 되므로 남자와 여자는 성적 책략을 달리한다.

둘째, 남자는 자신의 자손을 번성시킬 수 있는 생산 가능한 여자를 찾는 반면, 여자는 자신과 자식을 보호하고 양육하기 위한 자원이나 능력을 보유한 남자를 찾는다. 남자는 자녀생산이 가능한 젊고 건강하며 아름다운 여성에게 매력을 느끼는 반면, 여자는 지위와 재력을 지닌 유능하고 근면하며 신뢰로운 남자에게 매력을 느낀다. 부모로서 더 많은 투자를 하는 여자는 배우자를 고를 때 남자보다 더 까다롭고 신중하다.

셋째, 남자와 여자는 주된 관심사가 다르다. 남자는 어떻게 하면 투자와 헌신을 최소화할 수 있는가, 어떤 여자가 건강한 자녀를 낳을 수 있는가, 어떤 여자가 양육기술이 훌륭한가, 어떤 여자가 장기간의 관계에 헌신할 용의와 능력을 지니고 있는가에 관심이 있다. 반면, 여자는 어떤 남자가 장기적 관계를 유지할 수 있는 사람인가, 어떤 남자가 자신과 자녀에게 장기적으로 자원을 투자할 능력과 의사를 지닌 사람인가, 어떤 남자가 공격적인 사람들로부터 자신과 자녀를 보호할 능력과 의사를 지닌 사람인가에 관심이 있다(권석만, 2005).

3. 사랑에 관한 삼각형 이론(Sternberg)

1) 사랑의 세 가지 구성요소

스턴버그(Sternberg)에 의하면, 사랑은 친밀감, 열정, 개입이라는 세 가지 요소로 구성되어 있다. 이성관계는 흔히 친밀감으로 시작하여 사랑으로 발전하게 되지만, 때로는 열정이나 개입만으로 시작하여 사랑으로 발전하기도 한다. 어떻게 시작되었든 간에 세 가지 요인이 적절히 조화를 이룰 때 완전한 사랑을 이어갈 수 있다. 구체적인 내용은 다음과 같다.

(1) 친밀감(intimacy)

친밀감은 사랑의 따뜻한 측면으로서 가깝고, 편하게 느끼고, 서로를 잘 이해하고, 함께 공유하고, 원활한 의사소통 및 긍정적인 지지가 일어나는 것을 의미한다. 이러한 친밀감이야말로 사랑의 기초가 된다. 친밀감은 만남의 횟수와 교제기간에 비례하여 서서히 증가하지만, 친밀감은 어느 정도 이상의 높은 수준에 이르면 더 이상 증가하지 않으며 서로 친밀하다는 것을 의식하지 않게 되는 상태가 된다. 자신을 끊임없이 노출하고 숨김없이 털어놓으려는 노력을 통해 연대감을 형성하면서 친밀감이 서서히 발전한다.

(2) 열정(passion)

열정은 사랑의 뜨거운 측면으로 성적 열망으로서 연인들을 생리적으로 흥분시켜 들뜨게 하고, 사랑하는 사람과 함께 있고 싶고, 일체가 되고 싶은 강렬한 욕망을 불러일으킨다. 이러한 열정은 비교적 빠른 속도로 급상승하는 경향이 있고 때로는 처음 만난 순간부터 강렬한 열정을 느끼기도 한다. 그러나 오래 지속되기보다는 연인 간의 교제기간이 길어짐에 따라 열정의 강도는 감소하거나 다른 형태로 변화되는 것이 일반적이다. 대부분의 사람은 열정을 성적인 것으로 보는 견해를 가지고 있지만, 자아존중감, 타인과의 친애욕구, 지배욕구, 복종욕구, 자아실현과 같은 욕구도 열정에 중요한 역할을 한다.

(3) 개입(commitment)

개입은 사랑의 차갑고 이성적인 측면으로 어떤 어려움에도 자신의 사랑에 책임을 지고 상대방을 사랑하겠다는 결정을 하고 책임을 지겠다는 행동적 표현을 의미한다. 가장 대표적인 책임감 있는 개입 행위는 약혼과 결혼이며, 그 밖에 사랑을 약속하거나 맹세하고, 사랑의 징표나 선물을 교환하고, 이벤트를 열어주고, 주변 사람들에게 연인을 소개하는 일 등이 이에 해당한다. 이는 사랑을 지키려고 하는 노력이다.

스턴버그(Sternberg, 1998)는 사랑의 세 가지 구성요소가 속성에서 차이점이 있다고 보았다. 친밀감과 개입은 비교적 안정적이지만 열정은 불안정적이며, 친밀감과 개입은 의식적인 조절이 가능하지만 열정은 거의 통제하기가 어렵다. 사랑의 관계가 단기적인 경우에는 열정이 매우 중요한 역할을 하지만, 장기적인 경우에서는 친밀감과 개입이 비교적 중요한 역할을 한다. 세 개의 구성요소가 시간이 경과함에 따라 다르게 변화하며 그 변화수준은 개인마다 다르게 나타날 수 있다.

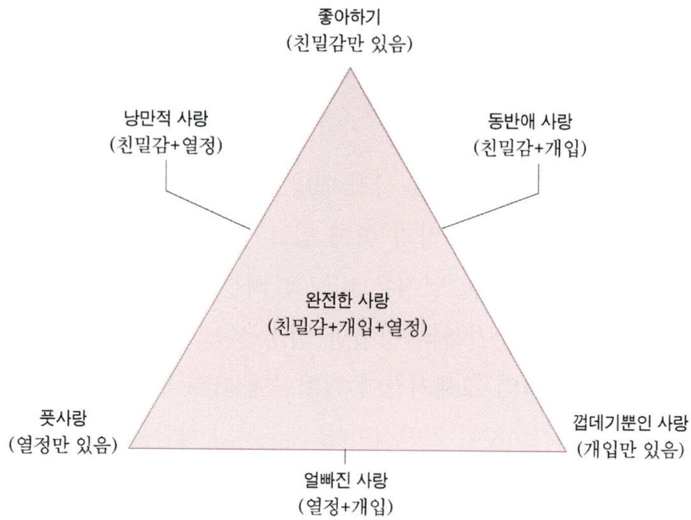

[그림 7-1] **사랑의 삼각형 이론의 세가지 구성요소**

(권석만, 2005)

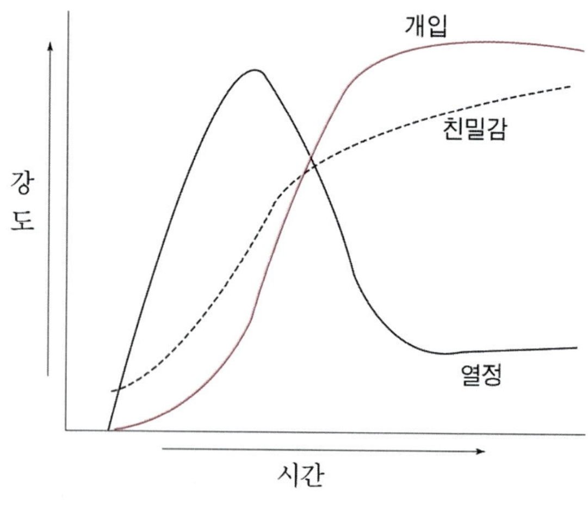

[그림 7-2] **시간의 흐름에 따른 사랑곡선의 변화**

(김정희 외 역, 2005)

2) 사랑의 여덟 가지 유형

사랑에는 세 가지 구성요소, 즉 친밀감, 열정, 개입이 모두 필요하지만, 세 가지 구성요소를 기반으로 하여 여덟 가지 사랑의 유형으로 조합할 수 있다.

[표 7-1] **사랑의 여덟 가지 유형**

사랑의 유형	구성요소		
	친밀감	열 정	개 입
비사랑	−	−	−
우정	+	−	−
짝사랑	−	+	−
공허한 사랑	−	−	+
낭만적 사랑	+	+	−
허구적 사랑	−	+	+
우애적 사랑	+	−	+
완전한 사랑	+	+	+

(권석만, 2005)

(1) 비사랑(nonlove)

세 가지 구성요소가 없는 상태로, 우리가 일상적으로 만나 지나치게 되는 많은 사람들과의 무의미한 단편적인 대인관계가 이에 속한다.

(2) 친밀감만 있는 우정(liking)

뜨거운 열정이나 상대에 대한 책임감 있는 개입 행동은 없지만 가까움과 따뜻함을 느끼는 상태로, 친구관계에서 느끼는 우정과 같은 관계이다. 따라서 열정이나 일생을 함께 보내야겠다는 생각을 하지는 않는다.

(3) 열정만 있는 짝사랑

짝사랑의 대상을 생각하거나 멀리서 보기만 해도 가슴이 뛰고 설레며 다리에 힘이 쭉 빠지는 등 신체적 흥분상태를 수반한 열정을 경험하게 된다. 그러나 상대에 대한 이러한 열정만 있을 뿐 서로 간에 친밀감이나 책임감 있는 개입행동은 없다.

(4) 개입만 있는 공허한 사랑(empty love)

연애시절의 열정이 없고 친밀감도 없으며, 사랑도 없이 결혼이라는 책임감 있는 생활만 하는 부부가 여기에 속한다. 또한 열정과 친밀감 없이 돈과 사회적 지위를 가진 늙은 남자와 결혼한 젊은 여자의 경우도 여기에 속한다.

(5) 친밀감과 열정이 결합된 낭만적 사랑(romantic love)

서로 친밀하고 열정을 느끼지만 결혼과 같은 미래에 대한 약속이나 확신 없이 서로를 사랑하는 경우이다. 드라마나 영화 속의 사랑이 대부분 이러한 지고지순한 사랑을 표현하고 대중매체가 사랑을 상품화하여 표현하지만, 모든 사랑이 이렇게 낭만적이지는 않다. 드라마나 영화를 많이 본 미혼남녀는 이러한 낭만적 사랑의 형태로 결혼을 꿈꾸고 있지만, 실제로 결혼생활은 그렇지 않고 책임감 있는 생활이 따라야 하기 때문에 실망하기도 한다. 사랑의 구성요소에는 친밀감과 열정뿐 아니라 개입도 뒤따른다는 것을 명심하여 현실의 결혼생활에서는 꼭 이런 낭만적 사랑이 아닐 수도 있다는 것을 기억하고 이성을 만나도록 하자.

(6) 열정과 개입이 결합된 허구적 사랑(fatuous love)

열정을 느껴 책임감으로 개입이 이루어졌지만 친밀감이 형성되지 못한 사랑의 경우이다. 만난 지 며칠 만에 열정을 느껴 약혼하고 보름 만에 결혼하는 것과 같이 책임을 지는 식의 사랑을 말하는데, 흔히 이런 사랑은 대체로 순식간에 일어났기 때문에 지속되기 어렵다.

(7) 개입과 친밀감이 결합된 우애적 사랑(companionate love)

친밀감과 개입은 있지만 열정이 없거나 식어버린 관계로 오랜 결혼생활을 한 부부간의 관계에는 이런 사랑이 흔하다. 대부분의 경우에 낭만적 사랑이 차츰 우애적 사랑으로 변하는 경우가 많다.

(8) 완전한 사랑(consummate love)

성숙한 사랑이야말로 세 가지 요소를 모두 갖춘 이상적인 사랑인데, 이런 사랑을 얻기 위해서는 많은 노력이 필요하다.

사람마다 사랑의 유형은 다르며, 여덟 가지 사랑의 형태는 고정적이고 지속적인 것이 아니라 시간이 흐르고 관계가 지속됨에 따라 한 형태에서 다른 형태로 변해가는 것이 일반적이다. 열렬히 사랑했던 부부도 결혼할 때에는 완전한 사랑으로 시작했으나 살면서 부부간의 갈등으로 인해 점차 열정과 친밀감은 사라지고 오로지 자식들을 위한 책임감 있는 개입으로 살아가는 것을 종종 볼 수 있다.

3) 사랑의 도형적 분석

스턴버그(Sternberg, 1990)는 '사랑의 삼각형 이론 척도'를 제작하여 친밀감, 열정, 개입의 세 가지 요소를 수량화여 측정했다. '사랑의 삼각형 이론 척도'에서 세 가지 요소는 사랑의 삼각형을 구성하는 세 변의 길이가 되며, 세 요소에 대한 총점은 각 요소의 크기나 강도를 반영한다. 세 변으로 구성한 삼각형의 넓이는 사랑의 양 또는 크기를 반영하며, 삼각형의 모양은 사랑을 구성하는 요소들 간의 균형 정도를 나타낸다.

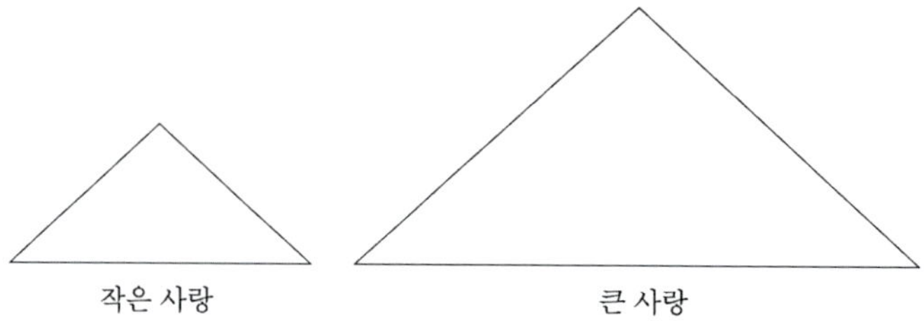

[그림 7-3] **작은 사랑과 큰 사랑**

(권석만, 2005)

삼각형을 구성하는 세 변 중 두 변의 길이의 합이 다른 한 변의 길이보다 짧을 때 삼각형이 구성될 수 없다는 기하학의 원리가 사랑에도 존재한다. 사랑이 되기 위해서는 세 가지 구성요소의 균형적 존재와 발달이 필요하다. 세 가지 구성요소가 균형적으로 잘 발달한 사랑이 크고 풍성한 사랑이 된다. 따라서 사랑의 세 요소가 지나치게 불균형적으로 구성되어 있는 애정관계는 그만큼 불완전한 사랑이라고 볼 수 있다.

또한 두 개의 삼각형을 비교함으로써 현실에서의 사랑과 이상적인 사랑이 어떤 점에서 차이가 있는지를 시각적으로 평가할 수 있게 되고, 이러한 분석을 통해 이상적인 사랑에 도달하기 위해서는 현실적 사랑 중 어떤 요소를 더욱 성장시켜야 하는지에 대한 시사점을 얻을 수 있다.

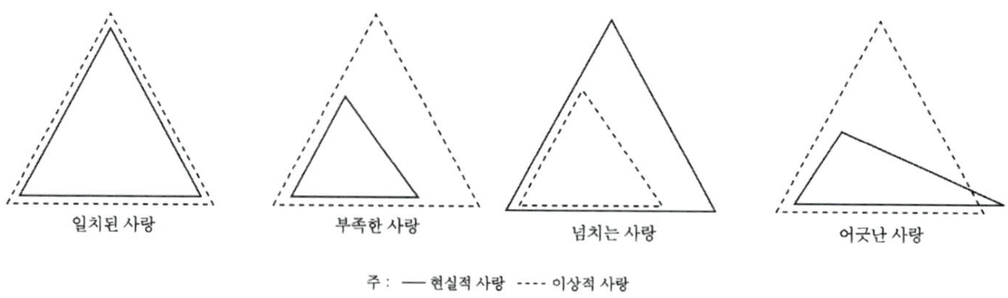

[그림 7-4] **현실적 사랑과 이상적 사랑**

(권석만, 2005)

또한 사랑하는 두 사람 간에도 각자의 관점에서 삼각형을 비교함으로써 두 사람의 차이점을 알 수 있다. 서로에 대해 사랑의 어떤 요소를 강하게 경험하고 있는지, 또는 상대방을 위해 사랑의 어떤 요소를 채워주기 위한 노력이 필요한지를 알 수 있다. 또한 두 사람이 각자 이상적인 사랑의 삼각형을 비교해봄으로써 이상적으로 추구하는 사랑의 형태가 어떤 것인지 알 수 있고, 서로를 위해 어떤 노력을 해야 할지를 알 수 있다.

4) 애착 이론

보울비(Bowlby)는 벽이 유리로 된 방에 엄마와 유아가 있다가 낯선 사람이 들어오고 엄마가 나간 후 다시 돌아왔을 때 아이의 반응이 각기 다르다는 것을 관찰하였다. 유아의 부모를 연구해보니 그들의 양육 스타일이 다르다는 것을 관찰하였고 그 후 애착유형을 크게 세 가지로 구분하였다.

(1) 안정된 애착(stable attachment)

이런 유아들은 엄마가 나가자 불안해하지만 엄마가 보이지 않는 상황에서도 비교적 안정된 감정상태를 유지하며, 엄마가 돌아오자 바로 평정을 되찾고는 계속 놀았다. 이러한 안정된 애착은 어머니가 따뜻하게 사랑으로 돌보고 일관성 있게 수용적이고 우호적인 행동을 보일 때 형성된다.

(2) 불안한 또는 양가적인 애착(anxious or ambivalent attachment)

이런 유아들은 엄마가 나가자 무지하게 울고 엄마가 다시 돌아와도 화를 내며 계속 울었다. 이러한 양가적 애착은 어머니가 기분 좋으면 잘해주고 기분 나쁘면 못해주는 등 엄마의 비일관적이고 변덕스러운 감정에 치우쳐서 수용적 행동과 거부적 행동을 일관성 없이 나타내게 될 때 형성된다. 엄마에 대한 신뢰를 갖지 못하고 불안감을 느껴 엄마에게 지나치게 매달리는 의존행동을 보이거나 눈치 보는 행동을 하는 것이다.

(3) 회피적 애착(avoidant attachment)

이런 유아들은 엄마가 나가도 전혀 관심 없이 혼자 시간을 보내거나 놀았다. 이러한 회피적 애착은 어머니가 냉담하고, 스킨십이 없고, 관심이 없고, 지속적으로 거부적인 반응을 보일 경우에 형성된다.

하잔과 쉐이버(Hazan & Shaver, 1987)는 보울비(Bowlby, 1969)의 애착 이론에 근거하여 어린 시절 어머니와의 관계에서 형성된 애착관계가 성인이 되었을 때 사랑하는 스타일에까지 영향을 미친다고 주장한다. 부모와의 관계에서 안정된 애착(stable attachment)을 형성한 아이는 성장해서도 타인에 대해 신뢰를 갖고 친밀한 인간관계를 형성하며, 상대방으로부터 버림받는 것에 대한 두려움이 적어서 타인에게 의존하는 것에도 편안하며 이성관계에서 편안한 사랑의 감정을 느끼게 된다. 그래서 파트너와의 관계에 대해 지나치게 걱정하지 않는 따뜻하고 애정 넘치는 관계를 형성하며, 친밀감을 편히 받아들이며, 갈등이 생겼을 때에도 지혜롭게 해결하는 것을 좋아한다. 보통 65%가 이에 속한다.

그러나 불안한 또는 양가적인 애착(anxious or ambivalent attachment)을 형성한 아이는 성장하여 타인의 사랑과 인정에 지나치게 의존하거나 타인의 사랑을 믿지 못하고 타인의 거부에 지나치게 예민하게 반응하여 이성관계에서 많은 어려움을 겪게 된다. 이런 사람은 상대방이 자신을 사랑하지 않거나 자신을 떠나거나 자신을 거부할지 모른다는 불안감과 두려움 속에서 주저하고 망설이면서 불안정한 사랑을 경험하기 쉽다. 파트너가 자신을 사랑하는지에 대해 걱정하면서 친밀도를 항상 확인해야 하며, 연인에게 지나치게 몰두하여 메신저에서 파트너의 빠른 답장 하나면 불안이 감소된다. 약 20%가 이에 속한다.

특히 회피적 애착(avoidant attachment)을 형성한 아이는 성장 후에도 친밀한 관계를 회피하게 되어 타인이 자신에게 가까이 다가오는 것을 불편하게 느끼고, 타인을 신뢰하지 못하며, 타인이 가깝게 다가오는 것도 불편하게 느껴서 이성관계를 잘 맺지 못하거나 상대방과의 거리를 유지하며 친밀한 관계를 형성하려면 긴장되며, 다소 무미건조하고 냉담한 관계를 맺는 경향이 있다. 친밀한 연인관계보다는 자주적이고 독립적인 삶을 더 선호하며, 파트너에 대한 경계를 풀기 어렵고, 안정된 관계를 회피하다 보니 언제든 떠날 준비가 되어 있다. 약 15%가 이에 속한다.

그렇다면 좋아하는 이성이 있을 때 안정된 애착(stable attacdment)을 형성한 사람과 불안한 또는 양가적인 애착(anxious or ambivalent attachment)을 형성한 사람의 행동은 어떻게 다를까? 안정된 애착을 형성한 사람은 좋아하는 이성에게 사랑을 표현하는 데 자유로울 것이며, 상대방이 자신을 좋아하지 않는다는 거부의 표현을 해도 있는 그대로 받아들일 것이다. 반면, 불안한 또는 양가적인 애착(anxious or ambivalent attachment)을 형성한 사람은 거부의 두려움이 너무 커서 표현도 하지 못하며 늘 짝사랑을 많이 할 것이며, 만약에 상대방으로부터 좋아하지 않는다는 거부의 표현을 들었다면 큰 상처를 받고 현실을 왜곡하며 방어적이 될 것이다.

이와 같이 유아기에 안정적인 애착(stable attacdment)을 형성하면서 부모와 친밀한 관계를 형성한 경험이 사랑의 능력에 기본적 요소가 된다. 자신에 대한 사랑이 있어서 자신을 긍정적으로 볼 수 있는 사람이 이성관계 또한 긍정적으로 맺게 된다. 자신에 대한 불만과 불안이 있는 상태에서 이성관계를 맺을 수도 있지만 이는 다른 사람을 통해 자신의 부족한 면을 찾으려고 하는 것을 전제로 하기 때문에 긍정적이지 않을 수 있다. 자신을 있는 그대로 사랑하고 수용할 때 타인을 사랑하고 사랑받을 수 있는 것이다.

4. 낭만적 사랑의 발전

이성관계는 처음에는 낯설어하던 두 남녀가 점차 친밀감과 애정을 느끼다가 깊은 사랑으로 발전되기도 한다. 사회심리학자들은 이처럼 깊이 서로를 사랑하는 연인관계처럼 인간관계가 심화되는 과정을 '사회적 침투(social penetration)'

라고 부른다. 이와 같은 사회적 침투과정을 5단계로 나누어 설명할 수 있다.

1단계는 첫 인상이 영향을 미치는 단계로서, 상대방에 대한 외모, 행동의 관찰을 통해 서로에 대해 인상을 형성하면서 서로에 대한 관심을 갖게 되는 시기이다.

2단계는 지향단계로서, 서로 자신에 대한 정보를 피상적으로 교환하면서 상대방을 탐색한다. 되도록이면 서로에게 좋은 인상을 주려고 노력하지만 더 이상의 만남이 필요할 것 같지 않다는 개인의 판단이 생기면 이 단계에서 대부분의 만남이 끝난다.

3단계는 애정교환이 탐색적으로 이루어지는 단계로서, 조금 친근한 태도를 취하고 대화의 내용이 좀 더 풍부하고 깊어지며 자발성도 증가하게 된다. 반면, 상대방의 말과 행동에 매우 예민해지고 감정 변화도 심해지므로 매우 불안정한 단계이다. 따라서 이 단계에서 애정표현의 발달속도도 상대방에게 부담을 줄 정도로 지나치기보다는 초보적인 수준으로 애정교환이 이루어져야 할 것이다.

4단계는 애정교환이 본격적으로 이루어지는 단계로서, 서로 연인이라는 것을 암묵적으로 인정하고 빈번한 데이트가 이루어지며 선물과 편지를 교환하기도 한다. 그러나 아직 상대의 사랑에 대한 확신이 없기 때문에 다소 조심스러워서 자신의 약점, 단점 및 속마음을 털어놓지는 않는다.

5단계는 애정교환이 안정적으로 이루어지는 단계로서, 사랑의 확신이 있기 때문에 자신의 단점이나 약점을 두려움 없이 내보이게 된다. 이러한 안정된 애정교환단계를 지속하다가 결혼에 이르게 된다.

사랑의 관계는 사회적 침투 이론에 따른 이성관계의 발전단계 중 어떤 단계에서도 종결될 수 있다. 일반적으로 탐색적 애정교환단계 이후에 사랑의 관계가 종결되면 심리적 상처를 느끼게 되지만, 만약 5단계에서 부모의 반대, 질병, 죽음, 성격 차이 등의 이유로 헤어진다면 두 사람 모두 매우 심한 마음의 상처를 입을 것이다. 반면, 2단계에서 헤어지는 것은 탐색단계에서 상대로부터 거부된 것이므로 마음의 상처는 그다지 크지 않고 다만 자존심이 상할 수 있을 것이다.

따라서 관계를 유지하기 위해서는 여러 가지 어려움을 극복할 수 있을 정도로 서로에 대해 헌신적으로 열심히 노력하는 것이 필요할 것이며, 아울러 다음과 같은 노력 또한 이루어져야 할 것이다.

첫째, 사랑과 집착을 구분하자.

둘째, 동정과 사랑을 혼동하지 말자.

셋째, 낭만적인 사랑을 너무 기대하지 말자.

넷째, 어떤 관계도 완전할 수 없음을 명심하자.

다섯째, 현재의 문제 상황에 대해 객관적으로 분석하자.

여섯째, 문제해결을 위해 주변 사람들에게 도움을 청하자.

이 밖에도 관계를 지속시키기 위해서는 전략이 필요한데, 장기간 개입을 하기 전에 서로에 대해 충분히 알 수 있는 시간을 갖고, 파트너 및 관계에서 긍정적인 면들을 강조하고, 오랜 관계에서 신기함을 일으키는 방법을 찾아내며, 효과적인 갈등관리 기술을 개발하는 것이 필요하다. 이를 반영하듯 최소한 15년 동안 결혼생활을 유지해 온 351쌍의 미국 부부들을 조사한 결과에 의하면, 우정, 헌신, 유사성 그리고 긍정적인 감정을 자주 유발하도록 하는 것이 결혼생활에 성공하는 요인으로 나타났다(Lauer & Lauer, 1985).

5. 사랑의 붕괴와 실연 극복 방법

사랑이 어떻게 시작되었건 간에 사랑은 기쁨과 행복감과 황홀감을 가져다주지만 사랑 뒤에는 어느 정도의 불안, 슬픔, 고통이 따른다. 그래서 오래전부터 지금까지도 많은 영화, 드라마, 대중가요, 소설, 시, 수필 등에서 사랑이 주는 강렬한 기쁨과 그 이면의 지독한 고통이 소재가 되어오고 있는 것 같다. 과연 사랑을 하면 어떤 변화가 오기에 사랑이 그토록 고통스럽게 느껴지는 것일까?

첫째, 과민하게 된다. 사랑을 하게 되면 사람이 감각적·정신적으로 예민해져서 상대방의 말, 눈빛, 몸짓 하나에도 그 의미를 찾으려 하고 과연 나를 좋아하는 것인지 거부하는 것인지 촉각을 곤두세우게 된다.

둘째, 감정의 동요가 심해진다. 사랑을 시작하면 상대방의 반응에 따라 기쁨과 행복감에 젖기도 하다가 갑자기 절망감과 불안에 빠지는 등 감정이 수시로 변하고, 감정의 강도가 커지는 등 매우 불안정한 감정상태가 된다.

셋째, 거부에 대한 두려움이 생기기 때문이다. 사랑을 하게 되면 자신이 사랑하는 사람으로부터 거부당할 것에 대해 과도하게 두려워하는 마음이 생긴다. 그래서 상대방에게 사랑을 솔직하게 직접적으로 고백하기보다는 매우 모호하고 우회적인 방식으로 은밀히 표현한다.

넷째, 열등감이 확대되기 때문이다. 사랑을 시작하게 되면 자신의 장점은 작게 느껴지고 자신이 가지고 있던 열등감은 확대되어 자신에게 잠재해 있던 열등감, 콤플렉스 등은 크게 부각된다. 반면 상대방에 대해서는 결점보다는 장점이 실제 이상으로 크게 느껴지면서 자기 자신이 더욱 작고 초라하게 느껴지고 자신감을 잃고 위축되게 된다.

다섯째, 의심 때문이다. 사랑을 하게 되면 상대방이 과연 나만 사랑하고 있는지, 나를 속이고 있는 것은 아닌지 자꾸 의심하게 되며 상대방의 사랑을 자꾸 확인하고 싶어지지만 사랑에 대한 확실한 확인을 받아도 의심은 완전히 사라지지 않기 때문에 오해가 생기게 된다.

여섯째, 질투 때문이다. 사랑을 하게 되면 상대방에게 호의적으로 접근하는 잠재적 경쟁상대에 대해 질투심과 적개심을 느끼게 된다. 무심코 다른 사람과 시시덕거리고 과거와 현재의 애정관계를 말하는 것은 상대방에게 오해를 불러일으켜 관계를 악화시킬 수 있다. 질투심은 불쾌한 감정이지만 대부분의 사회에서 금기시되는 감정이기 때문에 직접적으로 표출하기보다는 은근히 냉소적인 태도를 보이거나 사소한 일에 화를 내는 등 간접적이고 우회적으로 표현되는 경우가 많다. 한편, 한 연구에서는 여대생의 약 1/3가량과 남자 대학생의 1/4 정도가 자신의 파트너에게 일부러 질투심을 불러일으켰다는 결과가 있다(White, 1980).

일곱째, 외로움과 불완전감 때문이다. 혼자서도 잘 지내던 사람이 사랑을 하게 되면 혼자 있을 때 허전하고 마음이 안정되지 않고 부족함과 불완전함을 느끼는 등 혼자 있는 상태가 매우 힘들게 느껴지게 된다.

여덟째, 상대를 기쁘게 해주려고 자신의 진정한 내적 자아를 억압했기 때문이다. 이는 자신을 사랑하지 않는 것이라고 볼 수 있다.

아홉째, 상대방을 자신의 틀에 끼워 맞추려고 했기 때문이다. 이는 현재의 상태로는 상대방에게 사랑받을 자격이 없다는 말을 계속 전하는 것과 같다. 사랑이라는 이름으로 상대를 바꾸려고 할 때 사랑의 힘은 사라진다.

이렇게 행복과 고통의 감정의 연속을 겪고 인내하면서 마침내 결혼에 이르러 행복해하기도 하지만, 때로는 인내할 수 없는 상황이 되어 사랑하는 연인관계가 붕괴되어 종결되기도 한다. 그 이유로는 첫째, 서로에 대한 호감과 매력이 상실되고 관계가 지루해졌기 때문일 수도 있고, 둘째, 갈등 해결에 실패했기 때문일 수도 있고, 셋째, 다른 연인이 나타났기 때문일 수도 있고, 넷째, 부모의 반대나 물리적 이별 때문일 수도 있다. 그뿐만 아니라 연인 사이에 다음과 같은 금기사항을 말함으로써 관계가 깨질 수도 있다.

[표 7-2] **연인 사이에 피해야 하는 화제들**

금기시되는 화제	예	응답률
관계의 상태	우리 서로 사랑하는 거야? 결혼할 거야?	34%
관계의 행동	다른 사람을 사귀고 싶니? 다른 사람을 만나고 있니?	16%
관계준거	우리는 도대체 어떤 사이야?	13%
이전관계	옛날 친구(남자/여자)에 대해 말해줄래?	13%
갈등	우리는 서로 너무 달라!	11%
부정적인 자기노출	난 전과가 있어!	9%
기타		4%

(김시업, 2001)

많은 연인은 열렬히 서로 사랑했지만 다양한 이유들로 인해 사랑이 행복한 결말을 맺지 못하기도 한다.

실연은 사랑의 상실로서, 실연의 상처는 사람마다 다르기는 하지만 때로는 여러 가지 고통스러운 상처를 남기고 심리적인 후유증이 뒤따르면서 각자의 삶에 심각한 영향을 미치기도 한다. 실연을 하게 되면 일반적으로 우울, 슬픔, 분노, 미련, 후회 등 여러 가지 고통스러운 정서적 경험을 하게 되며, 인지적 기능에도 변화가 생겨서 주의가 산만해지고 집중력·판단력·기억력이 저하되어 학업이나 직업수행에 있어서 곤란을 겪을 수도 있게 된다. 또한 행동 상으로도 변화를 가져와서 의욕과 흥미, 활동성 및 식욕이 저하되기도 하며 두통, 소화불량 등 신체적 증상을 수반할 수도 있다.

이와 같이 실연이 너무 고통스러워서 처음에는 극복하지 못할 것 같은 느낌이 들지만, 대부분의 사람은 실연의 고통을 잘 극복한다. 다만 실연을 극복하는 방법이나 기간이 사람에 따라 다를 뿐이다. 따라서 이별의 순간이야 가슴이 아프고 이루 형언할 수 없는 고통이 따르겠지만 사랑이 붕괴되고 이별을 맞이하게 된다 하더라도 크게 두려워하거나 실망할 필요는 없다. 실연의 고통을 극복하는 과정을 통해 자신을 돌아보면서 성장하기도 하기 때문이다. 실연의 상처가 빨리 아물도록 돕는 방법에 대해 살펴보자.

첫째, 자신이 실연으로 아파하며 슬퍼하고 있다는 사실을 받아들인다. 실연의 고통은 '나'만 겪는 것이 아닌 '누구나' 겪는 자연스럽고 정상적인 반응임을 자각하면서 대부분 사람들처럼 이러한 고통으로부터 벗어날 수 있다는 것을 인식하도록 한다.

둘째, 충분히 아파하고 슬퍼하자. 실연의 고통을 부정하지도 말고 회피하지도 말고 충분히 아파하는 과정을 경험함으로써 자신의 괴로운 감정을 온전히 느끼고 표현하는 것이 실연의 고통을 빨리 치유하는 데 도움이 된다.

셋째, 가능하다면 1~2주 정도 일상생활로부터 벗어나는 것도 좋다. 시간을 내어 여행 등을 함으로써 일상의 업무 부담에서 벗어나서 기분을 전환하고 환경을 변화하는 것이 도움이 된다.

넷째, 실연에 대해 반성해본다. 충분히 아파하고 기분전환을 한 후에 사랑과 실연의 과정과 원인을 담담하게 반성해봄으로써 자신이 개선해야 할 부분에 대해 생각해본다.

다섯째, 실연의 아픔으로부터 벗어나 일상생활로 돌아온다. 이러한 완화 과정을 거쳐 실연의 아픔으로부터 벗어나 스스로 재기를 위한 현실생활로 돌아오도록 노력해야 한다.

이와 같은 실연의 고통을 극복하는 과정은 가까운 가족의 죽음을 극복하는 과정과 유사하다. 사랑하던 사람이 사망하게 되면 우리는 애도 과정(mouming process)을 거치게 된다. 사랑했던 사람을 잃은 슬픔을 표현하고 사랑했던 사람의 장례식을 치르고 무덤을 만들면서 그 사람의 죽음을 현실로 받아들이게 된다. 두 가지 경우 모두 사랑하는 사람을 떠나보내는 상실의 경험으로부터 극복하는 과정이다. 이러한 과정을 거쳐 사랑하는 사람의 상실을 충분히 현실로 인정하게 되면 상실의 고통은 견딜 수 있는 수준으로 완화된다(권석만, 2008).

활동문제

활동 1 나의 사랑은 어떤 모양일까?

Sternberg(1990)는 사랑의 세 가지 구성요소를 측정하기 위해 '사랑의 삼각형 이론 척도(The Triangle Theory of Love Scale)'를 제작하였다.

아래의 문장들은 현재 당신이 사귀고 있는 이성친구에 대한 당신의 심리상태를 기술한 것이다. ○○는 이성친구의 이름을 뜻한다. 각 문장을 읽고 ○○에 대한 당신의 상태를 잘 나타내는 정도라고 생각되는 적절한 숫자에 ○표 하시오.
'전혀 그렇지 않다(1점)', '그저 그렇다(5점)', '매우 그렇다(9점)'

1	나는 ○○의 행복을 위해 적극적으로 지원한다.	1	2	3	4	5	6	7	8	9
2	나는 ○○와 따뜻한 관계를 맺고 있다.	1	2	3	4	5	6	7	8	9
3	나는 힘들 때 ○○에게 의지할 수 있다.	1	2	3	4	5	6	7	8	9
4	○○는 힘들 때 나에게 의지할 수 있다.	1	2	3	4	5	6	7	8	9
5	나는 ○○와 나의 모든 것을 공유할 의향이 있다.	1	2	3	4	5	6	7	8	9
6	나는 ○○로부터 상당한 정서적 지지를 받고 있다.	1	2	3	4	5	6	7	8	9
7	나는 ○○에게 상당한 정서적 지지를 받고 있다.	1	2	3	4	5	6	7	8	9
8	나는 ○○와 말이 잘 통한다.	1	2	3	4	5	6	7	8	9
9	나는 내 인생에서 ○○를 매우 중요시한다.	1	2	3	4	5	6	7	8	9
10	나는 ○○와 친밀감을 느낀다.	1	2	3	4	5	6	7	8	9
11	나는 ○○와 편안한 관계를 느끼고 있다.	1	2	3	4	5	6	7	8	9
12	나는 ○○를 정말 이해하고 있다고 느낀다.	1	2	3	4	5	6	7	8	9
13	나는 ○○가 나를 정말 이해하고 있다고 느낀다.	1	2	3	4	5	6	7	8	9
14	나는 내가 ○○를 정말 신뢰한다고 느낀다.	1	2	3	4	5	6	7	8	9
15	나에 관한 매우 개인적인 정보를 ○○와 공유하고 있다.	1	2	3	4	5	6	7	8	9

16	○○를 보기만 해도 나는 흥분된다.	1	2	3	4	5	6	7	8	9
17	나는 낮에도 ○○에 대해 생각하는 나 자신을 자주 발견한다.	1	2	3	4	5	6	7	8	9
18	○○와 나의 관계는 정말 낭만적이다.	1	2	3	4	5	6	7	8	9
19	나는 ○○가 매우 매력적이라고 느낀다.	1	2	3	4	5	6	7	8	9
20	나는 ○○를 이상화하고 있다.	1	2	3	4	5	6	7	8	9
21	나는 ○○처럼 나를 행복하게 만들 수 있는 사람을 상상할 수 없다.	1	2	3	4	5	6	7	8	9
22	나는 다른 어떤 사람보다도 ○○와 함께 있고 싶다.	1	2	3	4	5	6	7	8	9
23	○○와의 관계보다 더 중요한 것은 이 세상에 없다.	1	2	3	4	5	6	7	8	9
24	나는 ○○와 신체적으로 접촉하는 것을 특히 좋아한다.	1	2	3	4	5	6	7	8	9
25	○○와의 관계에서는 '마술적'인 점이 있다.	1	2	3	4	5	6	7	8	9
26	나는 ○○를 찬미한다.	1	2	3	4	5	6	7	8	9
27	나는 ○○ 없는 인생을 생각할 수 없다.	1	2	3	4	5	6	7	8	9
28	○○와 나의 관계는 열정적이다.	1	2	3	4	5	6	7	8	9
29	낭만적인 영화나 책을 볼 때면 ○○를 생각하게 된다.	1	2	3	4	5	6	7	8	9
30	나는 ○○에 대해 공상을 하곤 한다.	1	2	3	4	5	6	7	8	9
31	내가 ○○에 대해 염려하고 있다는 것을 알고 있다.	1	2	3	4	5	6	7	8	9
32	나는 ○○와의 관계를 지속시키기 위해 최선을 다하고 있다.	1	2	3	4	5	6	7	8	9
33	다른 사람이 우리 사이에 끼어들지 않도록 나는 ○○에 대해 헌신할 것이다.	1	2	3	4	5	6	7	8	9
34	나는 ○○와의 관계가 흔들리지 않을 것이라는 점에 대해 자신감을 가지고 있다.	1	2	3	4	5	6	7	8	9
35	나는 어떤 난관에도 불구하고 ○○에게 헌신할 것이다.	1	2	3	4	5	6	7	8	9

36	○○에 대한 나의 사랑은 남은 인생 동안 계속되리라고 예상한다.	1	2	3	4	5	6	7	8	9
37	나는 ○○를 위해 항상 강한 책임감을 느낄 것이다.	1	2	3	4	5	6	7	8	9
38	○○에 대한 나의 사랑은 확고한 것이다.	1	2	3	4	5	6	7	8	9
39	나는 ○○와의 관계가 끝나는 것을 상상할 수 없다.	1	2	3	4	5	6	7	8	9
40	나는 ○○에 대한 나의 사랑을 확신한다.	1	2	3	4	5	6	7	8	9
41	나는 ○○와의 관계가 영원히 지속될 것이라고 생각한다.	1	2	3	4	5	6	7	8	9
42	나는 ○○와 사귀는 것을 잘한 결정이라고 생각한다.	1	2	3	4	5	6	7	8	9
43	나는 ○○에 대한 책임의식을 느낀다.	1	2	3	4	5	6	7	8	9
44	나는 ○○와의 관계를 계속 유지할 작정이다.	1	2	3	4	5	6	7	8	9
45	설혹 ○○와 갈등이 생긴다 해도 나는 여전히 우리 관계를 유지할 것이다.	1	2	3	4	5	6	7	8	9

※ 채점 및 해석방식

- 1~15번까지의 점수를 합산한다. 이 점수가 당신의 친밀감 점수이다. 16~30번까지의 점수를 합산하면 당신의 열정 점수가 되며, 31~45번까지의 점수를 합산한 것은 당신의 책임감 점수이다.
- 3가지 구성요소의 점수를 각각 세 변의 길이로 하여 삼각형을 구성해보라. 3가지 점수를 가지고 사랑의 삼각형 이론에 따라 자신이 경험하는 사랑의 특성을 다양하게 살펴볼 수 있다.

(출처 : 권석만, 2005)

활동 | 2 자기공개 연습

미팅이나 소개팅과 같이 이성을 개인적으로 만나게 되는 상황에서 자신을 어떻게 소개할 것인지를 생각해본다. 아울러 호감을 지닌 이성과의 관계를 심화시키기 위한 데이트를 할 경우, 어떤 방식으로 자기공개를 할 것인지 생각해본다. 실제로 그러한 기회들이 있을 경우, 자기공개를 해보고 그 결과를 관찰하고 기록해본다.

탐색문제

1. 이성교제 시 성관계에 대해 찬반 입장에서 토론해 보자.

2. 이성교제에서 성교육의 필요성 및 성교육 방법에 대해 토의해 보자.

3. 이성교제에서 사랑을 유지하고 발전시키기 위한 관계증진 방법에 대해 토의해 보자.

4. 이성관계가 깨어진 후에도 친구관계로 남을 수 있을지에 대해 찬반 입장에서 토론해 보자.

5. 『화성에서 온 남자 금성에서 온 여자』를 읽어보고 남녀 차이를 비교해 보자.

6. 배우자를 선택할 때 여러 면에서 비슷한 사람과 결혼하는 것이 좋을지, 아니면 서로 다른 사람과 결혼하는 것이 좋을지에 대해 토의해 보자.

08 조직

메이요(Mayo)의 '호손연구(Hawthorne studies)'에서도 알 수 있듯이, 직장에서 인간관계가 생산성 향상에 많은 영향을 미치고 있다. 또한 직업의 성공도 보면 다른 동료, 상사, 고객, 관련 직종의 다른 직원들과 어떻게 효율적으로 관계를 맺을 수 있는가와 관련된다. 그래서 최근 들어 조직에서의 인간관계 향상에 대한 관심이 높아지는 추세이며, 이러한 인식을 바탕으로 최근 보다 생산적인 인간관계를 형성하기 위한 교육과 훈련에 대한 요구가 각 기업체에서 크게 늘어나고 있다.

이 장에서는 직장에서의 인간관계와 갈등, 직장 내 성희롱, 그리고 직장 내에서 성공적인 인간관계 형성을 위해 필요한 태도에 대해 살펴보자.

1. 직업적 성공을 거두기 위한 요인

직장에서 효과적으로 자신이 맡은 업무를 수행하고 직업적 성공을 거두기 위해서는 기술적 기술, 개념적 기술, 인간관계 기술과 같은 세가지 기술이 필요하다. 기술적 기술은 '하위직에서의 일'과 관련된 기술이고, 개념적 기술은 '상위직에서의 일'과 관련된 기술이지만, 인간관계 기술은 '사람과 관련된 조직의 적응'에 관련된 기술로서 어떤 지위에서나 공통적으로 필요한 기술이다.

1) 기술적 기술(technical skill)

자기가 맡은 분야의 전문화된 지식과 전문화된 분석능력, 특정한 기술을 사용하는 능력 등 구체적인 능력을 의미한다. 예를 들면, 경리를 보는 사람은 경리업무가 기술적 기술이고 교사에게는 가르치는 일이 기술적 기술이다. 기술적 기술은 특히 하급직에서 많이 요구된다.

2) 개념적 기술(conceptual skill)

자기가 맡은 전문 업무가 아니라 부서나 조직 전체의 일을 총괄하여 조직이 나아가야 할 방향과 업무를 기획하고, 업무의 효율성을 위해 적재적소에 인재를 배치할 뿐만 아니라 업무를 적절히 분배함으로써 거시적으로 조직 전체의 목표 달성과 생산성 향상을 꾀할 수 있는 기술이다. 개념적 기술은 상급직으로 올라갈수록 많이 요구되기 때문에 최고경영자는 세세한 부분의 기술적 기술까지 알 필요는 없고 개념적 기술이 필요하다.

3) 인간관계 기술(human skill)

팀의 일원으로 다른 사람들과 협조할 수 있는 능력을 의미한다. 기술적 능력이 '사물'과 일하는 기술인 반면, 인간관계 기술은 '사람'과 함께 일하는 기술에 초점을 맞추고 있다. 인간관계 기술은 모든 직급의 사람들에게 공통적으로 필요한 기술이다.

또한 최근 기업경영 분야에서 EQ 개념을 도입한 '감성경영'이라는 기업운영 방식이 새롭게 각광받고 있다. 이는 골먼(Goleman, 1995)이 주장한 정서지능(Emotional Quotient : EQ)으로서 이는 "사회지능의 하위요소로서, 자신과 타인의 감정과 정서를 점검하고 그 차이를 변별하고 생각하고 행동하는 데 정서정보를 이용할 줄 아는 능력"을 말한다.

그렇다면 EQ에서 말하는 감성지능의 본질은 무엇일까?

① 자신의 감정을 알고 자각(aware)하는 능력

② 자신의 감정을 조절(control)할 수 있는 능력

③ 자신을 동기화(motivate)할 수 있는 능력

④ 타인의 감정을 읽고 공감(empathy)할 수 있는 능력
⑤ 인간관계 기술(사회적 기술)

골먼(Goleman)은 감성지능이 높은 사람, 즉 좋은 협력자, 동료들에게 인기 있는 사람, 목표를 달성하기 위해 타인에게 필요한 협력을 구할 수 있는 사람을 유능한 사람으로 꼽았다. 마찬가지로 직무효율성에 대한 최근의 연구결과들은 자신의 감정과 타인의 감정에 대한 감수성이 높은 사람이 오히려 직업적 유능성이나 성취수준이 높다고 보고하고 있다. 이런 결과들은 성공적 직업적응을 위해서는 전통적으로 남성에게 강조되는 사회적 성취에 필요한 능력과 전통적으로 여성에게 강조되는 타인과의 관계에서 소통하는 데 요구되는 능력이 모두 필요한 요소라는 것을 나타낸다. 즉, 양성적인 성역할(androgynous sex role)을 지니는 것이 직업의 성공을 위해 필요하다는 것이다.

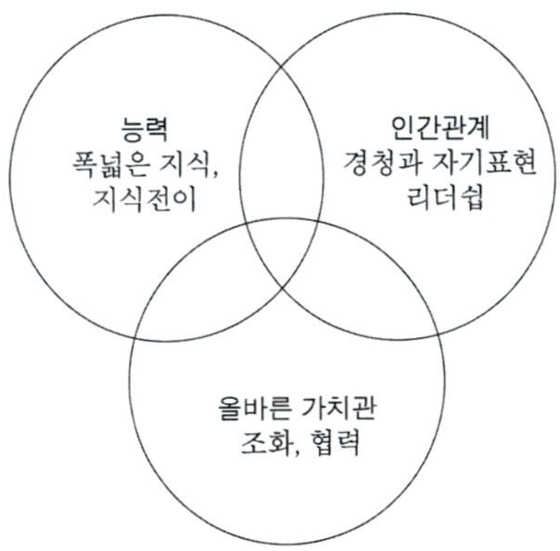

[그림 8-1] **성공적 직업 적응을 위한 세가지 요소**

(김유숙, 2007)

2. 직장에서의 인간관계

직장에서는 위로는 상사가 있고 좌우로는 동료들이 있으며 아래로는 부하가 있는 상하좌우의 모든 방위에 위치하는 다양한 사람들과 인간관계를 맺게 된다. 이러한 다양한 직장인의 일반적인 인간관계 유형을 여러 측면에서 분류할 수 있다.

Blake와 Mouton(1964)은 일에 대한 관심의 정도와 인간에 대한 관심의 정도에 따라 무심형, 과업형, 인기형, 타협형, 이상형으로 구분하였다. 이상형은 바람직한 유형으로, 업무에 대한 관심뿐만 아니라 인간에 대한 관심도 높아서 구성원의 사기와 협동을 중시하는 유형이다.

직장인의 소속감에 따라 크게 직장중심적 인간관계와 직장탈피적 인간관계의 유형으로 나누어볼 수 있다. 직장중심적 인간관계는 직장동료와의 인간관계를 삶의 중요한 인간관계 영역으로 생각하는 직장인의 태도를 말한다. 이들은 조직 및 업무에 대한 소속감과 만족도가 높으며, 업무에 대한 흥미도 높다. 따라서 직장동료와 업무에 대한 대화뿐만 아니라 개인적인 일이나 고민, 취미 등을 함께 나누게 된다.

한편, 리더와 상사는 그들의 행동양식에 따라 과업중심적 상사와 인간중심적 상사로 구분할 수 있다. 인간중심적 상사는 업무수행뿐만 아니라 인격적 교류에 큰 가치를 부여하여 부하직원 개개인의 성격과 사생활에 관심이 많으며, 그들과 개인적·정서적 교류를 나눈다.

상사의 유형은 부하직원의 지휘방식에 따라 권위형, 방임형, 민주형으로 나누어볼 수 있다. 민주형 상사는 업무를 추진함에 있어서 부하직원의 의견을 수렴하고 그들의 재량권을 존중하는 상사이다. 그들의 관계는 평등관계로서 자유롭고 솔직한 의사소통을 하면서 창조적인 활동이 전개된다.

국내 기업체 직원을 대상으로 이루어진 한 연구(유기설·김명소, 2004)에 따르면, 상사들은 다음과 같은 아홉 가지 행동적 특성을 나타내는 것으로 밝혀졌다.

① 통솔력 : 무리를 거느려 다스리는 능력을 지닌다.

② 사회적 자신감 : 사회적 관계에서 심리적으로 위축상태에서 벗어나 사회적 참여에 능동적이다.

③ 보수지향성 : 검증된 방법을 고수하며 규범적인 일을 선호한다.

④ 강직성 : 모욕에도 잘 견디고 부당한 말을 들어도 영향을 받지 않는다.

⑤ 자제력 : 자신의 감정이나 욕망을 스스로 억제할 줄 안다.

⑥ 경쟁성 : 남과 겨루어 이거거나 앞서려는 마음이 강하다.

⑦ 성취지향성 : 뚜렷한 목표의식으로 어떤 일을 시작했을 때 끝까지 성취하려는 의지가 강하다.

⑧ 결단성 : 결론을 내리는 것이 빠르고 모험을 즐긴다.

부하의 유형도 상사를 대하는 태도의 우호성에 따라 추종형, 저항형, 합리형, 분리형으로 구분할 수 있다. 추종형의 부하는 상사를 높이 평가하고 적극적으로 지지함으로써 상사와 각별한 친교관계를 형성하려고 노력하는 적극적 추종형과 상사의 결정을 불만 없이 순종하지만 적극적인 추종행동을 나타내지 않는 소극적 추종형이다. 저항형은 상사의 지휘방식에 불만을 느끼고 반항적인 행동을 나타내는 유형이다. 이러한 유형에도 상사의 일방적 지시에 대해 노골적으로 이의를 제기하고 반발하는 적극적 저항형과 부당함을 느껴도 겉으로 반항하지는 않지만 간접적인 방법으로 상사의 지시를 잘 따르지 않는 소극적 저항형이 있다. 마지막으로 합리형은 상사의 합리적 지시는 적극적으로 수용하지만, 불합리한 지시에는 상사의 의견을 존중하면서 이의를 제기하고 자기의 의견을 적절하게 제시하는 자기주장적 행동을 나타낸다. 이 밖에 상사와 소원한 관계를 맺으며 상사의 지시에 정서적 반응을 보이지 않고 무관심한 태도를 나타내면서 직장에 대한 조직몰입도가 낮은 분리형도 있다(권석만, 2005).

직장동료의 유형으로는 돌출형, 희생형, 원만형, 위축형으로 구분될 수 있다. 이 중에서 원만형은 동료들과 균형을 이루는 동시에 동료관계에서 협동과 경쟁의 균형감각을 지닌 사람이다.

3. 직장에서의 인간관계 갈등

직장인들이 직장생활에서 경험하는 스트레스는 크게 직무 스트레스와 인간관계 스트레스로 구분할 수 있는데, 인간관계 스트레스는 직무 스트레스보다 더 고통스럽게 느껴지며 직장 부적응의 주요 원인이 되고 있다. 직장에서 만나는 사람들은 경험과 연령대뿐 아니라 가정배경, 가치관, 생각, 성격 등이 다르기 때문에 갈등이 일어날 수밖에 없다. 직장인들이 전직이나 이직을 고려하는 중요한 이유 중 하나가 직장에서 느끼는 인간관계의 갈등과 스트레스이다. 이 스트레스가 직무동기를 저하시키고, 업무수행의 효율성을 떨어뜨려 직무 스트레스를 야기하기도 한다.

한편, 직장에서의 일이 아무리 고되고 힘들더라도 직장에서 원만한 인간관계를 유지하는 것은 사회적 지지가 되며 직장 스트레스를 낮추며 업무의 효율성을 가져오기 때문에 직장에서의 성공적인 인간관계에 대한 이해를 높여야 한다.

1) 상사와의 갈등

직장에서의 인간관계는 크게 동료관계와 상사 부하관계로 이루어지는데, 이 중에서도 특히 위기를 경험하는 것이 상사 부하관계이다. 상사가 직장생활을 처음으로 시작하는 신입시절일 때에는 상사에게 절대적으로 복종해야 하는 수직적 관계였지만, 최근 젊은이들은 자기주장이 강하고 수평적인 관계를 요구하기에 직장에서의 인간관계는 더 더욱 어려움을 야기하고 있다. 이를 반영하듯 노사분규로까지 이어지면서 상사와 노동자 간에는 심한 마찰이 초래되면서 인간관계에서 비롯된 문제가 그들의 생산성에까지 영향을 미치고 있다.

직장에서 많이 보게 되는 상사와 부하와의 갈등은 무엇일까? 상사와 부하관계는 상호작용적이다. 따라서 상사는 부하직원의 태도에 따라 그들을 대하는 태도가 달라지며, 마찬가지로 부하직원은 상사의 태도에 따라 그를 대하는 태도가 달라진다. 부하직원은 상사가 부당하고 무리한 업무를 강요하고, 비인격적으로 대하고, 업무수행에 대한 정당한 평가나 보상을 해주지 않고, 편애하거나 홀대할 때 불만을 느낀다. 반면, 상사는 부하직원이 지시한 일을 제대로 수행하지 못하고, 사사건건 이의를 제기하거나 저항하고, 예의나 존중적 태도가 없고, 조직의 규율을 지키지 않고 제멋대로 행동하고, 조직에 대한 소속감 없이 개별적으로 행동할 때 불만을 느낀다. 대체적으로 상사는 부하직원의 눈치를 살피지 않지만 부하직원은 상사의 눈치를 살피게 된다. 그래서 불만을 가진 부하직원은 직접적으로 불만을 표출하기 어려우므로 업무를 소홀히 하거나 다른 일에서 이의를 제기하는 등 간접적으로 불만을 표출하는 경우가 있다. 이에 대해 상사는 불만을 느끼게 되어 더 비판적인 행동을 보임으로써 관계가 점점 더 악화되는 악순환을 형성하게 된다. 이러한 상사와 부하의 상호작용에 의해서 상사와 부하직원 간의 갈등은 지속적으로 발생한다.

2) 동료직원과의 갈등

동료직원은 협력자인 동시에 경쟁자이다. 초등학교 때부터 친구들과 개별학습과 협동학습을 하면서, 대학에 와서는 조별 프로젝트를 하면서 동료 간에 경쟁하면서 협동해야 하는 것을 배워왔다. 최근의 새로운 면접형태인 집단면접에서도 어떤 주제에 대한 답변을 요구받았을 때 다른 피면접자들의 의견을 무시하지 않는 협력적인 태도를 취하면서 나의 의견을 주장적으로 표현하는 면접 자세가 필요하다. 마찬가지로 입사 후에도 소수의 우수한 직원만이 승진되기에 동료직원 간에는 인간관계에서 갈등이 생겨나게 된다. 상사의 업무지시를 같이 수행하면서 업무가 불공정하게 분담되거나 업무를 수행하는 방식이 서로 맞지 않으면 갈등이 유발될 수 있다. 또한 다른 부서의 직원과도 업무에 대해 끊임없이 도움을 주고받는 관계를 맺기 때문에 갈등이 유발될 수 있으며, 이러한 갈등으로 인해 부서 간의 협조가 잘 이루어지지 않는 경우도 있다. 따라서 동료 간에 협력과 선의의 경쟁을 적절히 활용할 수 있도록 하는 것이 필요하다.

3) 직장과 가정의 갈등

직장생활과 가정생활은 매우 밀접한 관계를 맺고 있어서 서로 영향을 주고받는다. 직장일이 바쁘면 가족관계에 소홀해지면서 문제가 생길 수 있고, 반대로 가정에서 스트레스가 있으면 직장의 동료나 부하에게 표출될 수도 있다. 이와 같이 두 가지 생활영역을 원만하게 영위해나가는 동시에 두 생활영역의 균형과 조화를 이루는 일은 쉽지 않지만 매우 중요한 과제이다. 특히 여성은 가정과 직장 일을 병행하는 것이 힘들기 때문에 여성들로 하여금 경력단절을 초래할 수도 있다. 또한 여성들은 가정을 잘 돌볼 수 있는 직장을 선택하게 되기 때문에 여성들의 역량(empowerment)을 제한할 수도 있으며, 이는 장기적으로는 사회의 발전에도 영향을 미칠 수 있다. 여성이 가정과 직장 일을 병행하기 위해서는 시부모나 친정부모와 같은 다른 사람의 도움이 필요하기도 하지만, 무엇보다도 배우자가 돕는 것이 우선되어야 한다. 이를 위해서는 남편과 아내 모두 전통적으로 고정관념적인 성 역할 태도를 가지기보다는 양성적(androgynous)인 성 역할 태도를 가지고 서로 돕는 것이 필요하다. 양성적인 사람이란 전통적인 남성적 성 역할과 여성적인 성 역할을 고수하는 태도가 아니라 한 개인 내에 바람직한 남성적 특성과 여성적 특성이 높은 수준으로 존재하는 것을 말한다(Bem, 1977). 전통적으로 고정관념적인 성 역할 태도는 남녀 모두에게 불평등했지만, 남녀의 성역할 의식은 이미 변화되어 성 역할 사회를 통해 양성성을 키워나가야 하는 시대가 되었다. 원만한 가정과 직장에서의 성공을 위해서는 양성성의 성향, 즉 남에 대한 배려가 높은 여성성의 측면과 추진력, 리더십과 같은 남성성의 측면을 모두 지닌 사람으로의 변화를 요구하고 있다.

일반적으로 사람들은 가정에서의 사회화 과정에서 아버지, 어머니 또는 그 밖의 다른 양육자들의 언어나 행동 등을 통해 성 역할을 학습한다.

성 역할의 학습과 관련된 이론은 다음과 같다.

첫째, 동일시 이론이다. 남아는 오이디푸스 콤플렉스(Oedipus Complex), 여아는 엘렉트라 콤플렉스(Electra Complex)를 겪게 되는데, 아동들은 자기와 같은 성을 가진 부모의 행동을 무의식적으로 동일시함으로써 남아는 오이디푸스 콤플렉스, 여아는 엘렉트라 콤플렉스를 해결하게 되고, 그 과정에서 각각의 성에 적절한 행동과 역할을 배우게 된다.

둘째, 모방학습 이론이다. 우리는 다른 사람의 성 역할 행동이 칭찬받는 것을 보고 그 행동을 배울 수 있고, 다른 사람의 성 역할 행동이 벌 받는 것을 보고 그 행동을 하지 않는 것을 배울 수 있다. 어린 시절에는 부모와 같은 중요한 타인에 대한 모방이 일어나지만, 점차 자기의식이 싹트면서부터는 주로 자기보다 우수한 대상인 친구, 교사의 행동, 더 나아가서는 소설, TV, 영화 속의 인물의 행동을 의식적, 무의식적으로 모방한다. 모방을 통한 학습에 해당하는 관찰과 모델링을 통해 간접적으로 학습하게 된다.

셋째, 인지발달 이론이다. 아동은 주변 환경과의 상호작용을 통해 성장해나가면서 개인의 지각과 인지과정을 통해 외계의 사물이나 사태를 이해하고, 상징적으로 개념화하여 자기 나름의 의미 있는 인지과정을 거치게 된다. 그러한 과정 속에서 자신만의 가치관, 도덕성, 신념, 태도 등을 형성하게 되고 사회적으로 의미 있는 성 역할 행동과 의식을 스스로 조직해나가는 능동적인 역할을 수행한다.

4) 직장에서의 성공적인 인간관계

직장에서 다른 사람들과의 관계는 성공이나 실패에 직접적, 간접적으로 영향을 미친다. 아무리 능력 있는 사람이라 할지라도 좋은 인간관계 기술을 가지지 못한 사람은 자신의 능력보다 낮은 평가를 받게 되며, 능력은 평균밖에 되지 않지만 좋은 인간관계 기술을 가진 사람은 더 높게 평가되기도 한다. 탁월한 기술과 재능이 생산성을 높이는 중요한 요인이 된다고 하지만, 다른 동료들과 함께 효과적으로 일할 수 없으면 그 직장에서 살아남을 수 없다. 회사 입장에서는 업무능력이 좀 부족한 것은 훈련을 통해 향상시켜나갈 수 있지만 다른 사람들과 교류할 수 있는 인간관계 능력이 부족한 사람을 개선시켜나가는 것은 매우 어렵다는 것을 알기 때문이다.

이러한 중요성으로 인해 면접관들이 신입사원 지원자들을 면접할 때 "직장동료와 어떻게 협동할 것인가?", 혹은 "직장상사와 갈등이 생길 때 어떻게 대처할 것인가?"와 같은 질문을 던지기도 한다. 실제로 대부분 직장인들은 직장생활에서 인간관계가 가장 어렵고도 중요한 문제라고 인식하고 있고, 회사 내에 인간관계의 불화 때문에 회사를 그만두고 싶어 하는 것으로 나타났다. 직장에서의 좋지 않은 인간관계는 자신의 괴로운 직장생활뿐만 아니라 직장동료의 불행과 회사의 생산성에도 부정적인 영향을 미치고 나아가서는 회사의 생산품을 구매하는 사람들의 질에도 영향을 미치게 된다.

그렇다면 직장에서의 성공적인 인간관계를 위해서는 어떻게 해야 할까?

우선, 상사와 원만한 관계를 유지하기 위해서는 상사가 원하는 부하직원의 특성에 대해 이해한 후 이러한 요건을 갖출 수 있도록 해야 할 것이다. 그 요건으로는 직무수행에 필요한 기본적인 지식과 기술, 솔선수범하여 일을 수행하는 주도성, 협동성, 회사에 대한 충성심, 적합한 용모, 의사소통 능력, 성실성, 업무경험과 이력, 학위, 성적, 자격증, 대인관계능력, 지도력 등이다. 또한 상사도 부하와 원만한 관계를 유지하기 위해서는 상사에 대한 부하의 기대를 알고 있어야 할 것이다. 부하들은 성과에 대해 인정받기를 원하므로 승진 가능성을 공평하게 열어주어야 할 것이며, 인간으로서 적절히 대해주고, 작업조건이 적절해야 하며, 사회적으로도 유대감을 형성할 수 있어야 하며, 능력발휘의 기회가 있고, 상사에게 공감적 능력과 배려심이 있어야 할 것이다. 한편 업무를 지시하거나 명령을 할 때 애매하게 전달하기보다는 분명하게 전달하여 부하가 잘 수행할 수 있도록 해야 할 것이다.

국내에서는 민혜경(1997)이 대졸 사무직 근로자를 대상으로 하여 기업조직이 근로자에게 기대하는 내용을 조사하였다.

[표 8-1] **조직이 근로자에게 기대하는 내용**

기대범주	구체적 내용
업무수행	맡겨진 업무의 완수
	업무개선을 위한 아이디어 제안
	사업에 관련된 창의적인 아이디어 제안
	필요 시 잔업이나 휴일근무
	업무시간의 준수
추가역할 수행	전근 시 철저한 업무 인수인계
	후배사원의 교육 및 지도
	업무나 기술의 전수
	부서 내 업무 관련 정보의 공유
	동료의 업무수행에 대한 자발적인 협조
	후배사원의 업무성과에 대한 인정과 칭찬
자기계발	새로운 정보, 지식, 기술의 습득
	외국어 및 컴퓨터 실력의 향상
	요구되는 업무능력의 개발
	사내·외 교육 프로그램의 적극적 참가
대인관계	원만한 대인관계 유지
	동료의 업무에 관련된 고충의 이해와 해결안 모색
	동료의 개인적인 어려움에 대한 청취와 도움
애사심	회사의 위기 시 적극적인 대처와 참여
	회사의 정책이나 제도에 대한 수용
	중요한 문서나 정보의 보호
	이직 시 한 달 전에 통보

직장상사나 고용주는 부하직원에 대해 위와 같은 여러 가지 암묵적 기대를 가지고 평가하므로 이러한 암묵적 기대를 잘 파악하여 적절히 행동하는 것이 직장 적응의 관건이다. 흔히 부적절한 옷차림, 근무시간을 어기는 일, 예의 없는 말투, 지나치게 개인주의적인 행동 등 미숙한 처신은 직장에서의 인간관계 적응에 어려움을 초래할 수 있다.

그렇다면 직장 내에서 성공적인 인간관계를 위해 상사나 부하 모두가 공통적으로 지녀야 할 자세는 무엇이 있을까? 일반적으로 성공적인 직장생활의 인간관계를 위해서는 다음과 같은 덕목이나 태도가 실천되어야 한다.

① 공동체 의식을 가져야 한다.

② 서로의 인격을 존중해주어야 한다.

③ 서로 신뢰해야 한다.

④ 건설적인 비판을 수용할 수 있어야 한다. 한 개인의 성장을 위해서는 긍정적 피드백뿐만 아니라 부정적 피드백도 잘 받아들이고 수용할 수 있어야 한다.

⑤ 각자 업무를 충실히 담당해야 한다. 즉, 원만한 상사와 부하의 관계를 이루기 위해서는 상사는 부하를 존중하고, 부하는 상사를 존경하는 태도가 무엇보다도 필수적이다.

4. 직장 내 성희롱

최근 들어 직장에서의 인간관계로 중요하게 대두되고 있는 것이 성희롱 문제이다. 직장 내에서 폭력이나 절도죄를 짓거나 회사 기밀을 누출하여 문제가 생기면 경찰서에 신고하여 해결하면 된다. 요즈음 직장 내에서 폭력이 일어났다고 한다면 이는 대부분 성폭행, 성적 괴롭힘의 문제가 되고 쉽게 경찰에 신고할 수 없는 예민하고도 중요한 문제이기 때문에 최근 들어 직장 내 성희롱은 그 중요성이 강조되고 있다.

성희롱 문제는 과거 산업사회부터 존재하였다. 우리나라에서는 1994년 교수와 조교 간 성희롱 사건으로부터 성희롱이라는 용어가 우리 사회에 처음으로 등장하기 시작하였다. 그 당시에는 성희롱이라는 용어가 생소하여 대법원에서 성희롱으로 확정판결에 이르기까지는 5년이라는 시간이 필요했고, 성희롱에 대한 개념을 정리하게 되었다. 미국에서는 법적 제도와 제도적 장치를 정비했으나 우리나라에서는 최근에 와서 남녀고용평등법에 성희롱에 관한 조항을 넣고 여성가족부 중심으로 인식을 확산하면서 대응방안에 대한 상담을 하고 있다.

남녀고용평등법 제 2조의 제 2항에 성희롱을 다음과 같이 정의하고 있다. "직장 내 성희롱이라 함은 사업주, 상급자 또는 근로자가 직장 내의 지위를 이용하거나 업무와 관련하여 다른 근로자에게 성적인 언어나 행동으로 또는 이를 조건으로 고용상의 불이익을 주거나 또는 성적 굴욕감을 유발하게 하여 고용환경을 악화시키는 것을 말한다." 성희롱의 개념은 sexual harassment로서 harassment는 '지긋지긋하게 굶', '괴롭힘', '귀찮게 굶'을 의미하기에 '성적으로 괴롭힘', '성적으로 귀찮게 굶', '성적으로 지긋지긋하게 굶' 등으로 풀이될 수 있다. 성희롱에 대한 심리학적 정의는 조직 내에서 직무상의 권한 및 지위를 이용하여 상대방이 원치 않는 성적인 성격을 띤 언행이나 신체적 접촉 혹은 성적인 접근을 수용하도록 요구하는 행위이다. 직장 내 성희롱은 사업장 밖에서도 상급자가 그 지위를 이용하거나 업무와 관련이 있다면 성립된다. 그래서 출장 중에 일어나는 여러 가지 성희롱도 직장 내 성희롱의 범주에 들어간다.

성희롱은 일반적으로 남성이 여성을 희롱하는 것으로 생각하지만 남성과 남성 간, 그리고 여성과 여성 간에도 일어날 수 있다. 특히 현대사회로 올수록 여성이 권력을 가지게 됨으로써 여성행위자로 인한 남성피해자도 생길 수 있기 때문에 어느 누구와 이야기하더라도 상대방이 성적 수치심을 느끼면 이는 성적 괴롭힘이 된다. 그러나 상사와 부하직원은 권력관계에 있기 때문에 부하는 상사의 표정을 살피지만, 대부분의 상사는 부하직원의 표정을 살피지 않기 때문에 직장 내 지위 차이가 큰 상하관계에서는 상사가 성희롱을 요구할 때 부하직원의 입장에서는 이를 거절하거나 피하기가 쉽지 않다.

우리는 성적 자기결정권을 가지고 있다. 성적 자기결정권이란 다른 사람의 원하지 않는 성적 언행에 대해 거부할 권리와 함께 타인에게 피해를 주지 않는 범위에서 자신의 성적욕구와 취향을 누릴 권리이다.

다른 사람의 원하지 않는 성적 언행에 대해 거부할 권리 ⇨ 성적 자율권, 자기결정권 ⇦ 타인에게 피해를 주지 않는 범위에서 자신의 성적욕구와 취향을 누릴 권리

[그림 8-2] **성적 자기결정권**

성희롱은 싫은데 상대방이 일방적으로 성희롱 행위를 하여 자기결정권을 침해하는 것이다. 성희롱 피해자들은 혼란과 자기비난, 부정, 두려움, 불안, 우울, 분노, 환멸감 등의 심리적 반응을 보인다. 성희롱으로 인해 2차 피해가 생기기도 하는데, 예를 들어 왕따, 집단괴롭힘, 집단따돌림으로 나타나기도 하고, 피해자가 회사에 다시 남게 될 때 휴가 결제를 안 해주거나, 협박과 모욕, 과도한 업무 등 드러나지 않으면서도 증명하기 어렵게 불이익을 주어 피해자가 조직을 떠나게 하기도 한다. 성희롱이 일어났을 경우에 피해자가 행위자에게 맞서거나, 소송을 제기하거나, 상사를 찾아가는 등의 적극적인 대처반응을 하기는 어렵다. 그 이유는 업무 혹은 고용상의 불이익이나 보복을 걱정하고, 직장 내 마찰을 피해 원만한 직장생활을 하기를 원하고, 문제를 제기해도 해결할 수 없다고 생각하고, 피해조사과정에서 더 큰 수치심과 스트레스를 느끼기 때문이다. 그래서 행위자를 무시하거나, 회피하거나, 전근을 요구하는 등의 간접적인 대처반응을 하게 된다.

상사가 성희롱을 하는 경우에 부하직원은 이를 통제할 수 있는 통제권이 없기 때문에 이는 일종의 직무 스트레스(job stress)가 되어버린다. 그리고 여성의 경우에는 성희롱을 한번 당하면 그 다음에 직장을 구할 때에는 무엇보다도 성희롱을 당하지 않을 수 있는 근무환경을 우선적으로 찾게 되기 때문에 여성의 경력개발에 영향을 줄 수 있다. 그러나 상사와 부하직원은 권력관계에 있기 때문에 부하는 상사의 표정을 살피지만, 대부분의 상사는 부하직원의 표정을 살피지 않는다. 그래서 직장내 지위차이가 큰 상하관계에서는 성희롱이 발생할 수 있으며 상사가 성희롱을 요구할 때 부하직원의 입장에서는 이를 거절하거나 피하기가 쉽지

않다.

직장에서 성희롱이 발생했을 때에는 우선 기관에 알려야 한다. 일단 성희롱 접수가 되면, 기관 내에서 처리할 경우에는 성희롱인지 여부를 판단해야 해야 한다. 판단기준은 얼마나 일방적으로 나의 의사가 무시된 채 문제의 행동이 이루어졌는가의 여부이다. 무엇보다도 성희롱 사건이 일어났을 때에는 진정어린 사과와 함께 재발방지 약속이 중요하다. 피해자는 행위자에게 명확한 거부의사를 표시하거나 중단을 요청하는 편지를 쓰기도 한다. 피해자는 증거자료를 확보해야 한다. 성희롱 날짜, 시간, 장소, 방법, 목격자와 함께 서면, 메일, 문자메시지, 전화기록, 대화기록 등을 확보하며 동료나 상사, 고충상담원 등 주변에 도움을 청한다. 기관 내에서는 피해자의 권리를 찾고 대처방안을 알도록 도와야 하겠지만, 되도록이면 기관 내에서 처리하는 것이 필요하다. 그 이유는 성희롱 문제가 외부로 나가면 감정싸움과 갈등이 일어나기 때문에 문제가 커질 수 있기 때문이다. 그러나 무엇보다도 중요한 것은 피해자가 기관 내에서 처리하기를 원하는지, 아니면 신고하여 외부에서 해결하기를 원하는지를 살펴본 후에 피해자가 원하는 방향으로 처리해야 할 것이다. 외부에서 해결하기를 원한다면 여성단체, 노동부, 노동조합 또는 상담기관(한국성폭력상담소, 고용평등상담실, 국가인권위원회 등) 등 주변에 도움을 청한다. 만약 피해자가 공공기관에 도움을 요청했는데도 피해자를 적극적으로 돕지 않을 경우에는 올해부터 법령이 바뀌어서 공공기관 성희롱 은폐자나 2차 가해자로서 징계를 받게 된다.

이와 같이 최근에는 직장 내에서 성희롱 문제가 중요해지고 있다. 따라서 성희롱이 일어나지 않게끔 하기 위해 직장 내 의식전환이 필요하며, 직장 내 성희롱 예방교육을 연 1회 이상 실시해야 할 의무가 있다. 대학교도 마찬가지여서 각 대학마다 성희롱상담센터를 설치하고 있으며, 성희롱에 대한 교육을 전 교직원이 연 1회 이상 받고 있다. 또한 모 대학에서는 전교생이 '성인지 감수성향상 훈련'을 받아야만 졸업을 시키고 있을 정도로 성희롱의 개념은 점차 중요해지고 있다.

성 피해 예방지침은 다음과 같다.

① 공(公)과 사(私)를 구별하여 행동하자.
② 서로 대할 때 행동원칙을 정하자.
③ 신체접촉은 금물이다.
④ 가급적 단둘이 음주, 노래방, 승용차에 탑승하지 말자.
⑤ 무심코 언어적 성희롱이 발생하지 않도록 유의하자.
⑥ 자신의 성에 대한 고정관념을 점검하자.
⑦ '아니오'라고 단호히 말하자.

5. 사이버 상에서의 대인관계

현대인은 얼굴을 맞대고 만나는 대면관계뿐만 아니라 사이버 공간에서 다양한 사람들을 만난다. 이러한 사이버 공간은 다음과 같은 특성이 있다.

① 사이버 공간에서는 인간관계의 실제상황에서는 상상할 수 없는 일들이 발생한다.
② 사이버 공간에서 일어나는 상호작용이 증가함에 따라 얼굴을 맞댄 상호간의 생활에서의 상호작용이 감소되는 현상이 일어난다.
③ 인간관계가 쉽게 발전하고 쉽게 소멸하는 현상이 생긴다.
④ 인터넷은 새로운 계층을 만들어내고 또한 새로운 형태의 차별이 가능해졌다. 자신의 정체성이 아닌 새로운 정체성을 형성하면서 자신들만의 특별한 집단을 형성해서 다른 집단에 대해 우월감을 느끼고 차별적인 행동을 하게 된다.
⑤ 자신의 비현실적이거나 비정상적인 욕구를 실현할 가능성이 높아가고 있다. 성매매 대상, 사제폭탄 제작에 대한 정보, 자살 사이트 등의 예를 들 수 있다.
⑥ 사이버 공간은 시공간을 초월하여 허가된 범위 내에서 자유로움과 정보의

개방성이 제공된다.

⑦ 보안장치가 발달하면서 새로운 계급이 형성된다. 즉, 정보격차(digital devide)의 심화로 인한 새로운 계급이 생성된다.

⑧ 사이버 상의 구성원들 사이에는 인간관계가 메시지로 형성되며, 인터넷의 사용 실력에 따라 관계적 역량이 달라질 수 있다.

컴퓨터 보급의 확대와 함께 현대사회에서는 인간관계가 현실사회에서의 인간관계뿐만 아니라 가상사회에서의 인간관계로까지 확대되었다. 가상사회에서도 다양한 인간관계를 맺고 있지만, 익명성이 존재하기 때문에 규범이나 질서를 무시하고 행동함으로써 혼란을 초래하거나 다른 사람에게 막중한 피해를 입히는 경우를 볼 수 있다.

사이버 상에서 이루어지는 인간관계는 대면관계와는 달리 솔직하고 적극적인 자기개방이 이루어지지 않고, 때로는 자신의 정체를 숨기거나 왜곡시키는 경우도 있다. 그래서 사이버 상에서의 인간관계는 적극적이고 능동적이기보다는 수동적이고 소극적이라고 할 수 있다. 대면관계에서는 규범이나 관습, 법률 등 다양한 방법을 통해 감정표현을 억제하거나 조절해나가는 것과 달리, 사이버 공간에서는 자신의 감정을 거르지 않고 그대로 표출하게 되어 다양한 사회문제들이 발생하게 되는데, 그 내용을 요약하면 다음과 같다(정진선·문미란, 2008).

① 인터넷중독 위험군이 있는 대상들은 비위험군에 있는 대상들보다 사이버 상에서 대인관계가 활발하게 이루어지고 있다.

② 사이버 공간을 사용하는 두 집단, 즉 병리적 사용 집단과 정상적 사용 집단에 대한 사용자의 성별을 분석한 결과(김지윤, 2000) 병리적 사용 집단에는 남성이, 정상적인 사용 집단에는 여성이 더 많은 것으로 나타났다.

③ 정상적인 현실생활과 인간관계에서 이탈할 가능성이 높고 대면적인 접촉이 줄어 현실 인간소외 현상이 더욱 심각해질 수 있다(이동원·최선희, 1997).

④ 사이버 공간을 통해 가상의 세계를 향한 현실 도피와 인터넷중독 등의 부적응적인 행동양식이 증가할 것이다.

⑤ 현실에서 자신이 하고 있는 일에서 만족이나 보상을 얻지 못하는 정도가 확대될 것이다(김광수, 2000).

6. 사이버 시대 속에서 살아가는 우리의 자세

점차로 인간이 사이버 공간에 머무르게 되는 시간이 많아지므로 사이버 공간에서의 규범과 예의와 바람직한 자세를 살펴볼 필요성이 있다. 무엇보다도 사이버 상에서의 인간관계는 현실사회에서와 마찬가지로 상대를 인정하고 배려하는 마음에서 시작되어야 한다. 즉, 우리가 사이버의 주인이 되어야 하는 것이지 사이버가 우리의 주인이 되어서는 안 된다. 시대가 달라지고 매체가 변해도 우리 사회의 윤리와 도덕은 변함없이 존재한다. 사이버 공간 이용에 대한 적극적인 예방책을 강구하기 위해 다음과 같은 자세가 필요하다.

① 사이버 공간은 인간의 만남을 위한 수단이 되어야 하며 목적이 되어서는 안 된다.
② 문자적인 정보의 교환이 가져다주는 제한점을 이해해야 한다.
③ TV, 컴퓨터와의 수직적인 관계보다는 인간 간의 수평적인 관계에 더 관심을 두어야 한다.
④ 사이버를 통한 저질의 정보를 통제하고 관리해나가야 한다. 사이버 공간은 정보의 이용에 따르는 정당한 대가를 지불하고 건전한 자료가 다양하게 공유될 수 있는 장이어야 한다.
⑤ 사이버의 정보교환의 윤리제정과 그에 대한 처벌 등이 갖추어져야 한다.
⑥ 사이버 공간에 대한 이용에 적극적인 예방책이 필요하다.
⑦ 개인의 프라이버시 침해에 대비해야 한다.
⑧ 다른 사람의 사생활을 존중하고, 타인의 실수를 용서한다.

⑨ 논쟁은 절제된 감정 아래 논리성과 합리성을 전제로 순화된 용어를 사용한다.

사이버 상에서의 인간관계는 현실사회의 대인관계를 탈피하기 위한 것이 아니라 이해와 배려를 바탕으로 이루어지는 하나의 사회적 관계이다. 따라서 현실사회의 인간관계에 도움이 되는 매체로 사용되는 공간이라는 점에 유념하면서 사랑과 배려를 실천하고 건전한 정보가 다양하게 공유될 수 있는 장이어야 할 것이다.

활동문제

활동 1 양성성 검사

다음 내용은 Bem의 양성성 검사입니다. '전혀 그렇지 않다'면 1번에, '반반이다'면 4번에, '매우 그렇다'이면 7번에 표시하시기 바랍니다.

		1	2	3	4	5	6	7
1	자신을 얻는다							
2	양보하기를 좋아한다							
3	남을 돕기를 좋아한다							
4	자기신념이 강하다							
5	활기차다							
6	변덕스럽고 침울하다							
7	독립적이다							
8	쑥스럼을 탄다							
9	양심적이다							
10	운동을 좋아한다							
11	사랑스럽다							
12	행동이 과장스럽다							
13	주장적이다							
14	아첨하기를 좋아한다							
15	행복하다							
16	강한 성격을 가지고 있다							
17	성실하다							
18	예측할 수 없다							
19	힘이 세다							
20	여성스럽다							
21	의존적이다							
22	분석적이다							
23	동조를 잘한다							
24	질투가 많다							
25	리더십의 자질을 가지고 있다							
26	다른 사람들이 필요로 할때 도와준다							
27	진실하다							
28	위험을 적극적으로 감소한다.							
29	이해심이 많다							
30	비밀이 많다							

		1	2	3	4	5	6	7
31	결정을 쉽게 내린다							
32	동정심이 강하다							
33	진지하다							
34	자부심이 강하다							
35	상처받은 감정을 잘 어우른다							
36	자신감이 강하다							
37	지배적이다							
38	부드럽게 말한다							
39	호감이 간다							
40	용감하다							
41	따뜻하다							
42	엄숙하다							
43	참을성이 있다							
44	부드럽다							
45	친근하다							
46	공격적이다							
47	잘 속는다							
48	비효율적이다							
49	리더십이 강하다							
50	순진하다							
51	적응력이 뛰어나다							
52	개인주의적이다							
53	거친 말을 쓰지 않는다							
54	논리적이지 못하다							
55	경쟁적이다							
56	아이들을 좋아한다							
57	재치 있다							
58	야망이 있다							
59	신사적이다							
60	보수적이다							

(출처 : 김현정 외, 2004)

※ 채점 및 해석방식

하위요인 1	남성성 점수	1+4+7+10+…55+58	
하위요인 2	여성성 점수	2+5+8+11…56+59	

- 남성적 성역할 : 하위요인 1 4.5 이상 하위요인 2 4.5 미만
- 여성적 성역할 : 하위요인 1 4.5 미만 하위요인 2 4.5 이상
- 양성적 성역할 : 하위요인 1 4.5 이상 하위요인 2 4.5 이상
- 불분명 성역할 : 하위요인 1 4.5 미만 하위요인 2 4.5 미만

(출처 : 김현정 외, 2004)

활동 | 2 한국형 인터넷중독 자가진단검사

다음 검사는 여러분이 인터넷에 대해서 가지고 있는 생각이나 느낌, 태도, 행동에 관한 문항입니다. '전혀 그렇지 않다'는 1번, '항상 그렇다'는 4번으로 하여 표시하기 바랍니다.

1	인터넷 사용으로 생활이 불규칙해졌다.	1	2	3	4
2	인터넷 사용으로 건강이 이전보다 나빠진 것 같다.	1	2	3	4
3	인터넷 사용으로 학교성적이 떨어졌다.	1	2	3	4
4	인터넷을 너무 사용해서 머리가 아프다.	1	2	3	4
5	인터넷을 하다가 계획한 일들을 제대로 못한 적이 있다.	1	2	3	4
6	인터넷을 하느라 피곤해서 수업 시간에 잠을 자기도 한다.	1	2	3	4
7	인터넷을 너무 사용해서 시력 등에 문제가 생겼다.	1	2	3	4
8	다른 할 일이 많을 때에도 인터넷을 사용하게 된다.	1	2	3	4
9	인터넷 사용으로 가족들과 마찰이 있다.	1	2	3	4
10	인터넷을 하지 않을 때에도 하고 있는 듯한 환상을 느낀 적이 있다.	1	2	3	4
11	인터넷을 하지 않을 때에도 인터넷에서 나오는 소리가 들리고 인터넷을 하는 꿈을 꾼다.	1	2	3	4
12	인터넷 때문에 비도덕적인 행위를 저지르게 된다.	1	2	3	4
13	인터넷을 하는 동안 나는 가장 자유롭다.	1	2	3	4
14	인터넷을 하고 있으면 기분이 좋아지고 흥미진진해진다.	1	2	3	4
15	인터넷을 하는 동안 더 자신감이 생긴다.	1	2	3	4
16	인터넷을 하고 있을 때 마음이 제일 편하다.	1	2	3	4
17	인터넷을 하면 스트레스가 모두 해소되는 것 같다.	1	2	3	4
18	인터넷이 없다면 내 인생에 재미있는 일이란 없다.	1	2	3	4
19	인터넷을 하지 못하면 생활이 지루하고 재미가 없다.	1	2	3	4
20	만약 인터넷을 할 수 없게 된다면 견디기 힘들 것이다.	1	2	3	4
21	인터넷을 하지 못하면 안절부절못하고 초조해진다.	1	2	3	4
22	인터넷을 하지 않을 때에도 인터넷에 대한 생각이 자꾸 떠오른다.	1	2	3	4
23	실생활에서 문제가 생기더라도 인터넷 사용을 그만두지 못한다.	1	2	3	4
24	인터넷을 할 때 누군가 방해를 하면 짜증스럽고 화가 난다.	1	2	3	4
25	인터넷에서 알게 된 사람들이 현실에서 아는 사람들보다 나에게 더 잘해준다.	1	2	3	4

26	온라인에서 친구를 만들어본 적이 있다.	1	2	3	4
27	오프라인에서보다 온라인에서 나를 인정해주는 사람이 더 많다.	1	2	3	4
28	실제 생활에서보다 인터넷에서 만난 사람들을 더 잘 이해하게 된다.	1	2	3	4
29	실제 생활에서도 인터넷에서 하는 것처럼 해보고 싶다.	1	2	3	4
30	인터넷 사용 시간을 속이려고 한 적이 있다.	1	2	3	4
31	인터넷을 하느라 수업에 빠진 적이 있다.	1	2	3	4
32	부모님 몰래 인터넷을 한다.	1	2	3	4
33	인터넷 때문에 돈을 더 많이 쓰게 된다.	1	2	3	4
34	인터넷에서 무엇을 했는지 숨기려고 한 적이 있다.	1	2	3	4
35	인터넷에 빠져 있다가 다른 사람과의 약속을 어긴 적이 있다.	1	2	3	4
36	인터넷을 한번 시작하면 생각했던 것보다 오랜 시간을 하게 된다.	1	2	3	4
37	인터넷을 하다가 그만두면 또 하고 싶다.	1	2	3	4
38	인터넷 사용 시간을 줄이려고 해보았지만 실패한다.	1	2	3	4
39	인터넷 사용을 줄여야 한다는 생각이 끊임없이 들곤 한다.	1	2	3	4
40	주위 사람들이 내가 인터넷을 너무 많이 한다고 지적한다.	1	2	3	4

※ 채점 및 해석방식

하위요인 1	일상생활장애	1~9번 문항 합산	
하위요인 2	현실구분장애	10~11번 문항 합산	
하위요인 3	긍정적 기대	12~18번 문항 합산	
하위요인 4	금단	19~24번 문항 합산	
하위요인 5	가상적 대인관계 지향성	25~30번 문항 합산	
하위요인 6	일탈행동	31~35번 문항 합산	
하위요인 7	내성	36~40번 문항 합산	

- 고위험 사용자군

: 총점 108점 이상이거나 하위요인 1이 26점 이상, 4요인이 18점 이상, 7요인이 17점 이상

- 잠재적 위험 사용자군

: 총점 95~107점이거나 하위요인 1이 23~25점, 4요인이 16~17점, 7요인이 15~16점

- 일반 사용자군 : 그 외

(출처 : 한국 정보문화진흥원, 2003)

탐색문제

1. 동료직원으로서 함께 일하고 싶은 사람, 함께 일하고 싶지 않은 사람의 특성에 대해 토의해 보자.

2. 최선을 다해 일해주고 싶은 상사나 경영자의 특성에 대해 생각해 보자.

3. 원만한 직장에서의 인간관계를 위해 앞으로 좀 더 보완해야 할 특성은 무엇인지 생각해 보자.

4. 사이버 상에서의 대인관계에 대해 토의해 보자.

5. 인터넷 사용이 나의 생활이나 인간관계에 어떠한 영향을 미치는지에 대해 생각해 보자.

6. 40대 아저씨가 어린이에게 악수하자고 하여 다가갔더니 손에 뽀뽀를 했다. 집에 가서 생각하니 기분이 나빠졌다. 이는 성추행에 해당되는지에 대해 토의해 보자.

7. 여성들의 직장과 가정생활의 병행에 대한 어려움에 대해 토의해 보자.

09 스트레스

"최근에 받았던 스트레스는 무엇입니까?"라는 질문을 받으면 오랫동안 생각할 필요도 없이 사람과의 관계에서 힘들었던 일, 직장과 학교에서 제대로 되지 않았던 일 등 많은 갈등과 좌절, 스트레스들이 쉽게 떠오를 것이다. 그렇다면 스트레스는 우리의 삶에 긍정적인 영향을 미칠까, 아니면 부정적인 영향을 미칠까? 만약 스트레스가 한 개인에게 긍정적으로 작용하여 개인으로 하여금 각성 및 동기수준을 높이고 생활에 활력을 불어넣어 자신감과 창의력을 높여줄 수 있다면 '스트레스가 기능적으로 작용한다'고 할 것이다. 반면에 스트레스가 부정적으로 작용할 때에는 '스트레스가 역기능적으로 작용한다'고 할 것이다. 이와 같이 현대인들은 기능적이든 역기능적이든 간에 상관없이 많은 스트레스를 받으면서 살아가고 있다.

이 장에서는 스트레스를 전반적으로 설명할 수 있는 모델을 살펴봄으로써 스트레스를 가져다주는 원인, 평가과정, 그리고 대처방안 등에 대해 살펴보자.

1. 스트레스 모델

스트레스는 강한 소음, 임박한 시험 같은 스트레스 유발인자에 노출되었을 때 우리에게 발생하는 어떤 것을 의미한다. 스트레스를 피하고 사는 게 쉬울까? 아니면 스트레스에 직면하면서 사는 게 쉬울까? 물론 개인에 따라 이에 대한 대답은 다르겠지만, 스트레스가 지나치게 높거나 낮으면 바람직하지 못하고, 적당한 수준을 유지해야 우리에게 도움이 된다.

<그림 9-1>은 스트레스 수준에 따른 신체적, 심리적 건강상태를 보여주고 있다.

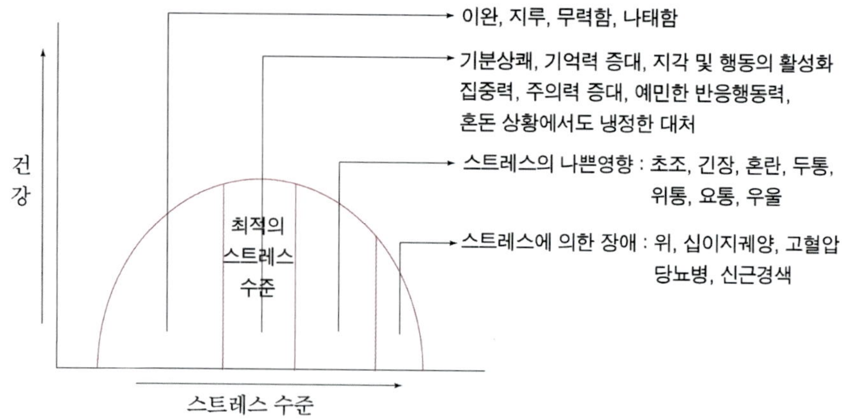

[그림 9-1] **스트레스 수준에 따른 건강상태**

(이종목, 이계윤, 김광운, 2003)

스트레스가 삶의 일부분이 되어버린 상황에서 '스트레스가 무엇인가?', '스트레스의 유발요인은 무엇인가?', 또한 '스트레스의 강도가 어떠한가?'에 대한 내용보다는 '우리 각자가 이런 스트레스를 어떻게 대처하면서 살아갈 것인가?', 또한 '똑같은 스트레스가 주어져도 어떤 사람은 스트레스를 많이 받고, 또 다른 사람은 스트레스를 전혀 받지 않는데 그 이유는 무엇일까?'에 더욱 관심을 갖게 된다. 이러한 의문점에 대해 가장 일반적으로 설명할 수 있는 것은 스트레스 모델이다. 각각의 구체적인 내용을 네 단계로 크게 구분하여 살펴보자.

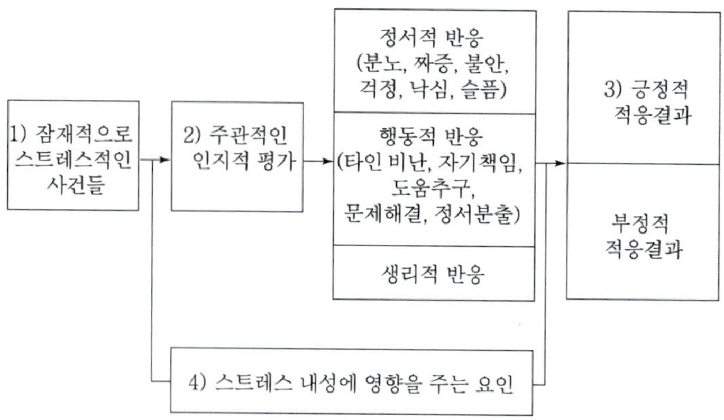

[그림 9-2] **스트레스 모델**

1) 잠재적으로 스트레스적인 사건들

스트레스에는 수많은 원인이 있어서 우리의 일상생활에서 사소하거나 중대한 사건과 상황들은 모두 스트레스의 원천으로 작용할 수 있다. 이러한 것들이 압박감, 좌절감, 갈등 및 불안 등을 일으키기 때문에 스트레스를 주는 것이다.

(1) 좌절

우리 인간이 얼마나 많은 좌절을 경험하며 살아가고 있는지는 오늘 하루 동안 경험했던 좌절을 생각해보면 쉽게 알 수 있을 것이다. 약속시간이 늦었는데 신호등에 걸려 계속 지체될 때, 중요한 순간에 휴대전화가 고장 나서 애먹었을 때, 컴퓨터의 고장으로 인해 과제마감을 못 지켰을 때 등 많은 좌절이 쉽게 떠오를 것이다.

우리에게 좌절을 안겨주는 요인을 크게 환경적 요인과 개인적 요인으로 분류하여 살펴보자. 환경적 요인으로 인한 좌절은 다시 세 가지로 구분할 수 있다.

첫째, 자연적·물리적 요인이다. 필자가 대학을 다니던 시절 홍수로 인해 한강다리를 건널 수 없었던 것이 자연적 요인으로 인한 좌절의 대표적인 예이다. 또한 월드컵 축구경기를 보기 위해 숙제를 미리 다 해놓고 있었는데 갑자기 정전이 되어 축구경기를 볼 수 없을 때, 죽음 및 질병 등으로 인해 우리가 하고 싶은 일을 못하게 될 때 좌절을 느낀다.

둘째, 경제적 요인이다. 요즘처럼 상업화된 자본주의 사회 속에서 새로운 컴퓨터, 휴대전화, 홈쇼핑 상품들이 계속해서 쏟아져 나오는 현실에서 우리가 원하는 물건을 살 수 없는 것이 경제적 요인으로 인한 좌절의 대표적인 예이다. 마찬가지로 경제적으로 풍족하지 못해서 대학진학을 포기해야 할 때 우리는 좌절을 느낀다.

셋째, 사회적 관습과 가치로 인해 우리가 하고 싶은 것을 못하게 되는 사회적 요인이 있다. 고등학교 졸업 후 수족관을 하면서 물고기를 돌보고 싶은데, 혹은 옷 장사를 하고 싶은데 부모님의 반대로 인해 대학에 진학하여 적성에 맞지도 않는 학과에 입학하게 되는 것이 사회적 요인으로 인한 좌절의 대표적인 예이다.

개인적 요인으로 인한 좌절도 다음과 같이 세 가지로 구분할 수 있다.

첫째, 개인이 너무 높은 도덕적 기준을 가지고 있으면 그로 인해 다른 사람들은 그냥 지나칠 일들에 대해서도 쉽게 좌절을 느끼게 된다. 특히 부모의 도덕적 기준이 너무 높을 때 자녀도 마찬가지로 높은 도덕적 기준을 갖게 되어 도덕적 기준에 어긋나는 행동뿐 아니라 생각만 해도 좌절을 느끼게 되는 것이다. 이러한 경우 우리는 보다 융통성 있고 적절한 수준의 도덕적 기준을 가짐으로써 좌절을 극복할 수 있게 된다.

둘째, 자신이 이루고자 하는 일에 대해 자신의 능력이 부족하거나 열등의식을 가지고 있다면 그것이 좌절을 가져다줄 수 있다. 예를 들면 발레리나가 사고로 인해 다리를 다쳐서 더 이상 발레를 할 수 없는데도 계속 발레리나를 꿈꿀 때 좌절을 느끼게 된다. 이러한 경우 우리는 발레리나가 되기보다는 발레리나와 관련된 다른 직업, 발레리나 코치, 무용과 교수 등과 같이 목표를 수정함으로써 좌절을 극복할 수 있게 된다.

셋째, 자신이 수행해야 할 과제가 지나치게 높거나 이루기 어려운 목표라면 그것이 좌절을 가져다줄 수 있다. 예를 들면 인생의 목표가 자신이 원하는 분야에서 세계 1위의 사람이 되는 것이라면 이러한 사람은 목표가 지나치게 높기 때문에 일상생활에서 경험할 수 있는 성취감을 쉽게 맛보지 못하면서 좌절을 느끼게 된다. 이러한 경우 우리는 현실적으로 달성이 가능한 목표를 정함으로써 좌절을 극복할 수 있게 된다.

(2) 압력

압력은 우리가 스스로의 행동경향에 박차를 가하고 변경하지 않을 수 없다고 느낄 때 일어난다. 경쟁사회 속에서 살아가고 있는 현대인들은 많은 압력 속에서 살아가고 있는데, 압력은 수행압력과 순응압력으로 분류할 수 있다.

수행압력은 일종의 수행해야 할 임무의 성격을 지니고 있다. 예를 들면 학생들은 시험을 치러야 한다는 수행압력을, 야구선수는 잘 치고 잘 던져야 한다는 수행압력을, 월드컵 경기에서 축구선수는 상대편을 이겨야 한다는 수행압력을, 아나운서는 틀리지 않고 말을 정확히 전달해야 한다는 수행압력을 가지고 있고, 회사에 입사해서는 마감시간에 전에 업무를 잘 처리해야 한다는 수행압력이 있다. 이는 우리가 한층 높은 우수한 표준에 도달하기 위해 우리 자신을 밀어붙이는 것이다.

반면 순응압력은 우리의 외부에서 우리에게 기대하는 것에 따라 행동해야 하는 외관상의 요구들이다. 예를 들면 경찰은 제복을 입어야 한다는 순응압력을, 학생은 교복을 입어야 한다는 순응압력을, 회사원은 정해진 시간에 출근해야 한다는 순응압력 등을 가지고 있다.

(3) 갈등

갈등은 두 가지 이상의 동등한 힘을 가진 동기, 태도, 가치, 목표들이 동시에 유발되는 상태를 말한다. 갈등은 인간이 소유하고자 하는 대상물은 제한되어 있고 소유욕은 무한하여 그 욕구를 충족하기 위해 발생하는 것이다. 갈등은 우리가 두개의 양립할 수 없는 요구, 기회, 욕구 및 목표에 당면할 때 일어나는 것이다. 이러한 경우 우리는 목표 중 하나를 포기하거나, 지연하거나, 수정함으로써 갈등을 해결하게 된다.

갈등을 여러 유형으로 구분할 수 있으나, 개인적 갈등의 영역에 대해 레빈(Lewin)은 다음과 같이 분류하였다.

① 접근 - 접근 갈등

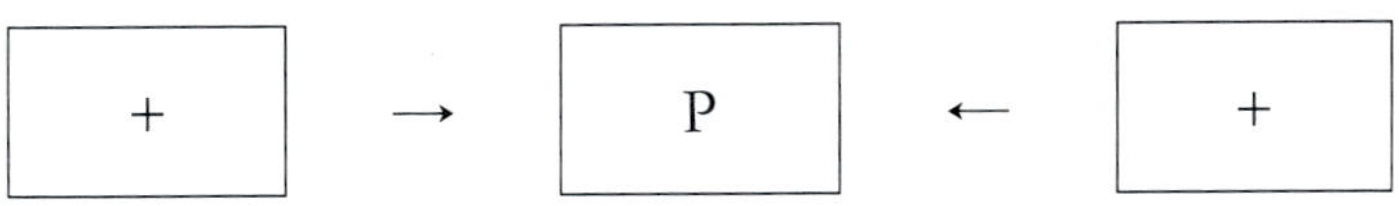

접근-접근 갈등은 두 가지 매력적인 목표가 있지만, 둘 다 가질 수는 없어서 하나를 선택을 해야 하는 경우를 말한다. 예를 들면 휴가 때 바다로 갈까 산으로

갈까 하는 갈등, 음료수 두 종류 중에서 어떤 것을 먹을까, 점심시간에 과자를 먹을까 김밥을 먹을까, 푸른색 스웨터를 입을까 회색 재킷을 입을까 하는 갈등이 이에 속한다. 이는 좋아하는 것 사이의 갈등이기에 한 번에 한 가지씩 선택하면 되기 때문에 그리 큰 갈등을 야기하지는 않는다.

② 회피 - 회피 갈등

−	→	P	←	−

회피-회피 갈등은 두 개 모두 마음에 들지 않는 목표가 동시에 나타나 이럴 수도 없고 저럴 수도 없는 상태에서 선택을 해야 하는 경우이다. 이는 어느 한쪽을 택하기도 싫고, 다 포기할 수도 없는 경우를 말한다. 예를 들면, 수강 신청한 수업을 듣는 것도 싫고 수업을 듣지 않아서 F 학점 받는 것도 싫을 때 느끼는 갈등, 치통도 싫고 치료도 하기 싫어서 느끼는 갈등, 군인이 실제로 전쟁에 나가게 되었을 경우 전쟁에 나가서 죽는 것도 싫고 도망병으로 몰리는 것도 싫어서 고민하는 갈등이 이에 속한다.

이러한 갈등은 둘 다 하기 싫은 것 사이에서 발생하기 때문에 갈등을 해결하기 위해 회피하는 방어적 기제가 작용하게 된다. 즉, 수업시간에 들어오긴 하지만 공상에 빠지거나 잠자는 것, 전쟁터에 나가야 하는 군인이 갑자기 팔이 마비되거나 시력이 일시적으로 보이지 않게 되어 자연스럽게 전쟁터에 나가지 않게 되는 것이다. 이러한 방법에 의해서도 갈등이 해소되지 않으면 정서적 불안과 긴장상태가 지속되는 부적응사태를 유발하게 된다.

③ 접근 - 회피 갈등

±	→	P

접근-회피 갈등은 매력적인 측면과 매력적이지 않은 측면을 둘 다 갖고 있는 하나의 목표를 추구할 것인지 말 것인지를 선택해야 하는 경우이다. 즉, 끌리는 목표와 싫은 목표가 동시에 존재하는 경우에 생긴다. 예를 들면, 승진시험에 합격하고 싶으나 공부는 하기 싫은 경우, 초콜릿은 맛있는데 살이 쪄서 먹을지 말지를 고민하는 경우, 한 여학생이 성격은 좋은데 외모가 매력적이지 않아서 만날까 말까를 고민하는 경우이다. 이러한 갈등은 적극적으로 해결하지 못하는 경우 그러한 장면으로부터 도피함으로써 해결하려 할 것이지만, 욕구가 완전히 없어지지 않고 오히려 긴장이 더 커진 상태로 남아 있기 쉽다.

④ 중다 접근 회피 갈등

±	→	P	←	±

중다 접근 회피 갈등은 각각 접근 회피 갈등을 보이는 두 개의 목표 중 하나를 선택해야 하는 갈등으로, 가장 흔한 경우이다. 예를 들면, 한 여학생이 성격은 좋은데 외모가 매력적이지 않고 다른 여학생은 성격은 안 좋은데 외모가 매력적일 때 둘 중에서 누구를 만날지를 두고 고민하는 경우이다. 둘 중 하나를 선택한 후에도 결정을 잘한 것인지에 대해 계속해서 고민할 수 있기 때문에 스트레스를 느끼게 된다.

(4) 변화

생활 중에 우리에게 닥쳐오는 부정적 변화, 즉 실직, 이혼, 사별 등은 스트레스를 준다. 그렇다면 긍정적 변화는 어떤 영향을 미칠까? 갑자기 승진을 했다거나, 갑작스럽게 장학금을 받고 외국으로 나가 공부하게 되었다거나, 갑자기 결혼하게 되었거나, 어느 날 복권이 당첨되었거나, 갑자기 벼락스타가 된 것과 같은 긍정적 변화를 떠올려보자. 부정적인 변화와 마찬가지로 이러한 급작스러운 긍정적 변화는 우리 삶에 불균형과 긴장을 유발한다. 따라서 긍정적 변화이든 부정적 변화이든 간에 상관없이 변화에 맞춰가면서 잠재적으로 스트레스를 줄 만한 상황을 통제해나가는 것이 필요하다.

2) 주관적인 인지적 평가

(1) 성격

스트레스가 닥칠 때 사람들마다 반응이 다른데, 그 이유 중 하나는 각 개인이 가지고 있는 성격이다. 도전적이고 융통성 있고 자존감을 지닌 사람은 스트레스가 닥쳐올 때 이를 피하기보다는 자신을 성장시킬 기회라고 생각하고서 더 도전적으로 대처하게 된다.

두 명의 심장 전문의(Meyer Friedman & Ray Rosenman, 1959)는 A유형의 행동패턴을 가진 사람들이 B유형의 사람들보다 스트레스를 더 받고, 관상동맥 심장병으로 고통 받는 일이 더 많다고 주장하였다. A유형 행동패턴은 극단적인 쟁취의식과 적개심을 보이고 공격성과 조급함 등이 격렬한 음성과 행동에서 드러난다. A유형의 성격특징으로는 시간적 압박을 보이기 때문에 항상 시간에 맞추어서 일하고, 한 번에 한 가지 이상의 일을 하며, 교통정체나 줄 서는 것에 화를 내며, 아무것도 하지 않도록 강요되었을 때 동요한다. 또한 삶에 있어서 경쟁심이 있기 때문에 항상 게임에서 이기려 하고, 자기 비판적이며, 물질적 산물로 성공을 측정하려고 한다. 또한 분노와 적개심으로 인해 분노의 감정을 자주 경험하며, 그러한 분노가 때로는 외부의 타인이나 내부의 자신에게 향해질 수도 있기 때문에 스트레스를 더 가중시키고 있다. 반면, B 유형은 상대적으로 여유 있고, 덜 경쟁적이고, 느긋하고, 참을성이 있고, 낙관적이고, 화도 잘 안 내는 편이다. 한편, C유형 성격은 A유형과는 다른 방식으로 스트레스에 취약하다. 억제적이며, 자기주장이 약하며, 자신보다는 타인의 기대를 만족시키기 위해 더 노력하며, 감정을 드러내기보다는 체념하거나 절망적인 반응을 보이며, 우울, 불안, 무기력에 빠지기 쉽다.

그 외의 성격적 특성으로는 완벽주의와 타인우선주의, 죄책감을 들 수 있다. 완벽주의로 인해 다른 사람에게 맡기지 못하고 자신이 완벽하게 다해야만 한다는 성격과 타인의 일을 우선시함으로써 자신의 일을 제대로 못하고 항상 스트레스를 받는다면 바람직하지 못하다. 또한 죄책감이 강한 성격으로 인해 모든 잘못을 자신의 탓으로만 돌리는 사람은 아무리 최선을 다하더라도 과거에 대한 후회에 사로잡혀서 스트레스를 더 많이 느끼게 된다.

(2) 대처자원

스트레스를 받을 때 극복할 수 있는 대처자원, 즉 기략이 다양하면 할수록 스트레스에 잘 대처하게 된다. 예를 들면, 우리가 수강하는 여러 과목 중에서 어렵다고 느끼는 과목일수록, 혹은 발표할 때 자신이 없고 어렵다고 생각하면 할수록 우리는 그 과목 및 발표준비를 더 열심히 준비함으로써 더 좋은 성과를 올릴 때가 있다

(3) 스트레스의 친숙성

스트레스에 대해 친숙할수록 스트레스를 덜 느낀다. 예를 들면, 운전면허를 취득한 후 첫 번째 운전할 때에는 엄청난 스트레스를 받게 되지만 운전에 능숙해질수록 스트레스를 덜 받게 된다. 마찬가지로 외과의사도 처음 수술할 때와는 달리 수술을 많이 할수록 능숙해짐에 따라 스트레스를 덜 받게 된다. 또한 첫 번째 면접시험 볼 때와 몇 번 면접시험에서 떨어졌을 때 면접상황이 친숙해지면서 면접에 임하는 스트레스의 강도는 달라질 것이다. 첫째 아기, 둘째 아기, 셋째 아기를 양육할 때에도 양육에 대한 부모의 친숙성과 능숙성이 증가하기 때문에 부모는 첫째 자녀보다는 둘째, 셋째 자녀에게 스트레스를 덜 느끼게 될 것이다.

(4) 예측 가능성

스트레스의 강도 및 지속기간을 예측할수록 스트레스를 덜 느낀다. 예를 들어

치과에 갔다고 가정해보자. 치과의사가 치료하면서 "이 치아는 매우 아플 것이니 너무 아프면 손을 드세요."라고 말하면서 느낄 수 있는 통증을 예측해주는 경우와 아무 예고 없이 무작정 치료하여 갑작스런 통증을 느끼는 경우, 어떤 치과를 갈 때 스트레스를 덜 받을까? 당연히 전자의 경우에 이가 매우 아프다는 것을 예측할 수 있기 때문에 통증을 견디는 힘이 더 클 것이며, 그로 인해 치과에 가면 느끼게 되는 스트레스를 덜 받게 될 것이다. 마찬가지로 의사가 수술 후의 부작용 및 고통에 대해 말해줄수록 고통을 예측할 수 있기에 견딜 수 있는 힘이 증가하게 된다.

마찬가지로 스트레스가 지속되는 기간을 예측할수록 스트레스를 잘 견디게 될 것이다. 지금 수강하고 있는 과목이 듣기 싫지만 학기가 끝나면 더 이상 들을 필요성이 없다는 것을 예측할 수 있기 때문에 싫은 수업을 견딜 수 있으며, 언제 끝난다는 제대 시점을 알기 때문에 힘든 군대생활도 견딜 수 있는 것이다. 또한 상황에 대해 통제권이 없는 경우가 통제권이 있는 경우보다 상황을 예측할 수 없기 때문에 더욱 스트레스가 된다.

3) 긍정적·부정적 결과

앞에서 살펴본 바와 같이 스트레스는 살아가는 과정에서 피할 수 없고, 현대 기술사회에서는 특히 복잡한 현상이어서 스트레스는 사람과 상황에 따라 긍정적인 결과를 주기도 하고 부정적인 결과를 주기도 한다.

스트레스가 긍정적인 적응 결과를 가져올 때는 인간에게 존재하는 도전의 욕구를 충족시킴과 동시에 극복했을 때 성취감을 가져다주면서 더 노력하게 만들기도 한다. 예를 들면, 애플사 사장인 스티브 잡스는 어렸을 때 입양되고, 대학시절에는 자퇴하고, 자신의 회사에서 해고당하고, 6개월 시한부 인생인 암 선고를 받는 극도의 스트레스 상황에 노출되었지만 이를 극복하면서 그의 삶에 긍정적인 결과를 가져왔다. 이와 같이 스트레스는 예방주사를 맞듯이 우리를 면역시켜서 우리를 더욱 강하게 하기도 한다. 그래서 우리는 한 번 스트레스를 주었던 상황을 극복하고 나면 다음번에 그와 유사한 스트레스가 닥쳤을 때 무조건 피하기보다는 더욱 효과적으로 대처할 수 있도록 하는 자원이 되기도 한다.

그러나 스트레스가 부정적인 결과를 가져올 때에는 다음과 같은 결과를 가져오게 된다.

① 인지적 기능의 손상이 생겨서 주의력이 좁아지고, 집중이 빈약해지며, 사고 융통성이 감소하고, 기억력 및 문제해결력이 저하된다.

② 충격을 느껴서 가끔 망연해지고 혼란스러우며, 정서적으로 무감각해지고 의기소침해지며, 자주 멍해진다.

③ 탈진과 만성피로를 느끼고, 에너지가 낮고, 절망과 무기력을 느끼며, 자신이나 일, 생활에 대해 부정적 태도를 지니게 된다.

④ 사회적 관계가 붕괴되어 소외감을 느끼고, 친구나 배우자와의 관계가 어렵게 되며, 타인을 사랑하고 신뢰하기 어려워진다.

⑤ 심리적 문제와 장애를 가져와서 학업 수행이 저조하고, 불면증·신경증·우울증이 생기며, 자살을 시도하기도 한다.

⑥ 신체적 문제와 질병을 가져와서 천식, 고혈압, 두통, 위궤양, 암, 백혈병, 당뇨, 관절염 등이 생기기도 한다.

4) 스트레스의 내성에 영향을 주는 요인

아무리 어려운 일이라도 그것을 해낼 수 있는 능력을 갖고 있다면 큰 위협이 되지 못할 것이다. 스트레스의 내성에 영향을 주는 요인으로는 다음과 같은 것이 있다.

첫째, 사회적 지지를 해줄 수 있는 사람이 존재한다면 스트레스를 견디는 힘이 증가할 것이다. 스트레스로 인해 불안과 긴장이 계속될 때 이를 공감해주고 사랑과 관심을 통해 소속감과 안정감을 갖게 하여 대처할 수 있는 힘을 제공한다.

둘째, 긍정적인 가치관과 신념을 가지고 있다면 어떤 스트레스에 부딪히더라도 견디면서(holding) 삶의 인생목표를 달성하는 데 도움이 되는 것으로 생각할 것이다.

셋째, 삶에 대한 열정을 가지고 있다면 스트레스가 자신의 삶을 더욱 풍성하게 해주는 디딤돌이 될 것이라고 믿으면서 스트레스를 극복할 것이다.

넷째, 자신의 삶을 스스로 통제할 수 있다는 내적 통제(internal control)를 가지고 있다면 자신에게 일어나는 일에 대한 통제의 소재가 자신에게 있다고 생각하기 때문에 통제할 수 없는 운 등의 외부요인이 내 삶을 좌지우지한다는 생각을 버리고 적극적으로 스트레스에 대처할 것이다. 내적 통제자는 자신이 자율적으로 운명을 지배하기 때문에 자신에게 일어난 모든 사건에 대하여 책임을 져야 한다고 믿는다. 반면 외적 통제자는 자신이 어쩔 수 없는 운에 의해서 자신의 삶이 지배된다고 생각한다.

2. 스트레스에 대한 대처

건강한 삶을 위해서는 스트레스를 받지 않는 것이 바람직하지만, 앞에서 살펴본 바와 같이 현대인들은 일상생활에서 수많은 좌절, 갈등, 변화, 압력을 받으면서 스트레스와 더불어 살아가고 있기 때문에 스트레스를 받지 않는다는 것은 불가능한 일이다. 따라서 스트레스를 받는 것보다 더 중요한 것은 스트레스를 받았을 때 어떻게 대처해나가느냐가 더 중요하다.

스트레스에 대처하는 방법에는 다음과 같은 것이 있다.

① 도움을 구하는 것이다. 스트레스를 받는 상황에 대해 누군가와 허심탄회하게 대화하면 스트레스가 자연스럽게 사라지는 경험을 하기도 한다. 따라서 자신의 주변에서 이러한 속 이야기를 할 수 있는 누군가 한 사람이라도 존재한다면, 또한 그 이전에 내가 누군가의 속 이야기를 들어줄 수 있는 사람이 된다면 서로의 스트레스를 극복하는 데 도움이 될 것이다.

② 억눌린 정서를 발산하는 것이다. 불쾌한 감정을 적극적으로 표출하여 울고,

웃고, 때로는 상대방에게 피해가 되지 않게 혼자 있는 공간에서 욕설을 함으로써 불쾌감정을 감소시키는 방식이다. 최근 웃음치료사 자격증까지 나오는 것처럼 마음껏 크게 소리 내어 웃다 보면 웃음을 통해 내부의 긴장된 에너지가 외부로 방출되어 속이 시원해지는 경험을 누구나 해보았을 것이다. 이와 같은 정서지향적 대처는 사람들이 체계적인 방법으로 상황을 해결할 수 없을 때 가장 선호한다.

③ 주의를 분산하는 것이다. 작업, 오락, 운동, 산책, 쇼핑 등 다른 일에 열중하여 주의를 돌림으로써 불쾌한 감정을 잊으려는 노력이다. 사회화에 의해 감정을 표현하지 않는 어른들과는 달리 감정을 자발적으로 표현하는 어린 아이들을 보라. 화가 나서 울고불고 하면서 떼쓸 때 잠을 재우거나 사탕을 주거나 밖으로 데리고 나가면 금방 화난 감정에서 벗어나는 것을 볼 수 있는데, 어른들도 불쾌한 감정이 생길 때 주의분산을 하는 것이 도움이 된다는 것을 알 수 있다. 대부분 사람들은 스트레스를 받을 때 일시적으로 괴로움에서 벗어나고자 술, 담배, 쇼핑, 음식섭취 등 쾌감을 주는 대안적 보상을 주는 행동에 몰두하기도 하는데, 적절하게 통제할 수 있다면 현실적으로 유용한 대처전략이 될 수 있다.

④ 이완학습을 하는 것이다. 수면을 취하거나 공상, 명상을 하는 방법이다.

⑤ 생리 중심적으로 대처하는 것이다. 평상시에 적절히 운동을 하고 충분한 영양과 수면을 취해두는 것은 스트레스를 예방할 수 있는 방법 중 하나이다.

⑥ 시간을 효율적으로 관리한다. 오늘 꼭 해야 할 일을 하지만, 오늘 하지 않고 내버려둬도 될 일은 하지 않고 넘어가는 것이다. 이를 위한 하나의 방법으로는 오늘 해야 할 일들의 목록을 적은 후 우선순위를 정하여 순위가 높은 것부터 시행하는 방법이다. 이와 같은 과제지향적 방략은 사람들이 스트레스 상황을 분류할만한 자원을 가지고 있을 때 가장 효과적이다.

⑦ 환상을 추구하는 것이다. 갈등이 잘 해결된 상황을 상상하면서 대리적인 만족을 느끼는 것이다. 오늘 아무리 힘든 상황에 있을지라도 일이 잘 해결

된 그 다음 날, 그 시간을 상상해보는 것이 이 방법에 속한다.

⑧ 소망적 사고를 하는 것이다. 기도나 기원을 통해 갈등이 해결되기를 바라고 희망함으로써 갈등상황에 대처하는 방법이다.

⑨ 스트레스 상황에 대한 자신의 태도나 해석을 바꾸는 것이다. 스트레스를 받는 이유 중의 하나는 어떤 상황이 닥쳤을 때 '~해야 한다(must)'와 같은 당위적인 사고를 하기 때문이다. 이를 돕기 위한 한 방법으로서 언어의 표현방식을 바꾸는 방법이 있다. 예를 들면, '~해야 한다'가 아니라 '최선을 다해 ~하자'로 바꾸는 것, '나는 할 수 없다(I can't ~)'가 아니라 '아직 안 한 것일 뿐이다(I haven't yet ~)'로 바꾸는 것이다. 예를 들면, '나는 성공해야 한다'가 아니라 '최선을 다해 성공하도록 하자'로, '나는 성공할 수 없다'가 아니라 '나는 아직 성공을 하지 않은 것일 뿐이다'로 언어적 표현방식을 바꾼다면 삶이 훨씬 편안해진다는 것을 알 수 있다.

⑩ 포기하는 것이다. 스트레스에 직면했을 때 가장 흔하게 보이는 대처방안이지만, 무력해할 필요가 없는 상황까지 포기하려는 경향성을 보이기 때문에 높은 가치를 부여할 수 있는 대처방법이 아니다. 그러나 때로는 포기함으로써 정말 감당하기 힘든 상황이라는 한계를 인정할 필요가 있다.

⑪ 방어적 대처를 사용하는 것이다. 방어기제는 자아를 불안으로부터 보호하기 위해 무의식적으로 채택하게 되는 현실왜곡 전략이다. 사람들은 때로는 공격적 행동으로 폭발하는 것을 피하기 위해, 위험한 분노감정을 억제하기 위해, 그리고 죄책감 같은 불쾌한 감정들로부터 벗어나기 위해 무의식적으로 방어기제를 사용하기도 한다. 이러한 방어기제에 의한 행동은 일시적으로 긴장과 스트레스를 해소해주기 때문에 스트레스로 인한 혼란을 막아주기도 한다. 그러나 한 가지 방어기제만 고집스럽게 사용하는 것뿐만 아니라 방어기제를 전혀 사용하지 않는 것은 모두 또 하나의 스트레스가 되므로 방어기제를 상황에 맞게 적절하게 사용하도록 하는 것이 스트레스 해소에 도움이 될 것이다.

(1) 억압

억압이란 의식에서 받아들이기 힘든 생각이나 감정 등을 무의식에 눌러버림으로써 고통스러운 감정을 봉쇄하기 위해 가장 흔히 사용하는 방어기제이다. 억압은 망각의 한 형태라고 볼 수 있다. 예를 들면, 실연의 아픔을 강하게 경험한 사람이 그 아픔을 무의식에 눌러버려서 실연의 아픔이라는 감정을 잊고 사는 것이다. 그래서 억압된 충동이나 기억을 자신을 알 수 없는 경우가 많다.

(2) 반동 형성

무의식의 밑바닥에 흐르는 생각, 소원, 충동이 너무나 부도덕하고 받아들이기에 두려운 것일 때, 이와는 반대로 행동함으로써 의식으로 떠오르는 것을 막는 자신도 모르게 일어나는 행동이다. 예를 들면, 가정형편이 좋지 않은 학생이 자기 집이 굉장히 부잣집인 것처럼 행동하는 것, "미운 놈 떡 하나 더 준다"는 속담처럼 미운 사람에게 오히려 더욱 잘해주는 행동을 하는 것 등이다.

(3) 투사

인정하고 싶지 않은 감정, 소망, 태도, 성격특징이 자신에게 속한 것이 아닌, 남의 것이라고 넘겨버리는 기제이다. 따라서 비난하거나 경멸할 만한 특징을 개인 자신이 소유하고 있음을 깨닫지 못하게 된다. 예를 들면, 어떤 사람과 사이가 좋지 않을 때 '내가 그 사람을 싫어해서'가 아니라 '그 사람이 나를 싫어해서' 서로 사이가 좋지 않다고 생각하는 것이다. 또한 시험을 망쳐놓고서 '내가 공부를 하지 않아서'가 아니라 '교수가 문제를 이상하게 출제해서'라고 생각하는 것이다. 이러한 투사기제를 사용하는 경우 편견, 부당한 의심이나 경계, 오해, 책임전가, 현실왜곡이 나타나게 된다.

(4) 합리화

자신이 경험하는 상황이 받아들이기 어려운 경우, 사실적인 이유 대신에 그럴

듯하게 이치에 닿는 이유를 내세우는 기제이다. 예를 들면, 임용고시에서 떨어지고 나서 시험에 불합격한 자기 자신을 탓하기보다는 '지금은 시기가 좋지 않아서 다음 기회에 합격하는 것이 낫다'고 그럴듯한 이유를 내세워 생각하는 것이다.

(5) 전위

본능적 충동의 대상을 덜 위협적인 대상으로 바꾸는 기제이다. 예를 들면, 부모님께 꾸지람을 들은 아이가 "동대문에서 뺨 맞고 서대문에서 화풀이"하듯 장난감을 던지는 행위를 하는 것이다.

(6) 동일시

자신보다 훨씬 훌륭하다고 인정되는 어떤 개인이나 집단과 강한 정서적 유대를 형성함으로써 만족을 추구하거나 스트레스를 해결하려는 심리적 기제이다. 예를 들면, 유명 연예인의 옷이나 액세서리를 착용하여 자신의 가치를 확대시킴으로써 자신의 열등감과 약점을 보완하고 스트레스를 해소하는 것이다.

(7) 승화

당초에 목표나 욕구에너지를 사회적으로 용납될 수 있는 다른 목표나 욕구를 충족시킴으로써 스트레스를 해소하려는 심리적 기제이다. 예를 들면, 공격욕구를 느낄 때 권투나 농구시합을 함으로써 스트레스를 해소하는 것이다. 또한 승화는 무의식적 성적 욕구를 사회적으로 받아들여질 수 있는 예술작품으로 대체하여 간접적으로 만족하는 것으로 나타내기도 한다.

활동문제

활동 | 1 스트레스검사

일반적으로 일상생활에서 흔히 경험하는 생활 사건이 스트레스 요인으로 작용하는 정도는 조금씩 다른데, 그것을 비교한 연구가 있어 흥미롭다. 다음의 표는 우리나라 사람들의 스트레스 요인의 정도를 보여주는 순위이다.

1. 자녀의 죽음(74)	16. 사업의 일대 재정비(43)
2. 배우자 사망(73)	17. 직업전환(43)
3. 부모 사망(66)	18. 정년퇴직(41)
4. 이혼(63)	19. 해외 취업(39)
5. 형제자매의 사망(60)	20. 유산(38)
6. 혼외정사(59)	21. 임신(37)
7. 별거 후의 재결합(54)	22. 입학시험, 취직 실패(37)
8. 부모의 이혼, 재혼(53)	23. 자식의 분가(36)
9. 별거(51)	24. 새 가족의 등장(36)
10. 해고(50)	25. 가족 중 한 명의 병(35)
11. 친한 친구의 사망(50)	26. 성취(35)
12. 결혼(50)	27. 주택, 사업, 부동산 매입(35)
13. 징역(49)	28. 정치적 신념의 변화(35)
14. 결혼 약속(44)	29. 시댁, 처가, 친척과의 압력(34)
15. 중병, 중상(44)	30. 학업의 시작, 중단(34)

※ 괄호 안의 숫자는 점수를 나타냄

(출처 : 설기문, 1997)

활동 2 Type A Type B 질문지

다음 문항을 읽고 자신을 얼마나 잘 나타내고 있는지를 판단해서 체크하시오.
'매우 동의한다'는 2점, '어느 정도 동의한다'는 1점, '전혀 동의하지 않는다'는 0점으로 하여 표시하기 바랍니다.

1	나는 일을 하고 있을 때 다른 사람의 방해를 받으면 몹시 불쾌하다.	
2	나는 억울한 일이 있으면 흥분해서 잠을 잘 자지 못한다.	
3	나는 내가 할 일을 계획하고 그 계획이 성공했을 때를 생각하면 몹시 흥분한다.	
4	나는 사소한 일로 다른 사람들에게 짜증을 낸다.	
5	나는 내 친구들을 비롯해 나와 비슷한 또래의 사람들이 나보다 잘하는 게 있으면 몹시 긴장한다.	
6	나는 야망이 있고 모든 일에 정력적이다.	
7	나는 하던 일을 완결 짓지 못하면 심장박동이 빨라지고 몹시 긴장한다.	
8	내가 타고 가는 차 앞에서 다른 차가 거치적거리면 몹시 짜증난다.	
9	나는 항상 일이 효율적으로 처리되길 바란다.	
10	나는 비교적 일의 질보다는 양을 중시하는 편이다.	
11	나는 일을 하지 않고 놀고 있으면 죄의식을 느낀다.	
12	나는 하루가 너무 짧아 불만인 경우가 종종 있다.	
13	나는 다른 사람보다 어떤 일에서든지 더 잘해야 한다고 생각한다.	
14	나는 사회경제적으로 성공하는 것만이 최선이라고 생각한다.	
15	나는 베짱이처럼 일을 하지 않고 게으른 사람들을 보면 한심해서 한마디 해주고 싶다.	
	P점수 합계	

1	나는 가끔 한 번에 두 가지 이상의 일을 하거나 시도한다.	
2	나는 다른 사람에 비해 빨리 먹는 편이다.	
3	나는 다른 사람에 비해 말을 빨리 하는 편이다.	
4	나는 일을 서두르는 경향이 있다.	
5	어떤 영화를 보러 갔는데 극장 앞에 줄이 길게 늘어서 있으면 차라리 다른 것을 본다.	

6	나는 어떤 게임을 하든지 양보하지 않고 이기려고 한다.	
7	나는 약속시간에 허겁지겁 도착하는 편이다.	
8	나는 누가 나를 공격하면 금방 반격한다.	
9	나는 운동이 필요한 것을 알지만 시간적으로 여유가 없어서 하질 못한다.	
10	나는 말할 때 자주 눈을 깜빡거리고 눈썹을 움직인다.	
11	나는 말할 때 제스처를 많이 쓰는 편이다.	
12	나는 나도 모르게 발을 떠는 버릇이 있다.	
13	나는 다른 사람을 믿지 못하기 때문에 어떤 일이든지 내가 직접 해야 안심이 된다.	
14	나는 젊었을 때는 정신없이 바빠야 한다고 생각한다.	
15	나는 이따금 감당하기 어려울 정도의 일을 계획한다.	
	B점수 합계	

※ 채점 및 해석방식

P : 심리적 특성 = (   )
B : 행동적 특성 = (   )
A형 경향성 : (P+B)/2 = (   )

- A형 성격 : A형 경향성 21점 이상이고, P와 B 모두 21점 이상인 경우
  P점수만 21점 이상이면 심리적으로만 A형 성격
  B점수만 21점 이상이면 행동적으로만 A형 성격
- B형 성격 : A형 경향성 10점 이하이고, P와 B 모두 10점 이상인 경우
  P점수만 10점 이하이면 심리적으로만 B형 성격
  B점수만 10점 이하이면 행동적으로만 B형 성격
- 중간 성격 : A형 성격 경향성 점수가 11점 이상 20점 이하

(출처 : 정진선 · 문미란, 2008)

활동 | 3 나를 스트레스 받게 하는 목록 나열

스트레스를 받게 하는 사람, 사물, 상황 등을 자유롭게 적어본다.

종 류	내 용
가정에서	① ② ③
학교에서	① ② ③
친구관계에서	① ② ③
여가생활에서	① ② ③
진로 및 취업에서	① ② ③

탐색문제

1. 스트레스와 인간관계에 대해 토의해 보자.

2. 직업에 따른 스트레스와 위기에 대해 토의해 보자.

3. 스트레스 극복을 위한 자신만의 전략을 토의해 보자.

4. 스트레스와 심리적인 증상 및 신체적 질병과의 관계에 대해 사례를 들어서 토의해 보자.

5. 일상생활, 영화, 책 속에서 발견할 수 있는 방어기제의 예문들을 토의해 보자.

10 갈등

인간이 모여 사는 과정에서 갈등은 불가피하게 일어난다. 세상을 살아가면서 자기 내면에서뿐만 아니라 다른 사람과의 관계에서 많은 갈등을 경험하면서 살아가고 있다. 갈등은 당사자에게 많은 스트레스를 가져오지만, 갈등을 참고 견디기보다는 그것을 극복하기 위해 노력하면서 새로운 해결책을 찾으면 개인에게는 성장을 가져올 수도 있고, 관계의 구조에 새로운 변화를 가져올 수도 있다.
이 장에서는 갈등이 일어나는 원인과 갈등을 해결할 수 있는 다양한 방법에 대해 살펴보자.

1. 갈등이 일어나는 원인

갈등을 한자의 어원적인 의미로 풀이하면 '칡 갈(葛)', '등나무 등(藤)'으로 칡과 등나무가 서로 엉켜 있는 상태를 가리키는 말로, 갈등(葛藤)은 "의지를 지닌 두 성격의 대립 현상으로 선택에 혼란을 가져오는 심리적 상태"를 말한다. 갈등은 성질에 따라 외적 갈등과 내적 갈등으로 구분하는데, 외적 갈등은 인물과 인물, 또는 인물과 환경 사이의 갈등을 말하며, 내적 갈등은 한 인물의 심리적 갈등으로 문학에서 자주 사용한다.

일상생활에서 우리는 갈등을 많이 경험하면서 살아가고 있다. 부모는 자녀가 안정된 직업을 갖기를 원하나 자녀는 좀 더 자유로운 삶을 갖기를 원하는 경우처럼, 대인관계 상황에서 각자가 추구하는 욕구와 목표가 서로 달라서 대립하기도 한다. 또한 어떤 과제를 함께 수행하는 과정에서 역할분담에 대한 의견이 다르기도 하고, 서로에 대한 애정표현의 방식에서 차이가 나기도 하여 갈등이 일어나게 된다. 또한 상대방의 요구사항을 쉽게 받아들이기 곤란하여 해결이 어려운 상황을 경험할 때도 있다. 예를 들면, 잔업을 해야 하는데 어떤 부하가 결근을 하겠다고 하는 경우, 혹은 조별 발표를 위해 각 조원들이 준비할 내용을 맡았는데 한 학생이 특별한 일이 생겨서 못 하겠다고 하는 경우 등이다. 이와 같이 갈등은 서로가 하고자 하는 욕구와 행동이 서로 충돌하는 상황에서 발생한다.

글래서(Glasser)는 갈등을 욕구 간의 충돌로 설명했다. 인간에게는 기본욕구(basic needs), 즉 사랑(love)과 소속(belonging)의 욕구, 힘(power)의 욕구, 자유(freedom)의 욕구, 즐거움(fun)의 욕구, 생존(survival)의 욕구가 있다. 우리가 살아가면서 다섯 가지 기본적인 욕구를 충족하기 위한 활동을 하게 되는데 자신이 스스로 선택할 때 비로소 자신의 삶을 선택(choice)하고 통제(control)하면서 살아가게 된다. 그런데 하나의 욕구충족이 단 하나의 행동과 연관되어 있다면 아무런 갈등이 일어나지 않는다. 하지만 어떤 하나의 행동을 할 때 다섯 가지 욕구 중에서 몇 가지 욕구가 동시에 작용할 수도 있기 때문에 자기 내면에서 갈등을 일으키게 된다. 더 나아가 그 행동이 자신의 욕구충족뿐만 아니라 다른 사람의 욕구충족과 관련되어 있다면 더욱 더 많은 욕구 간에 충돌이 일어나게 되며 그로 인해 갈등을 유발하게 된다. 예를 들면, 남편에게는 직업이 자유의 욕구와 연관되는 활동일 수 있지만, 아내에게는 생존의 욕구와 연관되는 활동이 되면서 서로 간에 갈등을 초래할 수 있는 것이다. 이러한 상황에서 갈등을 해결하는 효율적인 방법은 타인의 욕구충족을 방해하지 않는 범위 내에서 자신의 욕구충족을 하는 것이다.

또한 갈등은 다음과 같은 역기능적인 사고(dysfunctional thinking)가 원인이 되어 대인관계에서 갈등을 유발하기도 한다. 상대방의 의도나 사건의 의미를 왜곡하여 오해하게 하는 인지적 오류(cognitive error)를 범하게 되면 대인관계 상황이나 사건을 사실과 다르게 왜곡하거나 과장하게 되어 오해가 발생하게 되고, 이러한 오해는 대인관계의 갈등을 초래하게 된다(권석만, 2005).

1) 흑백논리적 사고 또는 이분법적 사고

어떤 사건이든지 완전한 실패 아니면 대단한 성공, 또는 극단적으로 흑 아니면 백으로, 또는 전체를 맞거나 틀린 것으로(all or none) 해석하는 등의 이분법적 사고를 하기 때문에 갈등이 일어난다. 예를 들면, 내가 하는 행동이 옳고 상대는 틀리다고 생각하여 양 극단 사이에 존재할 수도 있는 중간상황을 허용하지 않음으로 인해 갈등을 초래하게 된다. 이러한 사고는 모르는 사람보다는 가족관계에서 더 많이 발생하기 때문에 가족관계에서 갈등이 일어날 수 있다. 따라서 가족뿐 아니라 주변 사람들과의 관계에서 '옳다, 틀리다'라는 이분법적 사고를 하기보다는 '다르다'라는 보다 융통성 있는 사고를 함으로써 대인관계에서 갈등을 줄일 수 있을 것이다.

2) 과잉 일반화

한두 번의 사건에서 경험한 것을 특정한 상황에 국한시키지 못하고 극단적인 신념을 가지고 일반적인 결론을 내린 후 유사하지 않은 상황에까지 과잉 일반화하여 확대 적용하기 때문에 갈등이 일어난다. 타인으로부터 비난을 당하고서 '모든 사람은', '항상', '어떤 상황에서나' 공격적이라고 생각하는 경우가 대표적인 과잉 일반화의 예이다. 예를 들면, "나는 한 남자에게 학대당했다. 이것은 모든 남자가 학대한 것이다"와 같은 것이다. 이와 같이 다양성보다는 획일성을 강조하는 데서 과잉 일반화가 많이 발생한다. 따라서 어떤 상황이 발생했을 때 아무런 근거 없이 '모두', '항상' 등의 시각을 가지고 확대해석하여 획일적으로 대하기보다는 '그럴 수도 있고 그렇지 않을 수도 있다'는 다양성의 시각을 가지고 대하는 것이 갈등을 줄이는 데 도움이 될 것이다.

3) 의미 확대 혹은 의미 축소

갈등은 대인관계 사건의 중요성이나 의미를 지나치게 확대하거나 축소하기 때문에 일어난다. 흔히 부적응적인 사람은 부정적 사건이나 불완전한 것의 의미는 크게 확대하고, 긍정적이고 좋은 사건의 의미는 축소하는 오류를 범하는 경향이 있다. 예를 들면 타인이 자신의 단점이나 약점을 말해주면 매우 중요한 것으로 확대하여 생각하게 되고, 자신의 장점이나 강점을 말해주면 별것 아닌 것으로 과소평가하는 것이다. 이러한 경향성은 자신을 평가할 때와 타인을 평가할 때 기준을 달리 적용하여 자신을 더욱 괴롭히기도 한다. 즉, 자신의 잘못에 대해서는 매우 엄격하고 까다로운 기준을 적용하여 큰 잘못을 한 것으로 자책하는 반면, 타인이 행한 같은 잘못에 대해서는 매우 관대하고 후한 기준을 적용하여 별 잘못이 아닌 것으로 평가하기도 한다. 따라서 자신에 대해 부정적인 것보다는 긍정적인 것을 더 기억하는 '긍정적 착각(positive illusion)', '자기고양적 편파(self-serving bias)'를 가지는 것이 필요하다. 자신의 장점은 그 누구도 아닌 자신만이 가지고 있는 것으로 감사히 받아들이고, 자신의 단점은 고치려고 끊임없이 노력한다면 갈등을 줄일 수 있을 것이다.

4) 개인화

갈등은 자기 자신과 무관한 사건을 자신과 관련된 것으로 잘못 해석하기 때문에 일어난다. 신문에서 기사화된 다양한 사건들, 자살, 성폭행, 강간 등을 자신과 관련시켜서 잘못 해석하는 경우이다. 필자가 강의했던 한 수업에서, 어떤 학생이 자신이 좋아하는 스포츠 선수가 슬럼프에 빠졌다는 기사를 본 후 자신도 하루 종일 너무 힘들게 보냈다고 말한 적이 있는데, 이런 경우의 예에 해당한다. 이와 같이 다른 사람의 문제나 행동에 대해 마치 자기의 책임인 양 받아들이고 괴로워하는 것을 말한다. 따라서 주변의 사건들을 모두 개인과 관련된 것으로 생각하기보다는 사건들을 합리적이고 객관적인 시각으로 본다면 갈등을 줄이게 될 것이다.

5) 감정적 추리 또는 임의적 추리

갈등은 충분한 근거 없이 막연히 느껴지는 감정과 자신이 경험한 한 가지 사건만 가지고 뚜렷한 증거도 없으면서 부정적 결론을 내리기 때문에 일어난다. '내가 그렇게 느껴지는 걸 보니까 사실임에 틀림없다', '나는 부적절하게 느끼기 때문에 쓸모없는 사람이다'라는 식으로 생각하는 오류이다. 예를 들면 한 친구가 새롭게 사귄 다른 친구들을 만나느라 자신에게 연락하지 않으면 그 친구는 나를 싫어하기 때문이라고 결론짓는 것이다. 한 친구가 아무런 근거 없이 자신이 막연히 느낀 감정에 근거하여 나를 이런 식으로 대한다면 상호대화가 이루어지기 어려울 것임을 예상할 수 있을 것이고, 그 결과로 갈등관계에 있을 것임을 추측할 수 있다. 따라서 상대방의 형편은 전혀 고려하지 않고 자기 멋대로 자신이 느낀 감정에 근거하여 극단적인 결론을 내리기보다는 상호간의 대화를 통해 교류한다면 감정의 오해로 인한 갈등을 줄이게 될 것이다.

6) 잘못된 명명

갈등은 다른 사람의 특성이나 행위를 기술할 때 과장되거나 부적절한 명칭을 사용하기 때문에 일어난다. 자기 자신이나 타인에게 '돌대가리', '성격이상자', '정신이상자', '변태' 등의 과장된 명칭을 부과하는 경우가 잘못된 명명의 예이다. 이러한 잘못된 명명은 개인의 행동을 그러한 명칭에 맞도록 유도하는 결과를 초래할 수도 있다. 반두라(Bandura, 1986)에 의하면, 인간은 자기가 선정한 기대에 스스로 자신의 행동을 맞추어가는 경향이 있다고 한다. 그는 이러한 경향성을 '자기이행적 예언(self-fufilling prophecy)'이라고 불렀다. 즉, 자신을 '실패자'라고 규정하는 사람은 미래의 상황에서도 자신이 실패자로 행동할 것이라고 예측하게 되고, 실제 상황에서도 실패자처럼 행동하게 된다는 것이다. 자신을 '모범생',

'성실한 사람', '게으른 사람' 등과 같이 규정하는 것이 자신의 행동에 중요한 영향을 미칠 수 있다. 따라서 자신에 대해 부정적인 자기이행적 예언을 하기보다는 '나는 정말 괜찮은 사람이다' 등과 같이 긍정적인 자기이행적 예언을 함으로써 자존감(self esteem)을 가지게 된다면 다른 사람과의 관계에서 자신감을 가지면서 갈등을 줄일 수 있을 것이다.

7) 독심술적 사고

갈등은 충분한 근거 없이 다른 사람의 마음을 마음대로 추측하고 단정하기 때문에 일어난다. 마치 다른 사람의 마음을 들여다볼 수 있는 독심술사처럼 모호한 단서에 의해 다른 사람의 마음을 함부로 단정하는 오류이다. 이런 오류를 범하는 사람들은 자신이 타인의 마음을 정확하게 꿰뚫어볼 수 있는 능력을 지녔다고 믿는 경우가 많으며, 이런 경우에 상대방의 마음을 확인할 방법이 없기 때문에 자신의 판단이 옳았다고 생각하게 된다. 따라서 다른 사람의 마음을 함부로 단정하기보다는 상대방의 입장에서 마음을 이해해준다면 갈등을 줄일 수 있을 것이다.

2. 갈등해결을 위한 방법

우리는 다른 사람들과 상호작용하는 과정에서 갈등을 경험하게 된다. 갈등은 좋은 것도 아니고 나쁜 것도 아니며, 다만 갈등을 어떻게 처리하느냐에 따라 좋거나 나쁜 결과를 가져오게 된다. 갈등을 통해 서로 간에 문제를 어떻게 합리적으로 해결할 것인가에 초점을 두는 과정 속에서 성장하게 된다. 갈등을 건설적으로 해결하면 서로를 이해하는 기회가 되어 인간관계를 더욱 강화할 수 있지만, 대인갈등이 잘 해결되지 못하면 서로에 대한 부정적인 감정을 가져와서 인간관계가 붕괴되기도 한다.

갈등이 초래되었을 때는 어떠한 방법으로 해결해나가는 것이 바람직한 것일까? 갈등을 초래하는 대인관계를 정식으로 떠남으로써 갈등을 해결할 수도 있고, 언젠가 개선되기를 기다리면서 갈등을 방치할 수도 있고, 자신의 의견이 관철되도록 주장하거나 상대방을 비판하면서 관계를 유지할 수도 있다. 일반적으로 어떤 쟁점이 내게 별로 중요하지 않다고 생각되거나 갈등의 직면에 대한 대가가 너무 크다고 생각하면 갈등을 회피함으로써 더 이상 시간과 에너지를 소비하지 않을 것이다. 그러나 힘들게 결혼생활을 유지해나가는 사람들처럼 쟁점이 중요함에도 불구하고 지속적으로 갈등을 회피하게 된다면 그 갈등을 덮으려 애써도 관계에 지속적으로, 그리고 간접적으로 영향을 미치기 때문에 대체로 비생산적이다. 이러한 경우에는 문제가 해결될 수 있도록 표면에 드러나게 함으로써 새로운 통찰을 가져오게 하여 갈등을 개방적으로 다루는 것이 가치가 있을 것이다.

이제 대인갈등을 효과적으로 다룰 때 도움이 되는 몇 가지 지침에 대해 살펴보자.

첫째, 속임수와 조작을 피하고 정직하고 개방적으로 의사소통을 해야 할 것이다. 번(Berne)에 의하면 때로는 사람들은 어떤 특수한 대인관계에서는 자신의 진실한 동기(심리적 메시지)는 감추고 피상적인 상호작용(사회적 메시지)만 이중적으로 전달하는 게임을 함으로써 서로에게 모호하게 대하는 것이다. 이러한 게임은 좋은 관계에 필수적인 신뢰와 존중을 없애고 나쁜 감정을 유발하게 되기 때문에 비생산적이다.

둘째, 상대방의 문제성 있는 습관들을 기술할 때에는 그의 성격에 관해 일반적인 진술을 하기보다는 특정 행동에 관해 언급해야 할 것이다. "너는 지저분하다"라는 be언어를 사용하기보다는 "네 책을 책꽂이에 꽂아라"와 같은 Do언어를 사용하는 것이 상대방에게는 덜 위협적인 것으로 느껴져서 상대방은 특정행동에서 변화하려고 할 것이다.

셋째, 상대방에게 모욕이나 위협, 분노, 증오 등 부정적인 정서반응을 일으키는 경향이 있는 부담스러운 단어들을 피하도록 해야 할 것이다. 이때 상대방의 체면은 세워주면서 나의 요구가 수용될 기회를 증가시키기 위해서는 긍정적인 말을 덧붙이는 것이 효과적이다.

넷째, 불평은 최근의 행동과 현재의 상황에 국한하도록 해야 할 것이다. 과거의 불만을 다시 끄집어내는 것은 현재의 문제로부터 벗어나 과거의 오래된 분개를 다시 자극하기 때문에 비생산적이다.

다섯째, 문제로부터 감정을 분리해야 한다. 감정은 중요하지만 상황을 객관적으로 볼 수 있어야 한다.

여섯째, 융통성을 가져야 한다. 자기의 방법만이 옳은 것은 아니며, 자신의 선입관으로 눈이 멀어서는 안 된다. 여러 번의 시행착오를 거쳐서 최종 해결책이 생길 수 있는 것이다.

이제 일반적으로 사용하는 갈등해결방법을 구체적으로 살펴보자.

1) 승리적 방법(제1의 방법)

승리적 방법은 두 사람 간의 갈등 상황에서 한 사람이 다른 사람을 이기는 방법이다. 조직에서의 예를 든다면, 관리자가 자신의 권위나 파워(power)로 부하를 이겨서 어쩔 수 없이 부하가 관리자의 지시에 따르게 되는 것으로, 결국은 관리자가 이기는 승리적 방법이다. 그러나 부하의 입장에서는 욕구가 충족되지 않은 불쾌한 심리상태이므로 일시적으로 또는 겉으로 보기에는 별다른 문제가 없을지 모르나 장기적으로는 적극적인 업무수행이나 협조적인 자세를 기대하기 어렵게 된다. 따라서 이 방법은 궁극적으로는 조직의 발전에 도움이 되지 못할 수 있다. 마찬가지로 일반적인 대인관계에서도 한쪽이 일방적으로 승리적 방법을 사용하면 상대방은 겉으로는 순응하는 것으로 보이지만 그와는 달리 내면적으로는 불쾌한 상태를 가지고 협조하지 않으려는 수동공격성(passive-aggressive)을 가질 수도 있다. 부모가 승리적 방법을 사용하면 자녀는 청소년기에 이르러서

신경증적 비행을 보이게 될 수도 있다. 상대방을 내게 100% 맞춘다는 것은 인간관계를 악화시키면서까지 자신의 목표를 추구하는 것인데, 이는 상대방의 욕구를 좌절시킴으로써 인간관계를 악화시키는 결과를 초래한다.

2) 패배적 방법(제2의 방법)

패배적 방법은 두 사람 간의 갈등 상황에서 한 사람이 다른 사람에게 져서 자신의 욕구를 포기하는 방법이다. 조직의 예를 든다면, 부하가 너무 강압적으로 나와서 후유증이 두려워 관리자가 부하에게 져서 자신의 욕구를 포기하는 경우이다. 그러나 관리자는 관리자로서의 권위가 훼손되어 궁극적으로는 관리자 부하의 발전적 관계를 위해 도움이 되지 못한다. 상대방에게 100% 맞춘다는 것은 인간관계의 악화를 방지하기 위해 자신의 목표를 희생하는 것인데, 이는 불만과 좌절감이 증가하게 되어 결국 인간관계가 악화되는 결과를 초래한다.

승리적 방법이나 패배적 방법은 일방적으로 어느 한 사람은 이기고 어느 한 사람은 지는 것이라고 할 수 있기 때문에 피하는 것이 좋다. 조직의 예를 든다면, 두 가지 방법은 모두 궁극적으로는 조직 발전과 생산성 향상에 부정적으로 영향을 미치기 때문에 바람직한 방법이라고 할 수 없다. 부모-자녀관계에서도 서로 간의 욕구충족에 관심을 두지 않기 때문에 사랑과 애정, 관심, 존중이 깃들어 있는 가정을 기대하기 어려울 수 있다.

3) 무패적 방법(제3의 방법)

무패적 방법은 두 사람 간의 갈등 상황에서 두 사람 모두 승자가 되어 서로의 욕구를 충족시키는 결과를 가져오는 방법으로 서로가 서로에게 50% 맞추는, 즉 모두가 이기는 방법이라고 할 수 있다. 즉, 대인갈등의 해결에 있어서 한 사람은 승리하는 반면 상대방은 패배하는 방식의 승부게임을 하지 않는 것이다. 이는 각자의 양보와 타협을 전제로 하는 것이기 때문에 상호 이해가 있어야 가능한 방법이다. 갈등과 관련된 이익이나 목표가 서로의 인간관계 유지와 목표 추구를 위해 중요하다면 인간관계에서 서로에 대한 불만과 좌절을 초래하는 갈등을 무시하거나 회피하지 말고 상호대화와 협력을 통해 타인의 욕구충족을 방해하지 않는 한도 내에서 자신의 욕구를 충족하면서 갈등을 해결하도록 해야 할 것이다. 무엇보다도 상대방과 갈등이 초래된 문제 상황을 논의하면서 서로의 목표와 이익을 최대한 실현시키면서 인간관계를 훼손시키지 않고 서로 합의할 수 있는 해결방법을 찾는 것이 가장 바람직한 방법이라고 볼 수 있다. 협상에 임할 때에는 공동의 과제를 협동적으로 해결하는 자세로 우호적인 방식을 취하는 것이 좋고, 때로는 유머를 사용하는 것도 긴장을 완화할 수 있는 방식이다.

무패적 방법에는 대립된 갈등을 해결 가능한 문제로 전환시키는 방법과 공감을 사용하여 갈등을 해결하는 방법이 있다. 대립된 갈등을 해결 가능한 문제로 전환시키는 방법은 다음과 같다.

(1) 대립된 갈등을 해결 가능한 문제로 전환시키는 방법

① 단계별 내용

가. 욕구를 해결하기 위해 문제를 정의한다.

한 개인에 있어서 자신이 가지고 있는 문제와 고민거리가 무엇인지를 아는 경우와 '뭐가 뭔지 모르겠다'와 같이 혼란스러운 상태에 있는 경우에 어떤 것이 문제를 해결하기가 쉬울까? 전자와 같이 문제를 명확히 아는 경우에 문제를 해결하기가 쉽다. 이는 우리가 자신의 단점을 알고 있는 경우에 단점을 해결하려고 끊임없이 노력하기 때문에 단점을 극복하여 장점으로 되기가 쉬운 것과 비슷하다. 따라서 인간관계에서 갈등이 생겼을 때에는 나-전달법으로 나의 욕구를 말하고 반영적 경청을 사용하여 상대방의 욕구를 파악하여 문제를 명확히 정의하는 것이 무엇보다 필요하며, 드러난 모든 것을 확실히 하기 위해 확인된 욕구를 다시 말하는 것이 필요하다. 이러한 과정을 통해 서로가 해결 방안을 찾고 있다는 것을 분명히 이해하게 된다.

나. 다양한 해결책을 만들어낸다.

인지적 구두쇠(cognitive miser)인 인간은 문제를 해결하기 위해 머릿속에 처음으로 번뜩 떠오르는 생각을 택하려는 경향이 있다. 이렇게 쉽게 떠오르는 해결책을 택하려는 경향에서 벗어나 다양한 해결책을 만들어내도록 하는 과정이 갈등을 해결하는 데 도움이 되는 두 번째 단계이다. 이를 위해서는 반영적 경청을 사용하여 먼저 상대방이 해결책들을 내도록 북돋아준 후 나-전달법을 사용하여 자유롭게 나의 해결책도 내놓도록 한다. 이러한 과정을 통해 문제를 해결하기 위해 가능한 모든 해결책을 나열하게 되는데, 이때 평가나 비판은 피하도록 주의한다.

다. 다양한 해결책 각각에 대해 평가한다.

두 번째 단계에서 제시된 다양한 해결책에 대해 '각각의 해결책에 대한 장점과 단점은?', '현실적인 계획인가?', '시간적·경제적 소비는 어느 정도인가?', '장애물은 어떤 것이 있는가?', '가능한 해결책이 실천 가능하지 않은 이유는 무엇인가?', '이행하기에 너무 힘들지는 않은가?', '그것은 모두에게 공평한가?' 등에 대해 구체적으로 평가하도록 한다. 이때에도 반영적 경청과 나-전달법을 사용하여 정직하게 평가하도록 하며, 각각의 해결책에 대해 평가할 때 상대방이 만족이나 불만족을 나타내는 비언어적인 단서를 찾도록 한다.

라. 상호 수용할 수 있는 해결책을 결정한다.

세 번째 단계에서 평가를 통해 상호 수용할 수 있는 해결책을 결정하도록 하는데, 해결 방안을 강요하거나 설득하려는 잘못은 저지르지 말도록 한다. 나와 상대방 모두가 명확하게 이해하는지 확인하도록 하기 위해 선택된 욕구와 해결책을 다시 말하고, 모두가 볼 수 있는 곳에 적어놓는 것도 도움이 되는 하나의 방법이다.

마. 해결책을 수행한다.

해결책을 수행하기 위해 언제, 누가, 무엇을 할 것인지를 정하고, 다른 사람이

해결책에 관련된 사항을 확인해보는 것도 도움이 되는 방법이다. 만약 시간이 지남에 따라 나와 상대방이 해결책을 자꾸 잊게 된다면 상대방과 나-전달법으로 직면할 수도 있고, 상대방이 그 계획을 기억하도록 제안할 수도 있다.

바. 재평가를 한다.

해결 방안이 나와 상대방을 위해 어떻게 활용되고 있는가를 확인하는 시간을 가져서 해결책에 잘못된 점이 나타나거나 새로운 사실이 알려지면 기꺼이 조정하는 융통성을 가지도록 한다.

② 메시지 전달 방법

가. 나-전달법

나-전달법(I-message)은 너-전달법(You-message)를 알게 되면 훨씬 이해하기 쉽다. "너는 형편없구나!", "나잇값을 좀 해라", "참 어리석은 짓을 했구나!", "조용히 해!"와 같이 상대방에게 직접 충고, 명령, 나무람, 비난 등의 뜻을 내포한 메시지를 던지는 것이기 때문에 상대는 자존심이 상하고 불쾌하게 느끼기 쉽다. 이처럼 너-전달법은 상대방에게 문제의 책임을 지우면서 부정적인 감정을 느끼게 하는 메시지를 전하는 것이기 때문에 생산적인 의사소통과 인간관계에 있어서 방해가 된다. 반면 나-전달법이란 인간관계에서 서로 간에 갈등이나 불만이 있을 때, 특히 내가 상대방의 행동을 수용할 수 없을 때 사용하는 방법이다. 나-전달법은 세 가지 요소를 포함하면서 자신의 감정을 표현하는 언어적 방법이다.

첫 번째 요소는 상대의 행동을 '항상', '또', '만날' 등과 같은 빈도부사를 사용하지 않고, '엉망진창', '뒤죽박죽'과 같은 가치판단이 개입되는 말을 사용하지 않으며, 상대의 행동을 단순하게 객관적으로 진술하는 것이다.

두 번째 요소는 그 행동이 미치는 구체적인 영향을 언급하는 것이다. 예를 들면, 당신이 다른 일을 위해 써야 할 시간, 정력, 돈(예 : 더러운 것을 치우는 것, 찢어진 옷을 바꾸는 것 등)을 언급하거나, 당신이 해야 하거나 하고 싶은 것을 할 수 없도록 방해하는 것(예 : 정각에 어느 곳에 도착하는 것, 전화를 사용하는 것, 즐기는 것 등)을 언급하거나, 당신의 신체나 감각을 괴롭히는 것(예 : 시끄러운 소리, 눈부신 빛, 뜨거운 온도, 고통, 상처 등)을 언급하거나, 어떤 유용한 것, 즐거움 또는 자랑거리에 부분적 혹은 전체적으로 손실을 유발시키는 것(예 : 접시를 깨뜨리는 것, 책의 분실, 양탄자를 얼룩지게 하는 것 등)을 언급하는 것이다.

세 번째 요소는 그 결과 때문에 내가 느끼게 되는 나의 감정을 실망, 분노, 슬픔, 걱정, 짜증 등으로 표현하는 것이다.

나. 경청

반영적 경청이란 상대가 문제로 느껴서 내게 와서 고민을 이야기할 때 사용되는 방법으로서 상대방의 이야기를 주의를 집중하여 열심히 듣는 것이다. 반영적 경청에는 다음과 같은 세 가지 방법이 있다.

- 침묵을 지키는 수동적인 경청
  침묵을 지키는 수동적인 경청은 아무 말 없이 미소를 짓고 고개를 끄덕이는 등 비언어적 행동을 통해 경청하는 것이다.
- 상대방의 이야기에 동의하는 간단한 감탄사나 반응을 하는 것
  상대방의 이야기에 동의하는 간단한 감탄사나 반응을 하는 것으로는 "아, 그랬구나!", "그래서?", "그래서 어떻게 되었는데?" 등과 같은 추임새 반응을 추가하면서 경청하는 것이다.
- 적극적인 경청으로 상대방의 마음까지 헤아려주는 방법
  적극적인 경청으로 상대방의 마음까지 헤아려주는 가장 바람직한 방법으로는 성장동기(~하고 싶은데)를 언급하면서 상대방의 말에 대한 자신의 이해를 전달하고 감정을 전달하는 것이다. 하나의 예문으로, "저는 많은 사람들 앞에 서면 도대체 아무 말도 할 수 없어요."라고 고민을 이야기한다면 "사람들 앞에서 서슴없이 이야기하여 말을 잘하고 싶은데(성장동기) 사람들 앞에 나서면 말문부터 막혀서 좌절감을 느끼시겠군요."라고 표현한다면 이는 성장동기를 사용하면서 적극적 경청을 하여 상대방의 마음을 헤아려주는 좋은

방법이 된다.

[적극적인 경청에 대한 예문]

- "부모님 때문에 학교를 억지로 다니는 것 같아요."
  성장 동기 : ______________________________
  (이장호·금명자, 1992.)

나-전달법과 반영적 경청을 사용하여 상호 이해를 가져옴으로써 인간관계에서의 갈등을 처리하는 원리는 다음과 같이 간단히 요약할 수 있다. 즉, 상대방이 문제로 느낄 때에는 잘 들어주고, 내가 상대방에 대해 문제로 느낄 때에는 나-전달법을 사용한다면 문제해결과 갈등해결에 도움이 될 것이다.

[표 10-1] **문제의 소재에 따른 문제해결 기술**

문제의 소재	문제 영역	문제를 해결하는 기술
상대의 문제	내가 수용할 수 있는 행동이나 상대에게 문제가 있음을 나타내는 것들	상대가 스스로 문제를 해결할 수 있도록 도와주는 기술(반영적 경청)
문제없는 영역	내가 수용할 수 있는 행동들이면서 상대에게도 문제가 되지 않는 것들	문제가 없을 때 관계를 증진시킬 수 있는 말과 기술(반영적 경청, 나-전달법)
나의 문제	내가 수용할 수 없는 상대의 행동들	상대의 행동이 나에게 문제가 될 때 그 상황을 해결하는 기술(나-전달법)

(2) 공감을 이용한 갈등해결 방법

갈등이나 의견 불일치를 해결하는 하나의 방법으로서 공감을 사용하는 것이 효과적이다. 왜냐하면 이것은 우리로 하여금 상대방의 입장에 서도록 하기 때문이다. 우리가 타인의 입장에 설 수만 있다면 공감은 쉽게 이루어질 것이고, 갈등과 불일치는 최소화되거나 극복될 수 있을 것이다. 우리가 일반적으로 취하는 다섯 가지 입장에 대해 살펴보자.

[표 10-2] **갈등에 대한 다섯 가지 입장**

	제 1 입장 : 나는 옳고 당신은 틀렸다.	
제 3 입장 : 둘 다 옳지만 동시에 둘 다 틀렸다.	제 5 입장 : 4의 입장은 모두 일리가 있다.	제 4 입장 : 그 문제는 생각만큼 그렇게 중요한 것은 아니다.
	제 2 입장 : 당신은 옳고 나는 틀렸다.	

① 제 1 입장 : 나는 옳고 당신은 틀렸다.

제 1 입장은 '내가 하는 것이 옳고 네가 하는 것이 틀렸다'는 사고로, 승리자가 되려는 일방적인 방식이다. 그렇기 때문에 우리는 쉽게 남을 비난하고 공격하고 굴복하여 상대방으로 하여금 생각을 바꾸어 나의 생각을 수용하도록 한다. 이 방법은 상호 수용할 수 있는 갈등해결이 아니므로 상대방은 긴장, 원한, 분노의 감정을 갖게 된다.

② 제 2 입장 : 당신은 옳고 나는 틀렸다.

제 2 입장은 '당신이 옳고 나는 틀렸다'는 사고로 상대방의 입장에 쉽게 굴복하고 자신의 처지를 부정하는 태도이다. 이런 사람들은 자신의 해결책을 제시하지 않고 굴복해버리지만 상대에 대한 불만족의 감정을 계속 지니고 있게 된다.

③ 제 3 입장 : 둘 다 옳지만 동시에 둘 다 틀렸다.

제 3 입장은 각자의 장단점을 모두 인정하는 입장이다. 이 입장에서는 각자의 처지에서 서로 옳다고 여겨지는 면을 발견할 수 있겠지만, 동시에 틀리다고 여겨지는 면도 쉽게 발견할 수 있을 것이다.

④ 제 4 입장 : 그 문제는 생각만큼 그렇게 중요한 것은 아니다.

제 4 입장은 문제가 아무리 심각하거나 중요한 것이라 할지라도 지금의 나와 너의 관계 회복이 더 중요하다는 입장이다. 그러므로 우리가 갖고 있는 문제 자체는 생각보다 그렇게 중요한 것이 아니라는 것을 알게 되고, 그로 인해 그 문제 자체에 그렇게 집착할 필요가 없다는 사실을 이해하게 된다. 즉, 인간관계의 위기를 경험해도 좋을 정도로 그 문제의 중요성이 크지 않다는 것을 알게 되는 입장이다.

⑤ 제 5 입장 : 네 가지 입장은 모두 일리가 있다.

제 5 입장은 앞에서 취한 네 가지의 입장 모두 옳다고 인정하는 통합적인 사고와 초월적인 태도를 보이는 입장이다. 인간이 경험하는 일들은 흑백론으로 해결되지 않는 것이 많으며, 우리가 흑백론에 사로잡혀 모든 것을 옳고 그름의 이분법적인 입장에서만 해결하려는 데서 문제가 생기고 갈등이 생긴다는 것을 알게 된다. 따라서 상호 간의 만족을 최대화시키기 위해 서로 진실한 노력을 하는 입장이라고 볼 수 있다.

활동문제

활동 | 1 대립된 갈등을 해결하기

갈등상황을 떠올려 본 후 문제를 해결하기 위한 방안을 써 보도록 한다.

1. 문제는 무엇인가?

2. 문제를 해결하기 위한 찬반 토론 내용을 정리해보자.

구분	1	2	3	4
해결방안				
장점				
단점				
현실적으로 가능한지 여부				
장애물				
시간적·경제적 소비				

3. 양자 모두 만족할 수 있는 해결책이 무엇인지 선택하여 그 내용을 정리해보자.

활동 | 2 나-전달법 연습

1. 뉴스를 보는데 아이들이 너무 시끄럽게 떠들고 있다.

2. 내일까지 업무보고를 해야 하는데, 이 대리가 업무를 마치지 않은 채 퇴근해버렸다.

3. 민수가 환기가 안 되는 방에서 담배를 피우고 있다.

4. 일이 많은데 작업시간에 박 과장이 동료와 이야기하고 있다.

5. 일요일 아침이라 늦잠을 자고 싶은데 텔레비전 소리를 크게 틀어놓고 있다.

6. 팀장이 일에 대한 자세한 설명 없이 업무를 지시했다.

활동 | 3 역기능적 사고

• 나에게 있는 이분법적 사고는 어떤 것이 있는가?

• 나에게 있는 과잉 일반화는 어떤 것이 있는가?

• 나에게 있는 정신적 여과는 어떤 것이 있는가?

• 나에게 있는 의미 확대와 의미 축소에는 어떤 것이 있는가?

• 나에게 개인화는 어떤 것이 있는가?

• 나에게 감정적 추리는 어떤 것이 있는가?

• 나는 나 자신에 대해 얼마나 잘못된 명명을 사용하고 있는가?

• 독심술적 사고를 해보았던 경험은 있는가?

• 나에게 있는 예언적 사고는 어떤 것이 있는가?

활동 | 4 공감을 통한 갈등해결

평소에 갈등하거나 의견의 일치를 보지 못하는 주제(문제)를 정하여 그 문제에 대해 자신이 취하는 입장을 설명하고 갈등이나 의견불일치의 근원을 분석해본다. 앞에서 소개한 5가지 입장에 따라 자신의 생각과 견해를 적어보고 검토해본다.

	제 1 입장	
제 3 입장	제 5 입장	제 4 입장
	제 2 입장	

활동 5 불만을 만족으로 재발견하기

불만과 갈등이 가장 많이 있는 세 사람들을 떠올린 후 그들에게 요구하거나 부탁하고 싶은 내용에대해서 구체적으로 적어 본다.

1	가장 많이 접촉하는 10인		
2	불만과 갈등이 가장 많이 있는 3인	불만스러운 내용	
3	불만과 갈등이 가장 많이 있는 3인	요구하고 싶거나 부탁하고 싶은 내용	
4	불만과 갈등이 가장 많이 있는 3인	장점을 찾거나 칭찬해주는 말	

탐색문제

1. 갈등이 일어나는 원인에 대해 토의해 보자.

2. 갈등해결을 위한 자신만의 방법과 전략에 대해 토의해 보자.

11 감정

감정은 인간관계를 반영하는 산물이자 그 관계에 영향을 미치는 매개요인으로 작용하게 된다. 우리는 중요하게 여기는 모든 관계, 즉 직장 사람들, 친구, 가족, 연인, 배우자에게 다양한 감정과 정서를 느끼고 살아가고 있으며 감정은 우리의 삶의 질에 영향을 미친다. 감정은 우리에게 현실적으로 적절한 행동을 하도록 하기도 하지만, 때로는 순간적으로 느끼게 되는 감정을 조절하지 못해서 자살, 비행 및 범죄를 저지기도 한다. 이와 같이 감정을 잘 조절하는 것은 인간관계의 향상뿐 아니라 자신의 건강한 삶을 위해서도 필요한 것이다.

이 장에서는 인간의 다양한 감정에 대해 살펴보도록 하자.

1. 인간의 감정

인간은 출생 시에는 막연한 흥분상태로 태어나지만, 타인과의 관계 속에서 다양하게 분화된 감정을 지니게 된다. 우리가 경험하는 대부분의 감정, 즉 기쁨, 애정, 분노, 불안, 우울, 공포, 시기, 질투 등은 타인과의 관계 속에서 발생한다.

우리는 하루에도 몇 번이고 수시로 변하는 다양한 감정을 경험하며 살아가고 있다. 이러한 인간의 감정(feeling)은 사고(thinking), 행동(behavior), 생리기능(physiology)과도 분리할 수 없기 때문에 우리가 어떤 감정을 느낄 때에는 나머지 부분들이 함께 작용하게 된다. 예를 들면, 우울한 감정을 느낄 때 우울한 사고를 하며 우울한 행동을 하고 우울한 생리기능을 가지게 된다. 마찬가지로 기쁜 감정을 느낄 때 기쁜 생각을 하고 기쁜 행동을 하며 기쁨의 생리기능을 가지게 된다. 이러한 감정은 인간관계의 발전과정에도 영향을 미쳐서 인간관계에서 기쁨, 애정 등의 긍정적 감정을 많이 경험하게 되면 그 관계를 더욱 지속하려는 반면,

슬픔, 외로움, 불안, 분노, 우울 등의 부정적 감정을 자주 경험하게 되면 갈등해결을 위한 노력을 시도하거나 아니면 관계를 종결시키게 된다.

감정은 흔히 기본감정과 복합감정으로 구분된다. 기본감정의 수는 학자마다 달리 주장되고 있는데 Plutchik(1980)은 공포(fear), 분노(anger), 기쁨(joy), 슬픔(sadness), 수용(acceptance), 혐오(disgust), 기대(expectancy), 놀람(surprise)이라는 여덟개의 기본감정이 모든 인간에게 공통적으로 나타난다고 했다. 반면, 복합감정은 이러한 기본감정들이 혼합되면서 사랑, 복종, 경외, 실망, 후회, 경멸, 공격, 낙관 등처럼 다양한 복합감정들이 산출된다.

Plutchik의 정서바퀴(emotional wheel)가 <그림 11-1>에 제시되어 있다. 여덟개의 기본감정은 인접해 있을수록 유사한 정도를 나타내며, 바퀴의 양극에 있는 감정들은 서로 반대되는 관계의 정서들임을 표시한다.

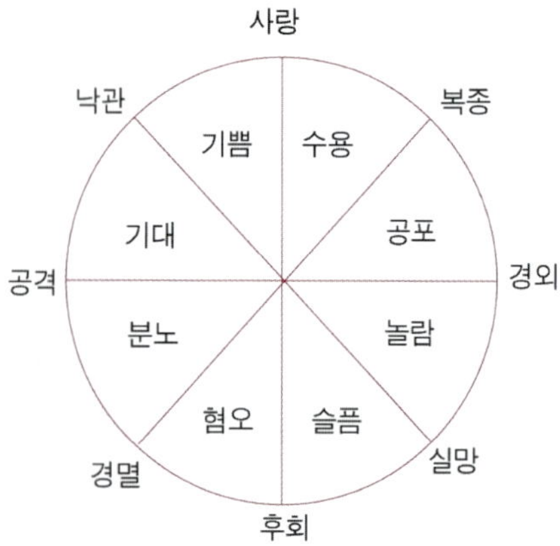

[그림 11-1] **Plutchik의 정서바퀴(권석만, 2005)**

감정은 인간관계에서 체험하는 대인감정으로서 다음과 같은 특징을 지니고 있다.

첫째, 대인감정은 신체적이고 생리적인 반응을 수반한다. 감정의 변화에 따라 근육긴장, 심장박동, 소화액 분비, 피부의 온도·습도의 변화 등을 보인다. 예를 들면, 분노를 느낄 때 심장박동과 맥박이 빨라지고 피부색이 빨개지는 것을 알 수 있다.

둘째, 대인감정은 행동을 촉진한다. 감정은 적응적 가치를 지녀서 불안과 공포를 느끼면 위험으로부터 도피하는 행동을 하게 되며, 분노와 혐오감을 느끼면 공격자에 대응하여 물리치는 공격적 행동을 하게 되며, 사랑과 수용의 감정을 느끼면 애착과 보호행동을 촉진하게 된다.

셋째, 대인감정은 얼굴표정을 통해 가장 즉각적으로 표현된다. 가장 자연스러운 정서를 표현하는 아이들의 천진난만한 표정을 보면 얼굴표정이 자연스럽게 겉으로 드러남을 알 수 있다. 그러나 사회화가 이루어지면서 인간은 자신의 얼굴표정을 겉으로 드러내지 않을 수 있게 된다. 예를 들면, 사랑하는 남녀가 놀이기구를 탈 때 씩씩한 남성상을 좋아하는 여자친구를 위해 놀이기구가 무서워도 무섭다는 표현을 하지 못하는 남자를 쉽게 떠올릴 수 있을 것이다. 이와 같이 남자는 실제로 느끼는 감정보다 축소해서 표현하는 경향이 있지만, 반면 여자들은 실제 감정보다 과장해서 표현하는 경향이 있다. 또한 어렸을 때는 좋아하는 것이 얼굴표정에 그대로 나타나지만 성장하면서 어떤 사람은 상대방을 좋아해도 좋아하는 것인지 싫어하는 것인지 알 수 없을 정도의 얼굴표정으로 드러내지 않을 수 있게 되고, 어떤 사람은 감정을 얼굴표정으로 드러내야 속이 시원한 사람도 있다. 이와 같이 감정표현에는 개인에 따라 차이가 있고 더 나아가 문화에 따라 감정표현이 달라질 수 있다. 실제로 동양문화권의 사람들은 감정표현을 억제하는 반면, 서구 문화권의 사람들은 감정을 잘 드러내는 경향이 있다.

그럼에도 불구하고 어떤 감정은 문화 차이에 상관없이 보편적인 얼굴표정으로 표현된다. 에크만(Ekman, 1984)에 따르면, 공포, 놀람, 분노, 혐오, 슬픔, 기쁨 등의 정서는 독특한 얼굴근육 운동패턴이 존재한다고 하며, 이러한 얼굴근육 표정은 여러 문화권에 걸쳐 얼굴표정이 매우 유사한 보편성을 나타낸다고 한다.

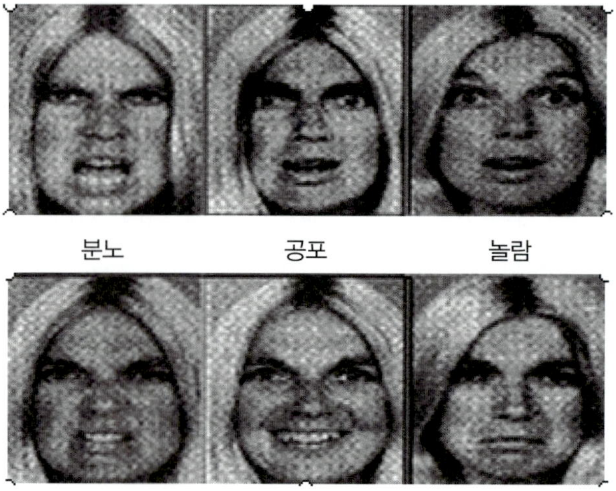

[그림 11-2] **보편적인 얼굴표정**

2. 대인감정

대인감정에는 긍정적인 대인감정과 부정적인 대인감정이 있다. 긍정적인 대인감정에는 기쁨, 자기긍지감, 사랑과 애정 등이 있으며, 부정적인 대인감정에는 분노, 불안과 공포, 죄책감과 수치심 등이 있다.

1) 긍정적인 대인감정과 대인행동

(1) 기쁨 : 행복감과 환희

행복감과 환희는 대인관계에서 원하는 목표가 달성되었거나 달성되어가고 있다고 생각될 때 느끼는 감정이다. 예를 들면, 부모, 교수, 상사로부터 업적과 능력을 인정받을 때 우리는 행복감과 기쁨을 느낀다. 그래서 사람들은 대인관계에서 이러한 긍정적 감정을 느끼고자 노력한다. 대인관계에서 이러한 긍정적 감정을 많이 경험하게 되는 관계일수록 만족스런 관계라고 볼 수 있다.

기쁨의 감정을 느끼게 되면 얼굴표정이 웃는 모습으로 변한다. 나아가 미래에 대해 낙관적이고 희망적인 사고가 증대되고, 삶에 대한 만족도가 증대되며, 그 결과 삶의 질을 결정하는 주된 요인이 된다. 또한 기쁨을 느끼면 타인에 대해서도 관대해지고 이타적 행동이 늘어난다. 한 연구에 의하면, 백화점에서 경품에 당첨된 후에 백화점 앞의 도움을 필요로 하는 사람에게 더 이타적 행동을 하는 것으로 나타났다.

그렇다면 이러한 기쁨과 행복감은 어떤 조건과 관련될까? 그 조건으로는 결혼, 종교, 사회경제적 지위, 성격, 돈, 직업 등 여러 가지가 있을 수 있으나 기쁨과 행복감은 개인의 성격적 특성과 가장 밀접한 관계가 있는 것으로 나타났다. 즉, 이들은 행복감을 느끼는 능력을 가지고 있어서 사소한 사건에서도 긍정적 의미를 찾아내어 기쁨을 느끼는 사람이다. "행복은 주어지는 것이 아니라 찾아내는 것이다"라는 말을 되새겨볼 필요가 있다.

(2) 자기긍지감

자기긍지감은 자신의 성취에 대한 타인 및 자신의 긍정적 평가에 의해 자신이 스스로 가치 있는 존재라고 느낄 때 경험하는 감정이다. 예를 들어, 자신의 성취에 대해 주변의 사람들이 "당신은 참 대단한 일을 했다. 당신의 성취에 대해 격찬을 보낸다. 당신은 참으로 유능하다."라는 반응을 보일 때 스스로 '나는 가치 있고 유능하고 대단한 사람이다.'라는 생각과 더불어 자신에 대해 뿌듯한 기분이 드는 것이다. 자기긍지감을 느끼는 사람은 타인에게 자신 있고 자기주장적이며 당당한 행동을 나타내게 된다. 그러나 어떤 사람은 자기 자신에 대한 긍정적인 평가에 매우 인색해 스스로 자신의 성취나 능력에 대해 과소평가하며, 다른 사람에 의한 칭찬과 긍정적 평가를 축소해 받아들이면서 자신에 대한 불만감과 열등감을 만성적으로 느끼기도 한다(권석만, 2005).

자기긍지감의 근거가 되는 자기가치의 평가는 크게 두 가지 기준에 근거한다.

첫 번째 기준은 자신의 성취와 업적에 대한 긍정적인 자기평가이다. 자신의 학업적·직업적 성취에 대해 스스로 긍정적인 평가를 하게 될 때 느끼는 감정이다. 두 번째 기준은 다른 사람들이 나타내는 애정과 인정이다. 다른 사람들이 보내는 호의와 애정은 스스로 자신이 가치 있는 존재라는 생각을 가지게 된다. 이와 같이 자기긍지감은 자기에 대한 감정이지만, 앞에서 살펴본 행복감은 삶의 전반에 대한 느낌이다.

(3) 사랑과 애정

사랑과 애정은 다른 사람에 대한 긍정적 감정으로서, 인간이 결코 포기할 수 없는 강력한 욕구이다. 우리 모두가 부모님의 사랑과 애정을 받기를 얼마나 갈망했던가? 또한 연인의 사랑과 애정에 대해서도 마찬가지다. 사랑과 애정은 상대방이 자기의 중요한 욕구를 충족시켜주거나 자기가 소중히 여기는 속성, 즉 능력이라든가 아름다움 등을 나타내거나 또는 나타낼 것처럼 보일 때 그 인간 상호관계에서 경험하는 긍정적인 감정을 말한다(장성화, 2009). 우리가 어떤 사람에게 사랑과 애정을 느끼게 되면 그 사람에 대한 호의적인 관심과 아울러 접근적·헌신적 행동을 하게 된다. 예를 들면, 연인관계에서 A는 사랑을 함께하는 시간이 많은 것이라고 생각하는데, B는 사랑을 선물을 주고받는 것이라고 생각하면 서로의 사랑을 지속시키기 위해 A는 선물을 주고받는 행동을 더욱 하게 될 것이고 B는 함께하는 시간을 더욱 많이 가지려고 노력할 것이다. 부모-자식관계에서도 부모는 사랑을 자식을 위해 많은 것을 희생하면서까지 하는 봉사라고 생각하지만, 자녀는 따뜻한 격려와 칭찬의 말로써 사랑을 느낀다면 자녀와의 사랑을 증진시키기 위해 부모는 따뜻한 격려와 칭찬의 말을, 자녀는 부모와 함께하는 시간을 더욱 많이 하도록 노력해야 할 것이다.

저자는 사랑이라는 감정이야말로 어떤 감정과도 비교할 수 없는 훌륭한 가치라고 생각한다. 우선 사랑에는 관용성이 있다. 우리 인간은 살아가면서 사랑만 하며 살아갈 수 없으며 사랑에는 미움이라는 양가감정이 공존하는데, 사랑은 미움을 관용할 수 있다. 또한 사랑에는 재창조성이 있다. 사랑이야말로 그 어떤 가치보다 최고이며 사랑 안에서만 절망과 미움과 불행 같은 부정적인 감정이 재창조된다. 마지막으로 사랑에는 초월성이 있다. 우리가 상대방을 사랑하기 때문에 그들을 견뎌줄 수 있는 것이다.

2) 부정적 대인감정과 대인행동

(1) 분노

분노는 대인관계에서 파괴적인 역할을 하는 강력한 부정적 감정의 하나이다. 우리는 어떤 상황에서 분노가 생길까? 첫 번째는 개인의 신체나 소유물이 손상되었을 때이다. 두 번째는 비난, 무시, 모욕, 비하, 경멸, 푸대접 등과 같이 개인의 인격이 손상되었을 때이다. 세 번째는 개인이 추구하는 목표달성이 방해받고 좌절되었을 때이다.

흔히 분노감정은 공격적 행위를 한 대상에게 향해져서 상대에 대해 공격적인 행동을 하고 싶은 공격충동이 일어나지만, 공격적 충동을 느꼈다고 모두 공격적인 행동을 하는 것이 아니고 대체로 상대방이 약할 때 공격충동이 행동화되는 경향이 있다. 특히 최근에 올수록 인터넷 악플이 더욱 심해지고 있는데, 이는 직접 대면하지 않고서도 억눌려 있던 공격성을 표출할 수 있기 때문에 악플이 더욱 심해지고 있다고 생각한다. 이와 같이 분노를 직접적으로 표현하지 않게 되면서 표현방식 또한 변하게 된다. 유아들은 자신이 하고 싶은 것을 방해받아서 화가 나면 아무 데서나 마구 울고 소리 지르지만 성장하면서 분노의 표출방식이 대치행동, 수동적 공격, 내향화, 승화, 용서 등으로 점차 달라진다.

① 대치행동(displacement)

분노를 일으킨 강한 대상이 아닌 다른 약한 제 3의 대상에게 분노감정을 대치하여 공격행동을 표출하는 방법이다. 예를 들면, 엄마에게 꾸지람 들은 자녀가 강아지에게 화풀이하거나 벽을 치는 행동이다. 또한 분노를 느끼고 있는 상황에서 인터넷의 기사를 읽고서 악플을 다는 것이 이에 속하며, 자신보다 약한 미성년자에게 성폭행하는 성범죄, 아동범죄 등도 이에 속한다. 또한 분노를 제공한 대상이나 그보다 약한 다른 사람에게 공격적 행동을 표출하여 분노에 대처하기도 하는데, 이는 또 다른 대인관계의 어려움을 유발하기 때문에 건강한 방법은 아니다.

② 수동적 공격(passive aggression)

공격성을 계속 가지고 있는 상태로 상대방을 간접적으로 괴롭히는 방법이다. 이때 의견을 물으면 겉으로는 한결같이 "아무거나 좋아요. 맞아요."라고 하지만 속으로는 공격성이 계속 남아 있어서 결국에는 우연을 가장하여 상대방과의 약속을 어기는 행동으로 나타나기도 한다.

③ 분노감정을 내향화하는 방법

이 방법을 사용하면 문제는 나에게 있다고 자책함으로써 자신을 해치면서 우울감정으로 변화되기도 한다. 이들에게는 다른 사람에게 분노감정을 표출하는 것은 너무도 어려운 일이라고 생각하기 때문에 오히려 자신에게 분노감정을 표출하여 자살을 시도하는 것이다. 그러므로 그 무엇보다도 자기 자신이 가장 소중하다는 것을 깨닫도록 하여 자신을 함부로 대하지 않고 자기 자신을 사랑하도록 하는 것이 가장 중요하다. 또한 이들이 정신적으로 건강하기 위해서는 문제의 원인을 나에게 돌리기보다는 외부의 탓으로 돌리는 것, 즉 투사와 같은 방어기제를 사용하도록 돕는 것이 필요하다. 즉, 성공하고 잘된 일은 운과 같은 외부요인으로 돌리기보다는 나의 능력, 노력 등 내부요인으로 돌리도록 하며 실패한 일에 대해서도 운과 같은 외부요인으로 돌리도록 교육하는 일도 필요하다.

④ 승화의 방법

사회적으로 용인된 건설적인 방법으로 발산하는 방법이다. 스포츠를 통해 발산하거나 창조적인 작업에 매진함으로써 분노감정을 해소하는 성숙한 방법이다.

⑤ 용서

분노감정을 처리하는 가장 성숙한 방법이지만 가장 어려운 방법으로, 자기통제력이 강하거나 종교적 가치관에 근거한 사람이 할 수 있는 방법이다.

분노에 대한 감정의 변화는 사람마다 각각 차이가 있다. 어떤 사람은 조그만 일에도 분노를 잘 느끼는가 하면 어떤 사람은 분노에 대해 감각이 둔한 사람도 있다. 그렇다면 분노를 잘 느끼는 사람은 어떤 사람일까?

Ellis는 분노를 잘 느끼는 사람들에 대해 다음과 같이 분석하고 있다.

첫째, 삶에 있어서 옳고 그름을 중요시하며, 옳고 그름에 대해 이분법적이고 절대적인 정의를 내리는 경향이 있다. 예를 들면, "나를 관대하게 대하는 타인의 행동은 옳은 것이며 나를 무시하고 공격하는 타인의 행동은 옳지 못하다."는 선악의 기준을 강하게 가지고 있는 것이다.

둘째, 선악의 정의에 기초하여 옳은 일은 행해야 하며 악한 일은 행해서는 안 된다는 계율을 타인에게 강요한다. 예를 들면, "당신은 나를 관대하게 대해야 하며 나를 무시하거나 공격해서는 안 된다."라는 개인적 계율을 다른 사람에게 암묵적으로 강요하고 있다.

셋째, 계율을 어긴 것에 대해 과장된 평가를 하여 단죄하고 더 나아가서 처벌을 하게 된다. 예를 들면 "이런 일은 도저히 인간으로서 할 수 없는 일이다. 당신은 사람도 아니다. 결코 그렇게 행동해서는 안 된다. 이런 일을 하다니 도저히 참을 수 없다." 등의 단죄를 하면서 "그런 행동을 한 당신은 비난받아야 하고 처벌되어야 한다."라고 당위성을 부과하여 처벌을 하게 된다.

이와 같이 분노를 잘 느끼는 사람들은 분노에 대한 감정을 스스로 조절해나갈 필요가 있는데, Ellis가 제안한 분노감정을 조절하는 방법을 살펴보자.

첫째, 선악에 대한 유연한 기준을 지니자.

둘째, 타인에게 과도한 당위적 계율을 엄격하게 부과하지 말자.

셋째, 나에게 돌아온 피해와 손해에 대해 과장된 평가를 하지 말자.

넷째, 처벌보다는 방지에 초점을 맞춘 대응을 하여 내가 원치 않는 행동을 상대방이 더 이상 하지 않도록 하자(권석만, 2005).

분노감정을 지혜롭게 조절하는 능력은 원만한 대인관계를 유지하기 위해 필수적인 요건이다. 우리는 매스컴의 보도를 통해 분노를 통제하지 못해서 비행과 범죄를 저지르게 되는 경우를 접하게 될 때, 동물과 다른 인간이 분노를 스스로 통제하면서 살아가는 것이 중요하다는 것을 알 수 있다.

분노를 통제하는 방법들을 소개하면 다음과 같다(홍경자, 2007). 제 1단계는 자기의 감정 상태를 알아차리는 단계이다. 이를 위해서는 분노를 느끼고 있는 자신의 신체증후에 주의를 집중하거나, 분노일지를 적거나, 최근에 느꼈던 분노감정을 적거나 그림으로 그려보고 그것을 다른 사람에게 표현해보는 것이 도움이 된다. 분노감정을 참기보다는 이와 같이 분노감정을 표현함으로써 분노가 자연스럽게 사라지면서 아울러 타인을 해치고 싶은 충동과 자신을 해치는 행동인 자살 충동이 사라지게 된다. 제 2단계는 흥분한 마음을 가라앉히는 단계이다. 이를 위해서는 호흡 집중법과 이완 훈련, 간단한 기도문, 단어 또는 독백의 문장을 외우거나 생각을 달리하거나 심호흡하거나 방석을 주먹으로 때리거나 밖으로 나가서 소리를 지르거나, 욕실에 들어가서 샤워하면서도 소리를 지르는 등 간접적으로 분노를 방출해보는 것이 도움이 된다. 제 3단계는 어떤 행동을 취할 것인지를 선택하는 단계이다. 이를 위해서는 지나치게 강렬한 분노감정을 느낄 때에는 그 장면과 그 상대를 잠시 떠남으로써 힘겨루기에 말려들지 않을 수도 있고, 나-전달법을 사용하여 대화할 수도 있고, 정말 참을 수 없이 화가 나는 상황이 발생할 때는 화를 터뜨리는 것도 선택할 수 있는 방법이다. 그러나 분노감정표현은 그 시기의 적절성이 중요하므로 인간관계와 타인에게 미치는 영향 등을 고려하여 감정을 표출하는 것이 중요하며, 때로는 감정을 마음속에 쌓아두지만 말고 겉으로 드러내고 잘 표현하여 해소하는 것도 중요하다.

그 외에도 지금까지 중요하다고 여겨왔던 가치에 대해 달리 생각함으로써 화가 난 감정을 통제할 수 있다. 분노하는 것이 유익한지 또는 화를 내지 않고 다른 방도를 강구하는 것이 유익한지를 먼저 가늠해볼 필요가 있다. 이를 도울 수 있는 하나의 방법이 ABCDE 이론이다.

[표 11-1] ABCDE 이론

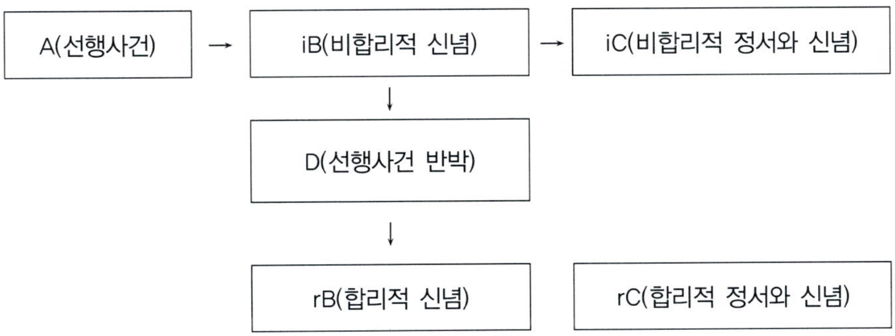

① A(Activating Event, 선행사건)

개인에게 정서적 혼란을 야기하는 어떤 사건을 말한다. 가령 시험에 떨어졌다든지, 실직하게 되었다든지, 중요한 타자와 결별했다든지 하는 정서를 유발하는 어떤 사건(agent)이나 행위(activity)를 의미한다.

② B(Belief, 신념체계)

선행사건에서 일어나는 활동, 행동 또는 사건에 대한 개인적인 신념(belief)을 의미한다. 신념체계에는 합리적 신념(rational Beliefs, rB)과 비합리적 신념(irrational Beliefs, iB)이 있다. 가령 애인에게 절교를 당한 것은 한심하고 끔찍스런 일이라고 생각하는 것은 비합리적 신념이다. 비합리적 사고에는 '~해야만 한다(must)'는 당위적 사고가 내포되어 있는데, 다음과 같은 것이다.

- 자신은 주위의 모든 사람으로부터 항상 사랑과 인정을 받아야 한다.
- 사람이 가치 있게 여겨지기 위해서는 완벽해야 한다. 즉, 유능하고 성취적이

어야 한다.

- 어떤 사람들은 악하고 나쁘며 악랄하다. 그러므로 그와 같은 행위를 하는 사람은 반드시 비난과 처벌을 받아야 한다.
- 자신이 바라는 대로 일이 이루어지지 않으면 파멸이다.
- 인간의 불행은 외부환경 때문이며, 인간의 힘으로는 그것을 통제할 수 없다.
- 위험하거나 두려운 일은 항상 일어날 가능성이 있으므로 이것은 커다란 걱정의 원인이 된다.
- 인생에서 어떤 어려움이나 주어진 자기책임을 직면하는 것보다 이를 회피하는 것이 더 쉽다.
- 과거의 경험이나 사건은 현재의 행동을 결정하며 인간은 과거의 영향에서 벗어날 수 없다.
- 인간은 타인에게 의존해야만 하고, 자신이 의존해야 할 누군가가 있어야만 한다.
- 주위의 다른 사람이 환난 속에 처했을 경우 자신도 당황할 수밖에 없다.
- 모든 문제에는 가장 적절하고도 완벽한 해결책이 반드시 있으며, 그것을 찾지 못한다면 파멸이다.

③ C(Consequence, 결과)

선행사건을 접했을 때 비합리적 사고방식으로 인해 느끼게 되는 정서적 결과와 행동적 반응(consequence)이다. 이 결과에는 합리적 결과(rational Consequence, rC)와 비합리적 결과(irrational Consequence, iC)가 있다. 가령 비합리적 신념으로 인해 지나친 불안, 원망, 비판, 죄책감, 우울, 방어적 태도와 같은 결과를 느낀다면 이는 비합리적 정서적 결과이다.

④ D(Dispute, 논박)

논박은 비합리적인 신념에 대한 근거와 타당성을 입증하도록 함으로써 비합리적인 신념을 합리적인 신념으로 바꾸도록 돕는 과학적 방법이며, 대체로 의문

문으로 표현한다.

⑤ E(Effect, 효과)

내담자가 가진 비합리적인 신념을 철저하게 논박함으로써 합리적인 신념을 가지게 되고, 비합리적·정서적 결과가 대치되어 자기수용적인 태도와 긍정적인 감정, 즉 합리적·정서적 결과를 가지게 된다.

〈ABCDE 모형에의 적용 실례〉

A(선행사건)	→	iB(비합리적 신념)	→	iC(비합리적 정서적 결과)
나는 취업에 실패했다.		• 내가 취업에 실패했다는 것은 있을 수 없는 파멸이다. • 나는 유능하게 합격했어야 한다.		• 자신감 상실 • 화나고 죽고 싶다 • 취직한 친구들이 밉다 • 취업준비를 하고 싶지 않다.

↓

D(선행사건 반박)
• 취업에 실패했다고 파멸인가? • 유능하게 합격했어야만 하는 이유는 무엇인가?

↓

rB(합리적 신념)	rC(합리적 정서적 결과)
• 취직에서 실패할 수도 있다. • 나는 모든 일에서 유능할 수는 없다.	• 화나지는 않고 불안하다. • 죽고 싶은 정도는 아니다. • 취직한 친구들을 만나 조언을 듣는다. • 취업준비를 더 열심히 한다.

(2) 불안과 공포

대인관계에서 가장 흔히 경험하는 부정적 감정은 불안일 것이다. 불안은 막연하고 모호한 위험에 대한 반응인 반면, 공포는 구체적이고 임박한 강력한 위험에 대한 반응으로 불안과 공포는 구분되는 개념이다. 일반적으로 불안은 다음과 같은 특성을 지니고 있다.

첫째, 개인의 능력과 인격이 평가되는 상황에서는 불안을 경험하게 된다. 예를 들면, 높은 평가를 받고자 하는 상대 앞, 멋진 이성, 취업면접에서는 더욱 불안해진다.

둘째, 상대방의 반응을 예측할 수 없거나 적대적인 태도를 지니고 있다고 판단될 때 불안이 높아진다. 그래서 낯선 사람을 만날 때 불안이 높아진다.

셋째, 대인관계 상황에서의 대처능력에 대한 자신이 없을 때 불안이 더욱 증대된다. 이는 어떤 상황에서도 극복하고 이길 수 있다는 자심감이 충만할 때는 불안이 감소할 수 있다는 것을 의미하기도 한다.

이제 불안과 공포에 대한 대처행동으로는 어떤 것이 있는지 살펴보도록 하자.

① 회피와 도피

위험하고 두려운 상황을 벗어나 안전한 상황으로 도망가는 것이다. 그러나 불안하다고 해서 이성, 취업면접, 직장상사 등을 회피할 수는 없고 늘 안전한 상황으로 도망갈 수도 없으므로 동물의 경우와 달리, 인간사회의 대인관계에서는 회피와 도피가 비효과적일 때가 많다. 오히려 안전한 상황에서 불안상황을 약한 강도에서부터 자꾸 접하게 되면 대처하는 기술이 더 증대되어 불안 없이 그 상황을 마주 대할 수 있게 되기도 한다. 예를 들면, 이성을 처음 만나면 매우 불안한 사람이 이성과의 만남을 자꾸 피하기보다는 안전한 상황에서 점차로 이성과 만나는 빈도를 늘림으로써 원만한 이성관계를 맺을 수 있게 되는 것이다.

② 위험 상황을 기다리며 경계하며 대비하기

불안과 공포가 엄습해오면 동공이 확대되고 혈압이 상승하며 몸의 근육이 긴장하고 발생할 위험상황에 대해 주의를 기울이며 경계를 하고 행동이 조심스러워지는데, 이런 상황은 매우 긴장하게 되고 불쾌하며 고통스럽게 느껴지게 된다.

③ 불안을 감소시키기 위한 행동하기

불안과 공포가 경험하게 되면 자신도 모르게 무의식중에 불안을 감소하기 위한 방어행동을 하게 된다. 예를 들어, 불안한 사람이 줄담배를 피거나 커피를 마시거나 부산하게 움직이는 행동을 하여 긴장을 감소시키려고 한다. 수업시간 전에 학생들이 흡연을 하는 행동이나 발표를 앞둔 학생이 다리를 떨거나 손톱을 물어뜯는 행동이 이에 속한다.

④ 분노를 느끼고 선제공격하기

화를 잘 내는 사람 중에는 실상 내면적으로 불안한 자신의 심리상태를 상대방이 알아차릴까 봐 불안을 해소하기 위한 방어적 대처로서 먼저 화를 내는 사람도 있다. 이와 같이 분노와 불안은 매우 밀접한 관계를 가지고 있다.

동일한 상황이 주어진다고 해도 불안을 더 느끼는 사람이 있다. 이렇게 불안을 느끼는 사람들은 어떤 특성을 가질까? 일반적으로 불안을 잘 느끼는 사람은 다음과 같은 특성을 보인다.

첫째, 대인관계에서 부정적인 결과를 초래할 수 있는 위험요소에 주의를 기울이고 이에 예민하다. '나를 싫어하지 않을까? 나를 무시하지 않을까? 무리한 요구를 하지 않을까?' 하는 자신의 생각에 대해, 그리고 비호의적이고 거부적인 상대방의 행동에 대해 더욱 선택적인 주의를 기울인다.

둘째, 위험한 일이 일어날 확률을 과대평가하는 경향이 있다. 그래서 불안이 발생할 확률을 사실보다 더 부풀리거나 확대하여 불안감을 더욱 조성하는 경향이 있다.

셋째, 두려워하던 위험한 일이 실제로 발생할 경우에 초래될 부정적 결과를 과대평가하는 경향이 있다.

넷째, 이러한 부정적 결과가 실제로 발생할 경우 대응하는 자신의 대처능력에 대해 과소평가하는 경향이 있다(권석만, 2005).

(3) 죄책감과 수치감

죄책감(guilty)은 도덕적 기준에 비추어 잘못한 행동에 대해 느끼는 감정이다. 거짓말을 하거나, 물건을 훔치거나, 타인에 대해 음란한 성적인 상상을 하는 등의 부도덕한 행위나 소망, 타인의 불행이 자신의 책임이라고 생각될 때 죄책감을 느낀다.

죄책감을 느끼면 여러 가지 행동적 반응이 나타난다. 후회하기도 하고, 속죄하기도 하고, 보상행동으로 상대방에게 입힌 피해를 복원하는 행동을 하기도 하고, 자신에게 스스로 상해를 입히는 자해행동을 하기도 하고, 상대방의 피해에 대한 자신의 책임을 축소하기 위한 변명과 합리화를 하기도 하고, 자신의 잘못을 상대방의 잘못으로 전가함으로써 죄책감에서 벗어나려는 방어적 행동을 하기도 한다.

수치심은 이상적인 자기모습에 비추어 때 바보 같고 어리석은 자신의 행동에 대해 스스로 비난하는 자기처벌적인 감정이다. 특히 자신의 어리석은 행동으로 인해 다른 사람의 웃음거리가 되어 조롱당하거나 무시와 모욕을 당하게 되면 강한 수치감을 느끼게 된다. 수치심으로 인해 자기비하를 하게 되고 때로는 우울감으로 발전하기도 하고 때로는 자해행위로 나타날 수도 있다. 또한 수치스런 행동이 다른 사람의 강요에 의한 경우처럼 타인의 책임이라고 판단되면 그 사람에 대한 분노감정을 느끼게 된다.

그러나 무엇보다도 수치감에 대한 주된 반응은 자신의 초라한 모습을 감추고 숨기는 것이다. 수치심을 느끼게 되면 다른 사람 앞에 나서는 것을 회피하게 된다. 그래서 수치감은 해소하기 어려운 감정이며 오래도록 자신을 괴롭힐 수 있는 감정으로서 최근에 중요하게 다루어지고 있는 감정이다.

이러한 수치심을 극복하기 위해서는 두 가지 방법이 있다. 첫 번째 방법은 있는 그대로의 자기 자신을 용서하는 것이다. 자신의 이상적 기준에 이르지 못한 불완전하고 미숙한 자신의 일부를 스스로 인정하고 수용하는 것이다. 두 번째 방법은 자신의 긍정적이고 당당한 모습을 두 배로 강화하여 초라함을 보상하는 방법이다(권석만, 2005).

(4) 슬픔

슬픔은 기본적으로 상실에 대한 인간의 정서적 반응으로서 인간관계에서 흔히 경험되는 고통스런 감정이다. 슬픔은 여러 가지 대인관계 상황에서 경험하게 된다. 사랑하는 사람과 사별했거나 이별했을 때, 다른 사람으로부터의 긍정적인 관심과 애정을 상실했을 때, 자신의 중요한 가치나 역할을 상실했을 때, 신체의 일부를 크게 손상당하거나 사회적 지위를 잃었을 때 슬픔을 경험한다.

이러한 슬픔을 경험했을 때 슬픔을 표현하는 방식도 개인마다 또는 문화마다 각각 다르지만 대체로 다음과 같은 행동으로 슬픔이 표출된다.

첫째, 슬픔에 대한 일차적 반응은 슬픈 감정을 표출하는 애도행동이다.

둘째, 무행동(inactivity)이다. 즉, 외부에 대한 관심이 줄고 자기 속으로 침잠하는 경향이 있다.

셋째, 상실한 사람에 대한 과거기억을 떠올리고 반추하는 행동이 나타난다.

넷째, 다른 사람의 도움이나 정서적 지지를 추구한다.

다섯째, 슬픔으로 인한 고통이 심할 경우에는 떠나간 사람에 대한 분노와 원망이 나타나기도 한다.

여섯째, 장기간 지속되는 경우에는 우울, 절망의 상태로 발전할 수 있다.

그러나 때로는 슬픔의 감정을 전혀 표출하지 않고 오히려 아무 일도 없었다는 듯이 행동하는 사람을 볼 때도 있다. 이와 같이 슬픔을 있는 그대로 충분히 표현하지 못할 때 슬픔이 더욱 오래가는 경향이 있으며, 따라서 슬픔을 다른 사람에게 표현하고 아픔을 다른 사람으로부터 충분히 공감 받는 것이 슬픔을 이겨내는 가장 효과적인 방법이라고 볼 수 있다(권석만, 2005).

(5) 시기와 질투

시기는 나보다 나은 상황에 있는 다른 사람과의 비교를 통해 느껴지는 상대적인 결핍감과 실패감에 기인한다. 따라서 시기를 느끼면 상대방의 성공을 평가절하하려는 행동을 보이게 되는데, 성공의 가치를 깎아내리거나 성공에 이른 방식의 부당성을 강조하거나 성공의 원인을 상대방의 능력과 같은 내부적 요인보다 운과 같은 외부적 요인에 돌리는 등 다양한 방식으로 나타난다. 아울러 시기의 감정 이면에는 성공한 사람에 대한 은밀한 분노감이 숨어있다.

질투는 삼각관계 속에서 느끼는 감정으로서 두 사람 사이의 애정관계를 위협하는 경쟁상대에 대해 느끼는 감정이 질투이다. 즉, 사랑하는 사람이 자기 아닌 타인에게 애정을 준다고 지각할 때 느끼는 감정이다. 한 조사에서 성인의 약 과반수가 자신을 질투심이 많은 사람이라고 응답한 것을 볼 때(Pines & Aronson, 1983) 질투심은 몇몇 사람만이 느끼는 감정이 아니라 인간이 느끼는 보편적인 감정이라고도 볼 수 있다.

(6) 혐오감

싫고 멀리하고 싶은 감정이 바로 혐오감으로서, 이는 인간관계의 발전을 억제하는 가장 강력한 부정적 감정이다. 그렇다면 어떤 사람에게 혐오감을 느낄까? 공격적인 사람으로 상해를 줄 가능성이 높은 것에 대해 혐오감을 느끼고, 지나치게 이질적인 사람에 대해 혐오감을 느낀다. 아마도 이들의 속성과 반응을 예상하기 어려워서 위험한 것일 수 있다는 예상 때문에 경계와 거부감이 생기는 것 같다.

(7) 고독감

고독감은 타인과 단절되어 고립되어 있는 상태에 대한 정서적 반응으로서 현대인들은 고독감을 많이 느끼고 살아가고 있다. '군중 속의 고독'이란 말처럼 대학에 와서 친구가 많음에도 불구하고, 또한 직장생활을 할 때 동료가 많이 존재함에도 불구하고 우리는 많은 사람들 속에서도 고독감을 느끼기도 한다. 이러한 고독감이 심하게 느끼고 장기화된다면 이는 우울감으로 변하게 된다. 물론, 타인에 대한 의존적 욕구나 친애적 욕구가 강한 사람들은 타인과의 관계에 대한 높은 기대를 지니게 되어 쉽게 고독감을 느끼는 경향이 있다(권석만, 2005).

인간은 살아가면서 4가지 영역에서 동반자가 필요하다. 즉, 가족 동반자, 낭만적 동반자, 사교적 동반자, 작업적 동반자가 필요하다. 4가지 동반자는 우리 삶의 중요한 인간관계 영역을 나타내며 이러한 4가지 동반자와 친밀한 관계를 형성할 때 우리는 삶의 만족감과 행복감을 느끼게 된다. 그러나 이 중에서 한 영역의 동반자가 결여되어 있거나 불만족스런 관계를 갖게 되면 고독감을 경험하게 된다. 특히 이러한 동반자와의 관계가 개선될 수 없다는 예상을 하게 되면 더욱 심한 고독감을 느끼게 된다.

활동문제

활동 1 감정에 대한 자각 정도

왼쪽에 제시한 단어의 감정을 가장 잘 나타내는 선택지에 ○를 표시하시오.

기쁨	①	나는 정말 놀랐다.	
	②	나는 정말로 그 파티가 즐거웠다.	
	③	수년 동안 해온 노력의 결과, 나는 드디어 그것을 얻었다.	
	④	확실히 우리 팀이 훌륭하다. 오늘처럼 이겼으니까.	
자기 긍지감	①	나는 지금 내가 해야 할 일을 하고 있다.	
	②	이겼지만 최선을 다하지는 않았다.	
	③	나는 더 잘할 수 있다.	
	④	나는 열심히 최선을 다해서 승리할 수 있었다.	
사랑	①	나는 그녀와 함께 있는 것을 즐긴다.	
	②	그녀는 내가 원하는 것이면 무엇이든지 준다.	
	③	그녀와 함께 있을 때 나는 달라진다.	
	④	나는 그녀와 영원히 함께 있고 싶다.	
분노	①	나는 정말 그것을 해낼 수 없을 것 같다.	
	②	나는 그 사람 근처에 서 있을 수가 없다.	
	③	그가 방해하지만 않았어도 이겼을 것이다.	
	④	이기려고 애를 쓰면 쓸수록 더 안 되는 것 같다.	
불안	①	지금 아주 긴장이 된다. 무엇인가 좋지 않은 일이 날 것 같다.	
	②	이번 시험을 기다리는 것은 너무나 싫다. 나는 낙제할 것만 같다.	
	③	나는 내 학점에 대해 생각하고 싶지도 않다.	
	④	아무도 내게 춤을 신청하지 않으면 어떡하지!	
죄책감	①	훔친다는 것은 나쁘다. 나는 그러지 말았어야 했다.	
	②	내가 잡힌다는 것을 알았어야 했다.	
	③	나는 더 잘할 수 있는 능력이 있다.	
	④	그것은 내가 무엇을 훔쳤는가에 달려 있다.	

수치심	①	모든 사람은 내가 잘하지 못한다고 생각한다.	
	②	그렇게 쉬운 시험에 실패한 것을 보니 나는 어쩔 수 없는 존재이다.	
	③	어머니는 내가 잘하지 못한다고 생각하신다.	
	④	나는 공부를 하지 않았고 그래서 실패했다.	
시기심	①	나는 직업을 얻기 위해 열심히 공부했다.	
	②	그가 오기 전까지 그 일은 내가 했었다.	
	③	그녀는 나보다 그를 더 좋아한다.	
	④	그는 그 일을 나보다 더 잘해낸다.	
질투	①	그는 돈이 필요해서 야근을 해야 한다.	
	②	그녀는 말뿐이다. 그래서 나는 그녀를 인정할 수 없다.	
	③	그녀는 내가 가질 수 없는 물건들을 가지고 있다.	
	④	그는 엄마와 지내느라고 나와 데이트할 시간이 없다.	

(출처 : 이장호 외, 1992)

활동 | 2 감정과 관련된 내용 기록

• 살아오면서 가장 행복감과 환희를 느꼈던 순간은?

• 가장 자기긍지감을 느꼈던 순간은?

• 내가 가장 믿고 사랑하는 사람은 누구인가?

• 나를 가장 사랑하는 사람은 누구인가?

• 주로 화를 느꼈던 대상과 상황은 무엇이었는가?

• 화에 대처하는 방법은 어떠했는가?

•가장 불안을 느꼈던 순간은?

• 불안을 느낄 때 어떤 행동을 보였는가?

• 가장 죄책감을 느꼈던 순간은?

• 어떤 수치심을 가지고 있는가?

• 수치심을 극복하는 방법은?

활동 | 3 비합리적 사고를 합리적 사고로 바꾸기

비합리적 사고가 왜 비합리적인지를 생각해보고, 합리적인 사람이라면 어떻게 생각할지에 대해 써보자.

1. 자신은 주위의 모든 사람으로부터 항상 사랑과 인정을 받아야 한다.

2. 사람이 가치 있게 여겨지기 위해서는 완벽해야 한다. 즉, 유능하고 성취적이어야 한다.

3. 어떤 사람들은 악하고 나쁘며 악랄하다. 그러므로 그와 같은 행위를 하는 사람은 반드시 비난과 처벌을 받아야 한다.

4. 자신이 바라는 대로 일이 이루어지지 않으면 파멸이다.

5. 인간의 불행은 외부환경 때문이며, 인간의 힘으로도 그것을 통제할 수 없다.

6. 위험하거나 두려운 일은 항상 일어날 가능성이 있으므로 이것은 커다란 걱정의 원인이 된다.

7. 인생에서 어떤 어려움이나 주어진 자기 책임을 직면하는 것보다 이를 회피하는 것이 더 쉽다.

8. 과거의 경험이나 사건은 현재의 행동을 결정하며, 인간은 과거의 영향에서 벗어날 수 없다.

9. 사람은 타인에게 의존해야만 하고, 자신이 의존해야 할 누군가가 있어야만 한다.

10. 주위의 다른 사람이 환난 속에 처했을 경우 자신도 당황할 수밖에 없다.

11. 모든 문제에는 가장 적절하고도 완벽한 해결책이 반드시 있으며, 그것을 찾지 못한다면 파멸이다.

활동 | 4 ABCDE 이론을 자신에게 적용해보기

A(선행사건)	→	iB(비합리적 신념)	→	iC(비합리적 정서적 결과)

↓

D(선행사건 반박)

↓

rB(합리적 신념)	rC(합리적 정서적 결과)

활동 | 5 감정

Buss와 Plomin(1984)은 정서(E), 두려움(F), 분노(An), 활동(Ac), 사교성(S)을 측정하기 위해 성인용 기질척도(EAS Temperamant Survey)'를 개발했다.

아래의 문장들을 읽고 당신의 상태를 잘 나타내는 정도라고 생각되는 적절한 숫자에 ○표 하시오.

'전혀 그렇지 않다'는 1점, '그저 그렇다'는 3점, '매우 그렇다'는 5점으로 하여 표시하기 바랍니다.

1	나는 사람들과 함께 있는 것이 좋다. (S)	1	2	3	4	5
2	나는 대체로 서두르는 경향이 있다. (Ac)	1	2	3	4	5
3	나는 쉽게 겁에 질린다. (F)	1	2	3	4	5
4	나는 자주 괴로움에 시달린다. (D)	1	2	3	4	5
5	기분이 나쁠 때, 다른 사람에게 직선적으로 표현한다. (An)	1	2	3	4	5
6	나는 외로운 사람이다. (S)	1	2	3	4	5
7	나는 항상 바쁜 것이 좋다. (Ac)	1	2	3	4	5
8	나는 성질이 급하고 참지 못하는 사람으로 알려져 있다. (An)	1	2	3	4	5
9	나는 종종 좌절감을 느낀다. (D)	1	2	3	4	5
10	내 인생은 너무나 빨리 지나간다. (Ac)	1	2	3	4	5
11	일상 속에서 일어나는 일들이 나를 힘겹게 하고 신경을 날카롭게 만든다. (D)	1	2	3	4	5
12	나는 종종 위태로움을 느낀다. (F)	1	2	3	4	5
13	나를 괴롭히는 것들이 많다. (An)	1	2	3	4	5
14	두려움을 느끼게 되면 공포에 질리게 된다. (F)	1	2	3	4	5
15	혼자 일하는 것보다 다른 사람과 함께 일하는 것을 선호한다. (S)	1	2	3	4	5
16	나는 쉽게 감정이 혼란스럽게 된다. (D)	1	2	3	4	5
17	나는 에너지가 솟구치는 것처럼 느끼곤 한다. (Ac)	1	2	3	4	5
18	나는 쉽게 화를 내지 않는다. (An)	1	2	3	4	5
19	내 또래의 다른 사람들보다 두려움을 더 적게 느낀다. (F)	1	2	3	4	5
20	나는 다른 것보다도 사람들로 인해 더 자극받는다. (S)	1	2	3	4	5

※ 채점 및 해석방식

다음 문항들(6, 18, 19번)은 표시한 점수를 역으로 계산한다.
이를테면 5점은 1점으로, 4점은 2점으로, 2점은 4점으로, 1점은 5점으로 바꾼 후 15문항의 모든 점수를 합산한다.
척도개발자들이 성인을 대상으로 하여 구한 평균은 다음과 같다.

	여자	남자
걱정(D)	10.08	9.72
두려움(F)	10.60	8.92
분노(An)	10.28	10.80
활동(Ac)	13.40	12.80
사교성(S)	15.24	14.60

(출처 : 노안영 · 강영신, 2005 재인용)

활동 | 6 나를 화나게 했던 상황에 대한 분석

종 류	내 용	상대방 잘못	나의 잘못	대안
가정				
학교				
친구관계				

탐색문제

1. 왜 사람들(남성과 여성, 동양과 서양 등)은 같은 상황(상갓집에서 우는 행동)에서 서로 다른 반응을 보이는지 토론해 보자.

2. 용서를 통해 분노가 치유된 경험에 대해 써보자.

3. 화가 난 상황에 대한 일지를 써보자.

12 커뮤니케이션

인간관계를 성공적으로 이끌어갈 수 있는 사교적 능력으로 커뮤니케이션 기술이 있다. 지금까지 우리는 다양한 인간관계에서 발생한 관계의 갈등을 살펴봄으로써 서로의 의도나 생각, 감정이 교환되는 의사소통이 인간관계의 개선을 위해서 중요하다는 것에 대해 알게 되었다.

이 장에서는 의사소통기술을 언어적 의사소통기술과 비언어적 의사소통으로 나누어서 살펴보자.

1. 의사소통

일반적으로 사람들은 깨어 있는 동안 70~80%의 시간을 어떤 형태로든 의사소통을 하면서 보내며, 그 중에서도 약 45%의 시간을 듣는 데 소비한다(설기문, 2000). 의사소통 기술은 메시지를 효과적으로 전달하는 기술과 메시지를 정확하게 전달받는 기술로 나누어진다(Johnson, 2000). 그래서 의사소통을 잘한다는 것은 발신자가 정보를 정확히 전달하며 수신자는 발신자의 말을 정확히 알아듣는 것을 의미한다.

메시지를 효과적으로 전달하는 방법은 다음과 같다.

첫째, 발신자는 상대방에게 전달하고자 하는 자신의 의도, 생각, 감정을 분명하게 인식한다. 자신이 상대방에게 전달하는 의도, 생각, 감정 등을 모호하게 인식하고 있으면 상대방에게 효과적으로 전달할 수 없다. 잘 알지 못한 상태에서 상대방에게 전달하다 보면 나도 모르게 엉뚱한 소리를 하거나 장황하게 나열하거나 중언부언하는 경우가 발생하는 것을 우리는 경험을 통해 알 수 있다.

둘째, 전달하고자 하는 의도, 생각, 감정을 적절한 메시지로 전환한다. 수신자의 심리적 특성과 사고방식을 고려하여 정확한 어휘를 선택하고, 명료한 문장구조를 사용하고, 문장들을 논리적으로 배열하여 메시지를 적절하게 구성하여 전달해야 의사소통에 방해를 받지 않는다. 교사가 학생을 고려하지 않고, 의사가 환자를 고려하지 않고 의사소통을 하는 것처럼 발신자가 수신자의 연령이나 특성 등을 고려하지 않고 전문용어를 마구 사용하여 메시지를 전달하면 의사소통이 되지 않는다.

셋째, 메시지를 전달하는 전달매체와 경로를 신중하게 선택한다. 동일한 메시지일지라도 말로 할지, 문자로 전달할지, 이메일로 전달할지, 우편으로 전달할지, 다른 사람을 통해 전달하는가에 따라 수신자에게 전달되는 의미는 달라질 수 있다. 다른 사람을 통해 전달하는 것은 메시지가 왜곡될 수도 있고 문자나 이메일은 서로의 얼굴을 맞대고 의사소통을 하는 것이 아니라서 오해를 불러일으킬 수도 있으므로 되도록 서로 만나서 얼굴을 맞대고 말로 의사소통을 하는 것을 권유한다. 그러나 분노가 폭발할 것 같거나 너무 오래 쌓아 놓은 이야기라서 얼굴을 맞대고 의사소통을 하기 너무 힘든 경우에는 편지로 진심을 알리는 것도 좋은 방법이라고 생각한다.

넷째, 자신의 메시지가 수신자에게 어떻게 받아들였는지에 관한 피드백을 받는 것이 효과적인 의사소통을 위해 중요하다. 직접적인 말을 하는 언어적 방법과 고개를 끄덕이거나 가로젓는 식의 비언어적인 방법으로 통해 피드백을 교환하는 것이 효과적인 의사소통을 위해 필요하다.

다섯째, 의도나 감정을 효과적으로 전달하기 위해서는 비언어적 메시지를 활용하는 것이 좋다. 얼굴표정, 눈 맞춤, 몸동작 등과 같은 비언어적 표현은 메시지의 내용을 강력하게 전달하는 수단이 될 수 있다.

마지막으로, 수신자에게 자신의 의도나 감정을 확고하게 전달하기 위해서는 반복적인 전달이 필요하다.

그러나 메시지를 효과적으로 전달해도 수신자가 발신자의 의도를 오해할 수도 있고 수신자의 기분상태, 평가적 태도, 편견이나 고정관념에 의해 메시지를 왜곡함으로써 인간관계에 문제가 생길 수 있다. 따라서 수신자는 메시지의 내용을 편견을 배제한 채 있는 그대로 받아들이는 것이 필요하며, 메시지의 내용을 발신자의 상황이나 입장 혹은 메시지의 여러 내용을 종합적으로 고려하여 받아들여야 할 것이다.

이와 같이 의사소통을 한다는 것은 단지 우리가 어떤 말을 하는 것만을 의미하지는 않고 발신자, 메시지 내용, 전달방법, 수신자 등을 포함한다. 따라서 의사소통을 얼마나 많이 하느냐 하는 문제보다는 어떻게 하느냐에 대한 이해가 필요하다. 의사소통 능력은 자연적인 능력이 아니라 교육과 훈련을 거침으로써 더욱 효과적으로 증진시킬 수 있으므로 효과적인 의사소통의 원리나 기법을 익힐 필요가 있다.

2. 비언어적 의사소통

우리는 일상생활에서 언어적 의사소통보다는 비언어적 의사소통을 더 많이 사용한다. 경우에 따라 말로 "예"라고 대답하는 대신에 고개를 끄덕이기도 하고, 내 말이 끝난 후 다음 사람이 말하도록 할 때에는 굳이 말을 하지 않더라도 시선을 보냄으로써 다음 순서로 말할 것이라는 것을 알아차리도록 할 수 있다.

실제로 대인관계에서 사람들이 의사소통을 할 때, 언어적 요소는 7%, 말의 속도, 높낮이, 크기와 같은 음성요소는 38%, 자세, 몸짓, 얼굴표정, 눈 깜빡임, 호흡의 형태와 같은 생리적 반응은 55%의 영향력을 가진다(O'Conner & Seymour, 1990). 한 가지 예를 들면, 말로는 "당신은 참 좋은 사람입니다."라고 하지만 팔짱을 끼고 말하거나 들고 있는 종이컵을 구기면서 말한다면 우리는 비언어적 측면에 더 주의를 기울이게 될 것이다. 또 다른 예로 면접시험에서 수험생이 "긴장되지 않는다."고 말하지만 두 손을 자꾸 비빈다든지 목소리가 떨린다든지 하면 면접관은 수험생의 그 말을 믿지 않을 것이다. 이와 같이 언어-비언어적 메시지 사이에 불일치 현상이 일어날 때 비언어적 메시지는 더욱 의미가 있으며 진실을 나타낸다. 이를 통해 볼 때 비언어적 메시지는 무의식적으로 그 사람의 진실을 표현한다고 할 수 있겠다. 사람은 말로는 얼마든지 거짓말을 할 수 있지만 무의식적인 표정이나 행동을 가장하기란 어렵다.

1) 비언어적 의사소통의 의미와 원리

비언어적 의사소통은 신체언어를 통해 자신의 의견과 감정을 표현하는 것이다. 말을 할 때 수반되는 한숨이나 목소리의 크기, 굵기, 부드러움 정도 등이 대표적인 비언어적 메시지에 포함된다. 이렇게 볼 때 비언어의 개념 속에 포함될 수 있는 것은 많은데, 목소리의 크기와 강약, 얼굴표정과 눈의 움직임, 흔히 신체언어라고 불리는 신체의 움직임과 다른 사람과의 거리 및 접촉, 의복의 선택, 장신구의 선택, 습관적이고 문화적인 제스처 등이 그 예이다.

비언어적 의사소통의 몇 가지 일반원리는 다음과 같다.

① 비언어적 의사소통의 채널은 몸짓, 표정, 제스처 등 다양하다.

② 비언어적 의사소통은 모호하다.

③ 비언어적 의사소통은 언어적 소통만으로는 표현할 수 없는 타인에 대한 미묘한 태도나 감정을 전달한다.

④ 비언어적 의사소통은 언어적 메시지와 모순될 수 있다.

⑤ 비언어적 의사소통은 문화에 따라 전달 방식이 다양하다.

비언어적 신호는 대인 상호작용에서 많은 것들에 관한 정보를 제공할 수 있다. 특정의 비언어적 행동에 대해 살펴보면 대인관계에서 무엇을 전달하고자 하는지에 대한 내용을 이해하는 데 도움이 된다.

(1) 개인 공간

개인 공간(personal space)은 한 사람에게 '소속'된다고 느껴지는 그 사람을 둘러싼 공간 영역이다.

사람들 간의 적절한 거리는 사회규범에 의해 규제되고 문화에 따라 차이가 있는데, 인류학자 E. T. Hall(1966)은 미국 문화의 중산층에게 적절한 네 개의 대인거리 영역을 기술하였다.

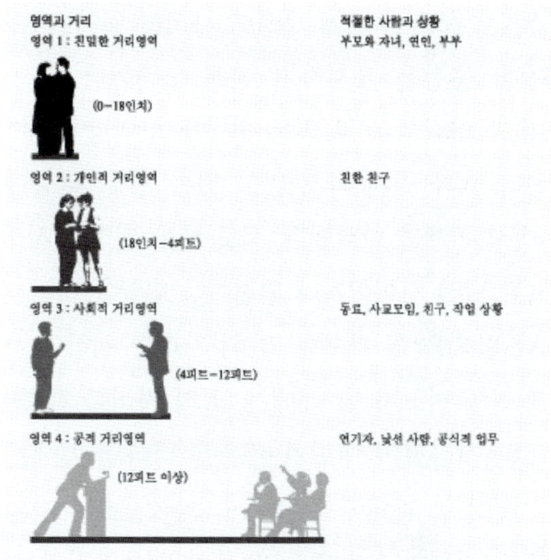

[그림 12–1] **대인거리 영역**

(김정희 외, 2005)

친밀감이 높을수록 두 사람 사이의 물리적 거리는 좁아지는 경향이 있다. 서로 좋아하는 사람은 더 가까워지는 경향이 있고, 대화를 할 때 여성들은 남성들보다 상대방에게 더 가까이 있고, 유사한 지위의 사람들은 지위가 다른 사람들에 비해 서로 가까이 있는 경향이 있다. 반면 낯선 사람과는 어느 정도의 거리를 두고 상호작용 하기를 원한다. 그래서 많은 지하철이나 엘리베이터와 같은 좁은 상황에서 당신이 적절하다고 생각하는 거리보다 상대방이 더 가까이 오면 자신의 영역이 침해당했다고 느끼게 되고 불쾌감과 스트레스를 주어 우리는 뒤로 물러서게 된다. 또한 우리는 사람이 꽉 차 있는 지하철에서 주위 사람들과 적절한 거리를 유지하기를 원한다. 또 다른 예로는 도서실이 텅 비어 있는 상황에서 낯선 사람이 다가와서 당신의 책상에 함께 앉기를 요구한다면 당신은 몸의 방향을 바꾸거나, 어떤 장벽(예 : 책더미)을 만들거나 혹은 다른 책상으로 옮겨갈 것이다. 이러한 행동은 모두 자신의 공간을 침해받지 않으려는 무의식적인 노력이라고 볼 수 있다.

이와 같이 사람은 자신의 주위에 자신이 사적인 영역으로 생각하는 개인공간의 경계선인 적정한 공간을 유지하기 위해 노력한다.

물리적인 거리뿐만 아니라 서로 앉는 방향도 상대방에 대한 태도를 표현하는 중요한 수단이 된다. A가 먼저 와서 앉아 있는 경우, 나중에 나타난 B가 앉는 위치는 A와의 심리적 관계를 나타낸다. 서로 매우 친밀한 사이일 경우에는 B_1의 자리를 택하며, 서로 낯선 사이이거나 면접이나 협상을 하는 경우 또는 대립적인 관계에서 협상이나 탐색을 할 때에는 B_3의 자리를 택하며, 어느 정도 친밀하거나 또는 대화나 협의를 하고자 할 때에는 B_2의 자리를 택하며 상대방에 관심이 없거나 만남에 대한 적극적인 태도가 없음을 나타낼 때에는 B_4, B_5의 자리에 앉게 된다. 다른 사람과의 관계에서 어디에 앉는가 또는 서는가 하는 것이 협동하고자 하는가 또는 지배하고자 하는가 등의 마음가짐과 상대적인 지위를 알 수 있도록 한다.

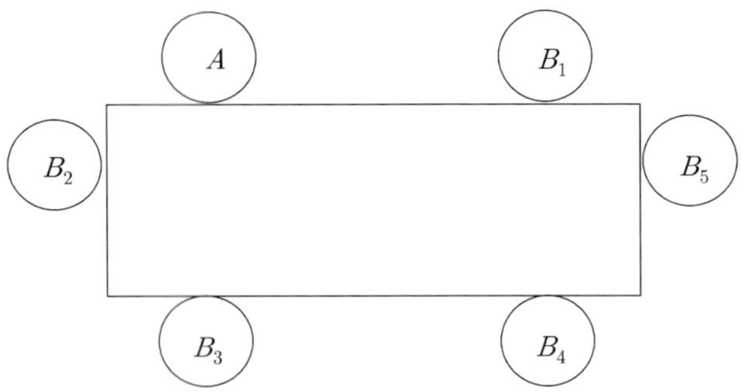

[그림 12-2] **인간관계를 반영하는 좌석의 위치**

(권석만, 2005)

그 외에 시공간도 비언어적 커뮤니케이션의 주요 메커니즘이 된다. 높은 직위의 사람들은 자신이 다른 사람보다 중요하다는 것을 묵시적으로 표현하기 위해 자신을 만나려는 사람들을 오래 기다리도록 하기도 한다. 따라서 만나고자 하는 사람의 직위가 높을수록 그 사람을 만나기 위해 기다려야 하는 시간이 길어지는 경향이 있다.

(2) 얼굴표정

얼굴표정은 인간이 감정을 표현하는 주된 비언어적 수단으로서, 안면 전체에 분포하고 있는 약 40여 개의 근육에 의해 조절된다. 대인관계에서 타인에 대한 사고나 감정에 따라 얼굴근육이 특정한 패턴으로 움직여서 독특한 얼굴표정을 만들어낸다. 영화나 드라마 속의 배우들처럼 지속적인 노력과 훈련에 의해 얼굴표정은 의도적으로 조절될 수 있지만, 감정을 나타내는 얼굴표정은 흔히 우리의 의도와 상관없이 얼굴에 나타나기도 하는데, 화가 나면 나도 모르게 얼굴이 달아오르면서 붉어지게 된다.

필요에 따라 원하는 얼굴표정을 조절하는 능력도 매우 중요한 비언어적 대인기술 중의 하나이다. 때로는 우리의 감정을 겉으로 드러내지 않아야 할 때도 있고, 때로는 감정을 좀 더 분명하게 드러내야 할 때도 있다. 예컨대, 도박을 할 때에 얼굴표정에 변화가 별로 나타나지 않는 사람이 유리하지만, 슬픈 말을 할 때에는 어색해서 웃으면서 이야기하기보다는 슬픈 감정을 그대로 표현하는 것이 상대방에게 더 진정성 있게 느껴진다. 감정을 표현하는 데 있어서 얼굴 중에서도 입과 눈썹이 가장 중요한 역할을 하므로 상대방의 감정을 파악하고자 할 때에는 입과 눈썹의 미세한 움직임에 주목할 필요가 있다.

얼굴표정을 잘 조절하는 것뿐만 아니라 상대방의 얼굴표정을 잘 지각하는 것 역시 중요한 대인기술이다. 특히, 한국사회와 같은 비언어적인 문화에서는 상대방의 얼굴표정을 비롯한 비언어적 단서를 통해 상대방의 마음을 잘 읽는 것이 중요하다. 대체로 여자가 남자보다, 동양인이 서양인보다 잘한다. 얼굴표정의 변화를 정확하게 탐지하는 것은 노력과 훈련에 의해 향상될 수 있다.

(3) 눈 맞춤

대인관계 상황에서 상대방과 적절하게 눈빛을 주고받는 일은 매우 중요하다. 보통 눈 맞춤은 관심이 많은 것을 의미하는데, 눈빛과 쳐다보는 시간에 따라 다양한 의미를 전달하게 된다. 이는 서로 사랑에 빠진 커플들에게서 서로를 강렬하게 응시하는 모습에서 쉽게 알 수 있다. 이와 같이 눈접촉의 양은 친밀한 만남에서 많고, 눈접촉의 지속시간은 호감의 지표로 판단된다. 그러나 부정적인 대인맥락에서는 다른 양상을 보여서 지속적 응시는 사람들을 불편하게 하고 노려보는 것이 된다. 어느 날 어두컴컴한 복도를 지나가는데, 어떤 사람이 팔짱을 끼고 당신을 쳐다본다고 생각해보라. 이러한 상황에서 눈 맞춤은 노려봄이 되고 공격의도를 전달한다. 혹은 여러분이 괴로운 이야기를 하면서 울고 있는데 상대방이 계속 여러분을 쳐다본다면 더 이상 말하기 힘들어질 것이다. 그런 때에는 차라리 상대방을 보지 않는 것이 하나의 배려라는 것을 알 것이다. 따라서 시선접촉은 맥락에 따라 다른 의미를 전달한다는 것을 알 수 있다.

과거에 우리나라에서는 윗사람의 눈을 똑바로 마주보는 것은 예의바르지 못한 것으로 여겨졌지만, 요즘에는 자연스레 눈을 맞추는 것이 더 자신감 있는 태도를 전달하는 방법이다. 하지만 시선을 전혀 마주치지 않거나, 시선을 불안정하게 여기저기로 옮긴다거나, 뚫어지게 쳐다보는 것은 불안정하게 보일 수도 있고 신뢰감을 무너뜨리므로 미소와 함께 진지한 태도로 대화하는 것이 중요하다.

(4) 몸동작

동작학(kinesics)은 신체 움직임을 통한 의사소통에 관한 연구이다. 손, 머리, 어깨 등 신체의 움직임 그리고 앉은 자세 등을 통해 전달하려는 내용을 표현하게 된다. 이야기하는 동안 강조할 때에는 손을 번쩍 들기도 하고 반대할 때에는 손을 내젓기도 한다. 또한 신체 움직임은 사람이 경험하는 긴장이나 이완의 수준에 관한 정보를 제공하기도 한다. 수업시간에 앞에 나가서 발표하는 학생들이 머리를 자꾸 만지거나 긁거나 손을 움직이거나 눈을 씰룩거리는 것은 긴장하고 있고 초조하다는 것을 나타내기도 한다. 상대방의 의견에 동의할 때에는 고개를 끄덕이기도 하고 반대할 때에는 가로젓기도 한다. 고개를 끄덕인다는 것은 이야기에 흥미가 있다는 것을 표시하며, 이야기를 듣는 사람이 많이 끄덕일수록 말하는 사람은 더 오래 이야기하기가 쉽다.

신체 자세도 정보를 전달하여 몸을 기울이면서 이야기하는 것은 상대방에 대한 관심이거나 긍정적 태도를 나타내며, 팔짱을 낀 것은 부정적 태도나 방어를 의미하는 등 호감의 정도나 기분 등을 함께 파악할 수 있다. 이렇듯 몸의 움직임을 적절히 사용하는 것은 말의 의미를 더욱 분명하게 만드는 기능을 한다.

인간관계에서 특히 중요한 몸동작은 인사행동이다. 특히 우리나라에서 상대방의 지위에 따라 인사행동이 달라진다. 예를 들어, 윗사람에게 고개를 숙여 인사할 때에는 아랫사람이 먼저 고개를 숙여야 하며, 고개를 숙이는 각도나 고개를 숙이고 있는 시간에 의해 상대방에 대한 경의의 정도가 달리 전달된다. 악수를 할 경우에는 아랫사람이 먼저 손을 내밀며, 먼저 손을 놓는 것은 결례가 된다. 그러나 이러한 비언어적 커뮤니케이션은 사회와 문화에 따라 다르게 해석될 수 있다는 것을 염두에 두어야 할 것이다.

(5) 목소리 표현

목소리의 크기, 높낮이, 속도, 음질 등은 대화를 지속시키거나 지배성의 지표가 되기도 한다. 걱정이 있는 사람은 더 빨리, 그리고 더 높은 음으로 이야기하는 경향이 있고 화가 난 사람은 더 크게 이야기하는 경향이 있다. 또한 일반적으로 거짓말을 하게 되면 말이 잠시 끊어지고, 유창함이 떨어지고, 억양이 단조로워지고 시선을 회피하거나 손동작이 감소할 수도 있다. 그러나 이런 단서들이 거짓말 그 자체를 의미하는 것은 아니다.

3. 커뮤니케이션의 장애요인

다른 사람과 커뮤니케이션을 하는 과정 중에는 환경적인 소음이나 불편함, 당사자들의 어휘력 부족, 정보전달과정에서의 기술부족, 지식부족, 지위상의 장애, 지리적 장애, 시간적 압박장애, 불신, 위협, 경멸 등 다양한 외부적 장애요인이 발생하여 정확한 의사소통을 하기 어려운 경우가 있다.

또한 '비경청'으로, 즉 상대방의 이야기에 제대로 귀를 기울이지 않거나 그의 이야기를 이해하지 못하는 비효과적으로 듣는 반응으로 비효과적인 커뮤니케이션이 일어나기도 한다. 비경청을 하게 되는 이유로는 과거의 경험, 메시지 과다, 고정관념과 편견, 추측에 의한 청취, 목소리 제일주의, 훈련 결핍, 평가하려는 것 등을 들 수 있다. 또한 겉으로는 상대방의 이야기에 귀를 기울이고 잘 경청하는 것 같으나 그렇지 않는 행동인 의사청취(peudolistening)도 있을 수 있다.

'의사소통의 걸림돌' 때문에 비효과적인 의사소통이 일어나기도 하는데, 명령과 강요, 경고와 위협, 훈계와 설교, 충고와 해결방법 제시, 논리적인 설득과 논쟁, 비판과 비난, 욕설과 조롱, 동정과 위로, 캐묻기와 심문하기, 화제 바꾸기와 빈정거림 등이 있다. 이와 같이 비경청과 의사소통의 걸림돌로 다른 사람들과 커뮤니케이션을 하다 보면, 사람들은 서로 간에 방어적으로 정보를 주고받게 된다. 따라서 원활한 의사소통을 위해서는 이러한 요인들을 되도록이면 제거 또는 감소시키는 것이 필요하다.

사티어(1992)는 의사소통 유형을 기능적인 의사소통과 역기능적 의사소통으로 구분하였다. 기능적인 의사소통으로는 일치형이 있고, 역기능적 의사소통으로는 비난형, 회유형, 초이성형, 산만형이 있다. 역기능적 의사소통은 언어적 메시지와 비언어적 메시지가 불일치한 이중메시지를 전달하는 것인데, 네 가지 유형에 대해 살펴보면 다음과 같다(홍경자, 2007).

첫째, 회유형의 의사소통을 쓰는 사람들은 자신의 가치를 부정하고, 다른 사람의 제안과 기분에 맞추려고 하여 반대의견을 제시하지 않는다. 그래서 남이 제안하는 것에 대부분 동의하고 반대의견을 제시하지 않는다. 자신의 욕구를 숨기고, 모든 것을 자신의 책임으로 돌리고, 상대방에게 죄의식을 갖게 되기 때문에 상대방으로부터 거부되는 것을 방어하는 의사소통 유형이다.

둘째, 비난형은 독선적이고 명령적인 의사소통을 하며 다른 사람의 약점을 찾아내 지적하는 한편, 자신의 약점을 수용하지 않으려 한다. 사실 자신의 무의식적 내면에는 낮은 자존감이 존재하지만, 그러한 면이 드러날까 봐 자신을 보호하기 위해 오히려 타인이나 환경 탓을 한다.

셋째, 초이성형은 감정보다는 정확하고 이성적이고 원칙을 중시하며, 융통성이 결여되어 있으며, 강박적으로 실수 없는 행동을 하고자 애쓴다. 어떤 감정을 내보이지 않고 객관적인 의사소통을 하기에 대인관계에서 경직되어 있고 재미가 없다. 따라서 대인관계에서는 융통성이 결여되며 원칙 중심적이고 재미없고 강박적이다.

넷째, 산만형은 생각이 자주 바뀌고, 주제와 관계없는 말이나 일관성 없는 말이나 요점이 없는 말을 주저리 나열하며 혼란된 행동을 빈번히 보인다. 혼자 바쁘고, 계속 움직이고, 주제에 주의집중을 하지 못한다. 이런 유형의 사람들은 생각이 자주 바뀌고, 동시에 혼란스러운 행동이 빈번하고, 어떠한 특별한 주제에 초점을 집중하기가 어렵다.

4. 효과적인 의사소통 방법

Ellenson(1982)은 의사소통을 위해 필요한 기본적인 규칙을 제시하였다.

첫째, 다른 사람의 입장에서 생각해보고 온정과 이해의 감정을 전달하는 감정이입적 태도가 필요하다.

둘째, 자신의 과거경험, 신념, 가치관이 영향을 미친다는 사실을 인식하고, 선입견을 버리고 마음을 개방한 상태에서 타인과의 의사소통 과정에 참여해야 한다.

셋째, 정보를 제공할 때 의미를 정정하고, 내용을 명확히 하고, 상대방에게 내용이 명백하게 전달되고 있는 지를 알아보기 위해 피드백을 주고받음으로써 각자의 표현이 검토되어야 한다.

넷째, 말하는 이에게 관심을 가지고 그의 말뿐만 아니라 감정과 생각을 경청하는 것이 필요하다.

다섯째, 책임자의 위치에 있는 사람은 타인을 통제하고 조작하기보다는 최선의 결정에 도달하기 위해 다른 사람들을 도와야 할 것이다.

여섯째, 상대방을 수단이 아닌 한 인격체로 다루는 이해와 존중을 바탕으로 한 인격 대 인격의 관계가 필요하다.

일곱째, 상대방의 관점을 수용하고 장점을 격려하고 함께 대화하려는 개방성과 함께 신뢰하는 태도가 필요하다.

5. 언어적 의사소통

인간의 의사소통에 있어서 비언어적 표현이 중요한 기능을 하지만, 언어는 개인의 의도를 전달하는 주된 의사소통의 통로라는 것은 의심할 여지가 없다. 그러나 언어적 의사소통으로 모든 문제를 해결할 수 없으며, 지나치게 과도한 언어적 의사소통은 비생산적일 때가 있어서 때로는 전혀 말을 하지 않는 것이 도움이 될 때도 있다. 이와 같이 대인관계는 의사소통의 내용과 질에 크게 영향을 받게 된다.

이제 언어적 의사소통을 살펴보자.

1) 경청

경청이란 말하는 사람의 얼굴표정과 몸짓에 주의를 기울이고 관심어린 태도로 그 사람의 말과 표정, 몸짓을 통해 표현하는 모든 것을 듣는다는 것을 의미한다. 경청이야말로 대화의 기본과정이며, 상대방의 말을 통해 그 사람의 마음까지 헤아리게 되며, 상대방은 누군가 자신의 고민을 들어준다는 사실만으로도 힘을 얻는다. 자신의 편견을 버리고 도덕적 판단을 유보한 채 상대의 이야기에 귀 기울이는 것은 상대로 하여금 더 솔직하고 개방적으로 표현하도록 촉진하는 기능을 가지며, 자신이 가치 있는 존재로 받아들여진다는 느낌을 갖게 하므로 보다 친밀한 관계가 형성된다. 또한 반영적 경청을 받았던 경험으로 타인의 말에도 경청을 잘하게 되어 효과적인 의사소통이 이루어지게 되며, 자신뿐만 아니라 타인도 수용할 수 있는 사람으로 성장하게 된다.

그 방법에는 여러 수준이 있다.

(1) 반복하기

상대방이 한 말을 그가 말한 그대로 반복함으로써 그의 말을 제대로 알아들었는지를 확인하는 기법이다. 예를 들면, "저는 당신을 좋아합니다."라고 했을 때, "당신이 저를 좋아한다고요?"라고 반복하는 것이다. 그러나 이를 잘못 사용하면 상대방의 말을 제대로 못 들었다는 인상을 줄 수도 있으므로 적절한 때에 수용적이고 부드러운 어조로 반복하는 것이 필요하다.

(2) 바꾸어 말하기

상대방이 말한 용어와 같은 뜻을 가진 다른 말을 사용함으로써 간단하게 그의 말을 확인하는 것이다. "그러니까 당신의 생각으로는……", "바꾸어 말한다면……"과 같은 말로 일반적으로 바꾸어 말할 수 있다. 예를 들면, "앞으로 어떻게 해야 할지 모르겠어요. 때로는 경험을 쌓기 위해 직업을 가져야 할 것 같기도 하고, 또 대학원에 진학해야 할 것 같기도 해요. 그렇지만 무엇을 전공해야 할지 모르겠어요."라고 했을 때, "당신의 생각으로는 두 가지 중에서 어떤 것을 택해야 할지 고민이라는 것이군요?"라고 바꾸어 말하는 것이다.

(3) 감정의 반영

상대방이 한 말이나 얼굴표정, 제스처 속에 숨겨져 있는 중요한 감정을 이해하고 있다는 사실을 상대방에게 적절하게 전달해주는 것이다. 예를 들면, "제가 지망한 대학교에서 장학금을 타게 된 걸 방금 알았습니다."라고 했을 때, "장학금을 타서 정말 기쁘겠구나."라고 감정을 반영해서 말하는 것이다.

(4) 적극적 경청반응

적극적 경청은 표현된 말 그 자체보다도 상대방이 전달하고자 하는 메시지가 무엇인지를 알아차리려고 세심하게 노력하면서 듣는 것을 의미한다. 상대방의 지각세계로 들어가서 '성장동기(~하고 싶은데)'를 언급하면서 그가 세상을 지각하고 인식하는 방식으로 세계를 볼 수 있는 능력뿐만 아니라 그러한 나의 지각을 상대방에게 알려줄 수 있는 능력까지도 포함하게 되는 경청반응이다. 예를 들면, "우리 집은 왜 그리도 시끄러운지 모르겠어요. 집에선 영 공부할 마음이 없어요." 라고 했을 때, "식구들이 좀 더 조용히 해주면 공부를 더 잘할 수 있을 것 같단 말이지?"라고 성장동기를 언급하면서 말하는 것이다.

2) 질문하기

질문하기는 서로 다양한 정보를 교환하며 상호작용을 촉진하는 기술로서 상대방이 이야기하는 내용에 대해 더 깊이 이해하기 위해 상대방에게 추가적인 정보를 요청하고 상대방의 태도, 감정, 의견을 확인하는 행동이다. 그러나 질문을 어떻게 하는가에 따라 불쾌감을 줄 수도 있다. 적절하지 못한 질문은 상대를 당황하게 하거나 조롱하는 것으로 받아들여질 수도 있으며, 낯선 사람과 처음 만나는 상황에서 너무 많은 질문을 하거나 개인적인 사생활이나 열등한 신체적 특성에 대해 질문하는 것은 상대방에게 불편감을 주므로 적절하지 않다. 그래서 질문은 적절한 내용을 묻는 것도 중요하지만, 적절한 시점에 하는 것도 중요하다. 상대방이 이야기하는 중간에 말을 끊고 질문하기보다는 어느 정도 이야기가 끝났을 때 묻는 것이 자연스러운 대화에 효과적이다. 질문을 효율적으로 하는 또 하나의 방법은 상대방의 질문을 받고 또 상대방에게 질문을 하는 균형 있는 상호작용이 필요하다.

(1) 폐쇄적 질문과 개방적 질문

폐쇄적 질문은 오로지 명백한 사실만을 요구하면서 "예", "아니오"의 대답을 요구하는 질문이거나 특정한 사실적인 정보를 요구하는 질문이다. 폐쇄적 질문을 하면 상대방에게 권위적으로 군림하는 인상을 주게 된다. 이에 반해 개방적 질문은 자유롭고 다양한 대답을 요구하는 질문이다. 개방적 질문을 하면 감정의 초점을 맞출 수 있게 되거나 부적절한 사고를 파악할 수 있도록 하면서 두 사람 사이의 촉진관계를 열도록 돕는다.

(2) 직접질문과 간접질문

직접질문은 "~까?"의 형태인 물음표로 끝나지만, 간접질문은 "궁금합니다.", "알고 싶습니다.", "말해주세요." 와 같이 물음표가 없거나 있어도 강도가 약하게 질문하는 것이다.

(3) 이중질문과 단일질문

한꺼번에 두 가지를 동시에 묻는 이중질문은 어느 쪽에 대답을 해야 할지 몰라 당황하게 되므로 가급적이면 한 번에 한 가지씩 질문을 하는 단일질문이 좋다.

(4) '왜'라는 질문

특정행동의 이유가 궁금할 때 사용하는 '왜'라는 질문을 하게 된다. 이 질문은 상대방에게 따지는 것 같은 인상을 주거나 불쾌감, 비판적인 감정을 표현하는 것 같은 느낌과 대답을 강요하는 것 같은 부담을 줄 때도 있다. 이러한 고의성은 없지만 '왜(why)'라는 질문은 상대방을 섭섭하게 또는 언짢게 만드는 것 같다. 따라서 가능한 한 '왜'라는 표현보다는 '어떻게(how)', '무엇을(what)', '어떤 이유로'와 같이 질문함으로써 간접적으로 '왜'라는 질문의 효과를 얻을 수 있다.

6. 자기표현

현대사회로 올수록 인간관계를 보다 효과적으로 하기 위해서는 자기표현을 잘하는 것이 중요해지고 있다. 어떤 사람은 애정은 잘 표현하지만 분노는 표현하지 못하기도 하고 그 반대인 경우도 있다. 또 어떤 사람은 동성끼리는 이야기를 잘하지만 이성에게는 말을 못하고, 어떤 사람은 가족에게는 이야기를 잘하지만 직장에서는 이야기를 잘하지 못하는 경우도 있다.

자기표현을 잘하는 사람은 다양한 상황에서 표현에 대한 확신을 가지고 자신의 생각이나 감정을 제대로 타인에게 전달하면서 폭넓은 의사소통을 할 수 있는 사람이다. 자신의 감정, 의견이나 행동에 대해 명확하게 전달하는 능력이 있다면 타인이 이해할 수 있고, 또한 타인이 잘못 이해한 내용에 대해서는 자신의 의견을 다시 정확하게 전달할 수 있는 능력이 있기 때문에 타인과의 쓸모없는 관계갈등을 줄이는 데 큰 역할을 한다. 주장적이고 적극적으로 자기표현을 하는 사람들은 자신의 권리와 타인의 권리를 둘 다 고려하면서 자신의 사고와 감정과 권리를 직접적으로 정직하게 표현하고, 자신의 최선의 관심사를 실행한다. 반면, 소극적으로 자기표현을 하는 사람들은 자신의 권리를 희생하는 것이고, 공격적으로 자기표현 훈련을 하는 사람들은 타인들의 권리를 무시하고 자신의 권리를 주장하는 것이다. 예를 들면, 소극적 자기표현이란 상대방의 부탁을 들어줄 수 없는 상황인데도 "아, 어쩌지? 글쎄…… 그래…… 해줄게."라고 말하는 것이고, 공격적 자기표현이란 "야, 너 정신이 있는 거니? 그런 속없는 소리를 하다니! 어림없어!"라고 말하는 것이다.

현대인들은 적절한 자기표현적 언어가 어떤 것인지는 잘 인식하고 있지만 실생활에서는 여러 가지 원인으로 자기표현을 적절하게 못하고 살아가고 있다. 자기표현을 잘하기 위한 방법은 다음과 같다.

첫째, 자신의 주장적 의사소통을 관리(manage)하라. 자신을 관리(manage)하고 언제, 주로 누구에게 비주장적(소극적·공격적)으로 행동하는지, 화제가 무엇인지, 상황이 어떤지 등에 대해 파악해야 한다.

둘째, 일상생활에서 주장적으로 의사소통을 하는 모델을 관찰하라. 비주장적(소극적·공격적) 상황에서 주장적으로 의사소통하는 누군가를 생각하고 그 사람의 행동을 면밀하게 관찰해본다.

셋째, 주장적 의사소통을 연습하라. 주장적 발언을 매일 적어도 하나씩 하는 것을 시행해보도록 한다. 주장적 행동이 완전한 해결책은 아니며, 항상 주장적일 필요는 없다. 하지만 주장적 행동을 새롭게 시도하는 것은 처음에 불편하고 이상하게 보일지도 모르지만, 인내심을 가지고 행동하면 차차 쉽고 자연스럽게 된다. 또한 주장적 반응을 통해 당신이 원하는 바가 이루어지지 못했을지라도 노력해 보았다는 자체가 이후에 주장적 행동을 하는 데에 많은 도움이 될 것이다.

넷째, 도움을 요청해보라. 도움을 요청할 때마다 흔히 좌절되거나 거부될 수 있다. 상대방에게 항상 나에게 도움을 주어야 할 의무를 강요해서는 안 된다. 도움을 요청할 때에는 '도움을 주면 고맙고, 그렇지 않으면 그만이다.'라는 마음 자세가 필요하다.

또한 부탁을 들어주기에는 자신의 상황이 여의치 않거나 과도한 부담이 되는 경우에는 부탁을 거절할 수 있어야 한다. 거절을 할 때에는 도움이 필요한 상대방의 상황을 충분히 이해했음을 표명하고, 도움을 주지 못하는 자신의 상황이나 이유를 분명하게 설명하고, 도움을 주지 못하는 아쉬움과 미안함을 전달함으로써 상대방의 섭섭한 마음을 달래는 것이 바람직하다. 이와 같이 도움의 요청에 대해 거절할 수 있고 거절당할 수 있는 인간관계가 서로 편안하고 성숙한 관계이다.

도움을 얻고 나면 상대방이 투여한 노력에 대한 정당한 평가를 통해 그에 상응하는 보상이 주어지는 것이 좋다. 보답은 상대방의 노력에 대해 칭찬하고 진지하게 감사의 말을 전하는 것도 필요하고, 때로는 선물과 같은 물질적 보상을 전하는 것도 바람직하다.

활동문제

활동 1 나는 좋은 경청자인가?

다음 문항을 읽고 자신에게 해당하는 칸에 O표 하시오.

'전혀 그렇지 않다'는 1점, '보통이다'는 3점, '매우 그렇다'는 5점으로 하여 표시하기 바랍니다.

1	나는 타인의 말 듣기를 좋아한다.	1	2	3	4	5
2	나는 내가 커다란 관심을 보이거나 호의적으로 말하는 사람에게 보다 주의를 집중한다.	1	2	3	4	5
3	나는 타인이 말할 때 그의 어휘력과 비언어적인 의사소통 능력을 평가한다.	1	2	3	4	5
4	나는 정신이 산만하지 않도록 한다. 주위가 산만하면 조용한 자리로 옮기도록 권유한다.	1	2	3	4	5
5	타인들이 나로 하여금 이야기를 하지 못하게 방해할지라도 나는 그들에게 주의를 기울여 경청한다.	1	2	3	4	5
6	타인이 말할 때에는 이야기가 끝날 때까지 기다려준다.	1	2	3	4	5
7	나는 나와 관심사를 같이하는 사람에게 흥을 돋운다.	1	2	3	4	5
8	타인의 말을 들으면서도 개인적인 생각으로 오락가락한다.	1	2	3	4	5
9	나는 타인의 말할 때 그가 전하고자 하는 바를 잘 이해할 수 있도록 상대방의 비언어적 의사소통에 깊은 관심을 표명한다.	1	2	3	4	5
10	나는 다소 난해한 대화를 나눌 때 애써 아는 척한다.	1	2	3	4	5
11	나는 타인의 말을 들으면서 대답할 것에 대해 골똘하게 생각한다.	1	2	3	4	5
12	나는 타인이 잘못을 저지르고 있다고 생각되면 더 충분히 설명할 수 있도록 질문을 던진다.	1	2	3	4	5
13	나는 나 스스로 이해하지 못하더라도 상대방은 이해하도록 노력한다.	1	2	3	4	5
14	나는 타인의 말을 청취할 때 그의 입장에서 서서 듣고 사물을 바라볼 수 있도록 노력한다.	1	2	3	4	5
15	대화를 나눌 때 상대방의 메시지를 정확하게 이해했음을 확인시켜 주기 위해 청취한 메시지를 복창한다.	1	2	3	4	5

※ 채점방식

각 칸에 적혀 있는 점수를 합산하여 나온 점수를 다음의 연속선상에 표시하시오.

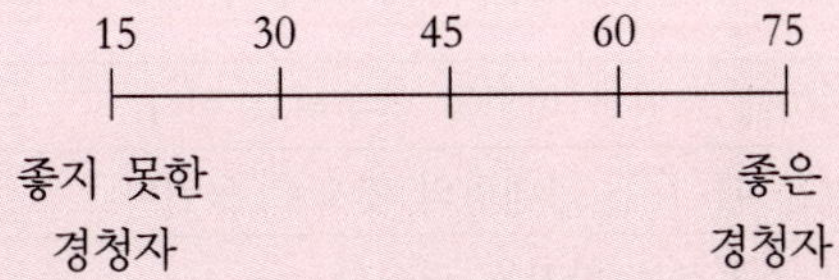

(출처 : 이한검 · 이수광, 2000)

활동 | 2 Satir 의사소통 유형

다음 글을 읽고 자신에게 해당하는 칸에 표시하세요

'전혀 그렇지 않다'는 1점, '보통이다'는 3점, '매우 그렇다'는 5점으로 하여 표시하기 바랍니다.

1	나는 상대방이 불편하게 보이면 비위를 맞추려고 한다.	1	2	3	4	5
2	나는 일이 잘못되었을 때 자주 상대방의 탓으로 돌린다.	1	2	3	4	5
3	나는 무슨 일이든지 조목조목 따지는 편이다.	1	2	3	4	5
4	나는 생각이 자주 바뀌고 동시에 여러 가지 행동을 하는 편이다.	1	2	3	4	5
5	나는 타인의 평가에 구애받지 않고 내 의견을 말한다.	1	2	3	4	5
6	나는 관계나 일이 잘못되었을 때 자주 내 탓으로 돌린다.	1	2	3	4	5
7	나는 다른 사람들의 의견을 무시하고 내 의견을 주장하는 편이다.	1	2	3	4	5
8	나는 이성적이고 차분하며 냉정하게 생각한다.	1	2	3	4	5
9	나는 다른 사람들로부터 정신이 없거나 산만하다는 소리를 듣는다.	1	2	3	4	5
10	나는 부정적인 감정도 솔직하게 표현한다.	1	2	3	4	5
11	나는 지나치게 남을 의식하여 나의 생각이나 감정을 표현하는 것을 두려워한다.	1	2	3	4	5
12	나는 내 의견이 받아들여지지 않으면 화가 나서 언성을 높인다.	1	2	3	4	5
13	나는 나의 견해를 분명하게 표현하기 위해 객관적인 자료를 자주 인용한다.	1	2	3	4	5
14	나는 상황에 적절하지 못한 말이나 행동을 자주 하고 딴전을 피우는 편이다.	1	2	3	4	5
15	나는 다른 사람이 내게 부탁할 때 내가 원하지 않으면 거절한다.	1	2	3	4	5
16	나는 사람들의 얼굴표정, 감정, 말투에 신경을 많이 쓴다.	1	2	3	4	5
17	나는 타인의 결점이나 잘못을 잘 찾아내어 비판한다.	1	2	3	4	5
18	나는 실수하지 않으려고 애를 쓰는 편이다.	1	2	3	4	5
19	나는 곤란하거나 난처할 때에는 농담이나 유머로 그 상황을 바꾸려 하는 편이다.	1	2	3	4	5
20	나는 나 자신에 대해 편안하게 느낀다.	1	2	3	4	5
21	나는 타인을 배려하고 잘 돌보아주는 편이다.	1	2	3	4	5
22	나는 명령적이고 지시적인 말투를 자주 사용하기 때문에 상대가 공격받았다는 느낌을 받을 때가 있다.	1	2	3	4	5

23	나는 불편한 상황을 그대로 넘기지 못하고 시시비비를 따지는 편이다.	1	2	3	4	5
24	나는 불편한 상황에서는 안절부절못하거나 가만히 있지를 못한다.	1	2	3	4	5
25	나는 모험하는 것을 두려워하지 않는다.	1	2	3	4	5
26	나는 다른 사람들이 나를 싫어할까 봐 두려워서 위축되거나 불안을 느낄 때가 많다.	1	2	3	4	5
27	나는 사소한 일에도 잘 흥분하거나 화를 낸다.	1	2	3	4	5
28	나는 현명하고 침착하지만 냉정하다는 말을 자주 듣는다.	1	2	3	4	5
29	나는 한 주제에 집중하기보다는 화제를 자주 바꾼다.	1	2	3	4	5
30	나는 다양한 경험에 개방적이다.	1	2	3	4	5
31	나는 타인의 요청을 거절하지 못하는 편이다.	1	2	3	4	5
32	나는 자주 근육이 긴장되고 목이 뻣뻣하며 혈압이 오르는 것을 느끼곤 한다.	1	2	3	4	5
33	나는 나의 감정을 표현하는 것이 힘들고 혼자인 느낌이 들 때가 많다.	1	2	3	4	5
34	나는 분위기가 침체되거나 지루해지면 분위기를 바꾸려 한다.	1	2	3	4	5
35	나는 나만의 독특한 개성을 존중한다.	1	2	3	4	5
36	나는 나 자신이 가치가 없는 것 같아 우울하게 느껴질 때가 많다.	1	2	3	4	5
37	나는 타인으로부터 비판적이거나 융통성이 없다는 말을 듣기도 한다.	1	2	3	4	5
38	나는 목소리가 단조롭고 무표정하며 경직된 자세를 취하는 편이다.	1	2	3	4	5
39	나는 불안하면 호흡이 고르지 못하고 머리가 어지러운 경험을 하기도 한다.	1	2	3	4	5
40	나는 누가 나의 의견에 반대해도 감정이 상하지 않는다.	1	2	3	4	5

※ 채점 및 해석방식

합산하여 높은 점수가 나온 유형이 그 사람의 의사소통 유형이다.

- 회유형 : 1, 6, 11, 16, 21, 26, 31, 36
- 비난형 : 2, 7, 12, 17, 22, 27, 32, 37
- 초이성형 : 3, 8, 13, 18, 23, 28, 33, 38
- 산만형 : 4, 9, 14, 19, 24, 29, 34, 39
- 일치형 : 5, 10, 15, 20, 25, 30, 35, 40

(출처 : 김영애, 2008)

활동 | 3 자기표현 연습

1. '한 발 들여놓기 기법'

상대방이 충분히 들어줄 수 있는 작은 요청을 한 후에 일단 수용되면 조금씩 요청을 증가시켜나감으로써 자신이 원하는 도움을 얻어내는 방법이다. 세일즈맨이 흔히 쓰는 방법으로서, 일단 고객의 집안에 발을 들여놓은 다음 조금씩 접근해간다는 의미이다.

2. '얼굴 부딪히기 기법'

자신이 원하는 것보다 훨씬 큰 것을 상대방에게 요청하고 그가 이를 거절하면 요구의 규모를 조금씩 축소하면서 결국 자신이 원하는 것을 얻어내는 방법이다. 이는 요청을 거절한 사람이 미안한 마음을 보상하기 위해 작은 요청을 들어주는 원리를 이용한 방법이다.

3. 거절해보기

거부를 확실히 밝히고 대답은 간단히 하고, 많은 변명은 필요 없고 '미안하다'는 말은 꼭 그렇게 느낄 때만 하며, 단 거부를 밝혔어도 당신의 말을 바꿀 수 있다는 것을 기억하며, 그 밖의 대안을 지시할 수도 있다. 예컨대, "다른 기회에 만나도록 할까?"라고 대답하는 것이다.

활동 | 4 대화연습

세 명이서 짝을 지어서 발신자, 수신자, 관찰자를 정한 후 10분 동안 대화하도록 하며 동영상으로 촬영한다. 그 후 관찰한 내용에 대해 기록한다.

• 시선	
• 목소리	
• 얼굴표정	
• 몸동작	
• 경청	
• 요약하기	
• 질문하기	
• 주장적 표현하기	

활동 | 5 그림을 인간관계에 적용해서 생각해보기

1장에서 그림을 보고 인간관계에 대해 적용해서 자유롭게 써보았다. 이제 인간관계에 대해서 다양한 측면에서 배우고 난 시점에서 그림을 보고 느낀 점에 대해 다시금 써보도록 하자.

Vase or Faces?

탐색문제

1. 커뮤니케이션의 장애요인과 극복방안에 대해 토의해 보자.

2. 효과적인 의사소통에 대해 토의해 보자.

3. 대화를 원활하게 하기 위한 방법에 대해 토의해 보자.

4. 비경청의 이유에 대해 토의해 보자.

찾아보기

ㅇ

■ ㅈ

저자 | 김 은 영

이화여자대학교 교육심리학과 졸업
이화여자대학교 대학원 교육심리학과(문학석사)
독일 Erlangen-Nuernberg 대학교 심리학과(박사수료)
이화여자대학교 대학원 심리학과(문학박사)
한국사이버대학교 겸임교수
이화여대, 숙명여대, 서강대, 단국대 강사
현) 동서울대학교 교양과 교수
동서울대학교 학생상담센터 책임교수
상담심리사 1급(한국상담심리학회)

인간관계의 이해와 적응

초판 1쇄 발행 / 2015년 3월 10일
초판 6쇄 발행 / 2024년 9월 10일

•

저 자 / 김 은 영
발행인 / 이 중 수
발행처 / **동 문 사**

•

서울특별시 서대문구 홍제원 1길 12
(홍제동 137-8)
Tel : 02)736-3718(대), 736-3710, 3720
Fax : 02)736-3719
등록번호 : 제9-17호
가격 : 20,000원

•

ISBN : 978-89-8251-720-4 (93330)
E-mail : dong736@naver.com
www.dongmunsa.com